法律溯源丛书

张晋藩 主编

山东政法学院出版基金资助

「例」的法律史研究

◎ 马凤春 著

中国政法大学出版社

2019 · 北京

图书在版编目（ＣＩＰ）数据

"例"的法律史研究/马凤春著. —北京：中国政法大学出版社, 2019. 12

ISBN 978-7-5620-9419-7

Ⅰ.①例… Ⅱ.①马… Ⅲ.①法制史—研究—中国—古代 Ⅳ.①D929. 2

中国版本图书馆CIP数据核字 (2019) 第283564号

书　名	"例"的法律史研究
	LI DE FALÜSHI YANJIU
出版者	中国政法大学出版社
地　址	北京市海淀区西土城路 25 号
邮　箱	fadapress@163.com
网　址	http://www.cuplpress.com (网络实名：中国政法大学出版社)
电　话	010-58908466(第七编辑部) 010-58908334(邮购部)
承　印	北京九州迅驰传媒文化有限公司
开　本	720mm×960mm　1/16
印　张	15
字　数	220 千字
版　次	2019 年 12 月第 1 版
印　次	2019 年 12 月第 1 次印刷
定　价	58.00 元

总　序

中国是世界著名的文明古国之一，法制的历史不仅悠久而且辗转相承历经 4000 余年而迄未中断，其连续性、系统性、典型性为世界法制历史之最。中国也因此被公认为中华法系，立于世界法系之林，其影响及于东方世界。

中国古代的法律体系发展至唐代已经基本定型并日趋成熟，内含刑事立法、行政立法、民事立法、经济立法、诉讼立法等内容，是一套诸法并存的相当完备的法律体系。不仅如此，在古代重伦常关系的传统影响下，调整尊卑伦常秩序的礼的规范不断入律，形成了"德礼为本，刑罚为用"的特殊的法制发展规律，成为中华法系的主要表征。

4000 多年的中国法制历史，蕴涵了古圣先贤杰出的理性的法律思维，并且综合了儒法墨道诸子百家的学说，为中国法制发展奠定了深厚的文化基础。

4000 多年的中国法制历史，也凝聚了治国理政的丰富经验，它是一座宏大的智库，为我们建设法治中国储备了最丰富的资源。

古代中国是以农立国的政治经济文化发展不平衡的统一多民族的大国。中国法制历史的发展与国情息息相关，带有深刻的国情烙印，形成了独立的发展传统。但历史的发展是不能斩断的，尽管世易时移，固有的国情的因子仍与当代中国有着千丝万缕的联系。所以，我们要尊重法制历史的传统。

总之，中国法制历史有着极其深厚的法文化积淀，也有着在治国理政上可为当代借鉴的史鉴价值，同时还为我们建立当代的中华法系提供了参考。

基于此，我们编辑了"法律溯源丛书"，选取法律史学杰出的中青年才俊的著作，编辑成书，期望在法学这个春天的花圃中，植下一株新葩，借以弘扬中华传统法文化，开启一个新的智库之门，以有裨于依法治国的宏大事业。切盼法史界的学者共同维护滋养这株新葩，使其茁壮成长。

张晋藩

2016 年 12 月 3 日

序

在中华法系的研究中，"法律形式"的研究无疑是一个难点，而其中"例"的研究更是因为其内容的复杂、涉猎面的广泛及对现实法律的影响似有非有而难上加难。选择这样一个课题作为自己的学位论文，除了学术兴趣之外，尚需要学术的勇气。

凤春的硕士、博士学位论文的选题都锁定在这一难题上。硕士论文的题目是"明清时期律例关系研究"，两年的时间，做得很辛苦。从爬梳剔抉资料开始，再到搜集现有的研究成果披沙简金，他的硕士学位论文在我指导过的硕士学位论文中是名副其实的上乘佳作。也就是从硕士学位论文的写作过程中，我看到了凤春对学术的热爱和执着。硕士毕业后，凤春克服了种种困难，毫不犹豫地又报考了我的博士。对于自己的硕士生，我一向不主张再报考自己的博士。一是人生的学生生涯短暂，从本科到博士不足十年的时间（当时中国人民大学是本科生4年，硕士生2年，博士生3年）。我以为一个有志于学术研究的人，在学生生涯中应该尽可能地师从更多的老师，以拓展自己的学术视野，成就自己的研究风格。二是深恐误人子弟。因为自己的学养确实不足以让一个学生跟着学习过长的时间。也因此，凤春是至今为止唯一一个读了我的硕士之后，又跟着我做博士的学生。为此我们进行过讨论，至今我都记得凤春当年饶有兴致地谈到自己论文的情景："我还是想跟着老师再把律例的关系往深里做一做。我感觉还有很多问题在硕士论文中还没有来得及涉及。"他一五一十地说着自己在硕士论文写作中所发现的问题。对枯燥的学术研究，他真是不以为苦而是充满了乐趣。当时，我正好申请了教育部的课题，也是关于律例关系的研究，自信在这一选题上还可以完成对凤春的指导。于是，我破例同意他继续报考我的博士。凤春的博士学位论文选题是"'例'的法律史研究",将注意力完全集中于"例",但时代却从秦汉一直通到了明清。

古代中国历朝历代的"例",既有具有法律拘束力的"例",也有具有事实说服力的"例"。这一特点对于现实中的法律也不无影响。较之于现有的研究成果,凤春的博士学位论文创新有三:第一,梳理"例"的发展演变过程,既考察了"例"产生的各种渊源,又分析了"例"的沿革发展。特别难能可贵的是他对中华法系的代表作《唐律疏议》中的"例"字,逐一系统整理、释义、分类,确实是下了一番"硬工夫"。他从不同的角度对具有法律性质的"例"进行分类,共计六组,超越了前人对"例"的种类划分。因此,无论读者是否同意他的观点,但只要读了他的论文,就无法否认这篇学位论文的用功之深。第二,受传统中国法"例"的启发,凤春较为系统地对"例"在当代中国法律中的影响进行了研究。他对清代"通行"的起源、内容、运作方式进行了考察,从传统传承性的特点出发,为全国人大常委会法工委"法律询问答复"制度的完善和改进提供了积极建议。并认为"例"在法律体系中的功能与地位,对现实中完善"两高"的"意见""通知"和"座谈会纪要"同样具有启示作用。第三,通过对"例"发展沿革的贯通研究,作者再次验证了中国古代法并非"以刑为主",而是诸法并存,礼法结合,以礼为主。诚然,中国古代政治早熟的逻辑结果就是包括刑法在内的公法成熟。但是,刑法文明的发达不能被误读为古人是"以刑为主"。"例"对于"礼"在法律体系中的主导地位发挥着显而易见的作用。

凤春博士毕业后,我一直敦促他将"'例'的法律史研究"付梓出版,以享学界同人。但凤春总认为还有需要改进之处,直到前几天嘱我为书写序时,还在念念不忘两汉经例及后世令例间的关系在文中没有涉及,深以为憾。解决问题中又发现新的问题,学术的魅力就在于没有终点。

祝凤春在学术探索的道路上永不停步,不断取得新的成绩。

2019 年 9 月

摘　要

　　"例"是传统法律的重要形式之一，也是中国法律史学研究的基础问题。对"例"的研究，有助于认识传统法律的静态结构以及动态运行。

　　"例"的前身是"比"与"故事"，在中国法律发展史上经历了一个漫长的演变过程。魏晋以降，"例"由经学领域进入律学领域，至迟自唐代起即作为一种独立的法律形式登上历史舞台，以后各代几乎均有采用。西晋时期，"例"作为法律用语，已是常见。自南北朝始，"例"和"条例"成为法律用语，但其本义乃是律条的代称。《唐律疏议》所载"例"字，含义颇多，虽然从《唐律疏议》立法角度来看，"例"字不含判例之义，但是，从司法实践来看，"例"字确实出现过判例之义。宋代，无论是司法方面还是行政方面，"例"的种类都有很多，"例"虽然屡次受到朝廷的明令节制，但终是"引例破法"，屡屡发生，甚至于出现"匿例立法"僭越立法权的现象。元代"断例"，既受宋的影响又受金的影响，不仅刑事领域有"断例"，民事领域亦有"断例"。元代"断例"既不完全具有成文法性质，也不完全具有判例法性质，而是既有条文又有案例，呈一种混合状态。明代，条例创制始于太祖洪武年间，而孝宗弘治年间修定的《问刑条例》打破祖宗成法不可变的禁锢，并开启明清律例并行之先河。世宗嘉靖年间重修《问刑条例》巩固条例与律典并行的地位。清代伊始即律例合编，高宗乾隆五年（1740），《大清律例》修定工作基本完成，"刊布中外，永远遵行"，至此，清代律典成型。可见，作为变通的法律形式，"例"在封建社会中后期脱颖而出，一枝独秀，直至帝制时代的结束，发挥着其他法律形式所不可替代的作用。特别是在王朝立法不完善的情况下，"例"是对基本立法的补位、变通。从"例"所调整的社会关系看，既有刑事领域，又有其他领域。"例"不仅在刑事领域对"律"

（"律典"）进行补充，而且在行政领域（政治领域）同样发挥相应作用。

对"例"的研究，有助于人们从历史的视角审视当代中国法制实践所面临的问题。当代的问题并非始自当代，其在历史上也曾经反复出现并不断困扰着人们。古人曾经面对的某些问题，今人可能仍须继续面对。而古人对于相关问题的解决方案，对于今人相关问题的研究，仍然非常具有借鉴价值。

对"例"的研究，不仅有助于解决"过去"的问题，而且有助于解决"现在"的问题。

本书共分四章。

第一章绪论，简要介绍本书研究缘起、学界研究现状、本书研究对象、本书主要内容、本书创新之处以及本书研究方法。

第二章对"例"字进行考证，包括"例"的字义、"例"的分类以及"例"的性质，还探讨与"例"相关的"比""比附""延行事""决事比""故事"和"成案"等问题。

第三章介绍历代以"例"为名的法律形式。本部分以时间为轴，分别介绍隋唐以前、唐代、宋元、明清等时期的"例"，然后论证"例"的产生原因，最后论述"例"的生命力。隋唐以前，特别是汉魏晋时期，经学大家进行研究往往用"例"，这一做法影响了他们对律学的研究，从而使"例"逐渐成为律学用语，当时，"例"字有时指"法例""名例"，有时指法律规定。《唐律疏议》作为迄今保存最为完整的封建法典，其"例"字出现了多达三百二十八处，其义各异，而"比"字出现了七十四处，同样含义纷呈。但是，唐代司法实践开始出现"例"的判例倾向。宋元时期，"例"大量得以应用，"条例""则例"和"事例"各有所指，但彼此又有交叉。明清时期的"例"，其成文化程度更高，划分也更精细。除中央政府制"例"外，地方官府、地方官员也制有"省例"。"例"之所以有如此生命力与经学的发展密切相关，并且在各种灵活的法律形式中脱颖而出，获得较其他灵活的法律形式更为顽强的生命力。

第四章论述"例"对当代法制建设的影响。首先，本书论证传统法律是否"以刑为主"，其次以刑法部门为例分别从古代和当代两个角度介绍缜密的法典立法技术，再次论述"例"在当代的表现形式——指导性案例与条例等位阶较低的规范性法律形式，最后论述如何严格控制当代各类法律形式数量庞杂的技术。认为传统法律"以刑为主"的观点其实是一种误解，无论从宏观的整个法律内容来看，还是从微观的法典编纂技术来看，传统法律均不是"以刑为主"。古代中国确实存在过判例，但是总体而言，并不占据法制实践的主流。古人通过"违令违式""违制""不应得为"和"比附"等技术创制缜密的法典，今人借助"竞合""位阶"等理论完善缜密的法典。"例"对于当代中国法制实践仍有深刻的影响，"指导性案例"和"条例"等都是中国沄制发展史上"例"这一法律形式在当代的延续。面对数量庞大表现纷繁的各种规范性法律文件，人们应当透过"备案""审查"等技术手段对之加以规范，尽量避免立法繁复所带来的消极影响。

目　录

第一章
绪　论

第一节　研究缘起与研究现状

一、研究缘起

"例"是传统法律的重要形式之一，也是中国法律史学研究的基础问题。对"例"的研究，有助于认识传统法律的静态结构与动态运行。"例"的前身是"比"与"故事"，从"比"演化为"例"有一个渐进过程，而"故事"与"比""例"也有着密切的关系，甚至有时双方还可以互称。魏晋以降，"例"由经学领域进入律学领域，至迟自唐代起即作为一种独立的法律形式登上历史舞台，其后历代几乎均有采用。例如，《唐律疏议》所载"例"字含义颇多，尚不含"判例"之义，但从司法实践来看，"例"字确实包含"判例"之义。又如，宋代"例"的种类与表现形式很多，最著名的有"条例""断例"和"则例"等。再如，元代"断例"既不完全具有成文法性质，也不完全具有判例性质，而是既有条文又有案例，呈混合状态。另外，明清两代官方往往以真实案例为素材，加以提炼从而创制"条例"。

"例"经历了一个漫长的发展演变过程，发挥着其他法律形式所不可替代的作用，特别是在王朝立法不完善的情况下，"例"是对基本立法的补位、变通。[1]从封建社会中后期特别是宋代开始，"例"在政法领域大规模得以应用。明清时期，兴盛于唐宋时期的"格""式"乃至"令"均渐次退出历史舞台，让位于"例"，从而使得隋唐以来形成的以"律令"为核心的法律体

---

[1]　有关"稳定""变通"的观念认识，深受马小红教授"试论中国封建社会的法律形式"（载《中国法学》1991 年第 2 期）一文的启发，特此致谢！

系演化为以"律例"为核心的法律体系（行政领域则以"会典—则例"为其核心）。从"例"所调整的社会关系看，既有刑事领域，又有其他领域。"例"不仅在刑事领域对"律"（"律典"）进行补充，而且在行政领域（政治领域）同样发挥相应作用。

历代统治者均重视法制建设，特别是对当朝基本法典的制定，并且致力于维持法典的稳定性。但是，稳定的法典虽然符合古人尊祖敬宗的观念，却不能游刃有余地适应变动不居的社会生活。对此，不同时期的统治者往往借助其他权宜的法律形式加以应对。汉"科"、唐"格"和宋"敕"均曾在不同程度上对当朝立法的滞后僵硬状态进行过补充变通，但是，作为变通的法律形式，"例"在封建社会中后期脱颖而出，一枝独秀，直至帝制时代的结束。

目前，有关"例"的许多问题仍然有待深入研究。例如，"例"究竟是具有制定法性质还是具有判例性质，又如，各种名目不同的"例"之间的关系如何，再如，"廷行事"是否为秦代的判例，"例"的前身之一"故事"是否仅适用于行政领域（政治领域），等等。由此可见，该领域尚有较大的学术探索空间。

对"例"的研究，有助于人们从历史的视角审视当代中国法制实践所面临的问题。当代的问题并非始自当代，其在历史上也曾经反复出现并不断困扰着人们。古人曾经面对的某些问题，今人可能仍须继续面对。而古人对于相关问题的解决之道，对于今人相关问题的研究，仍然具有很高的借鉴价值。"例"是中国法律发展史上非常重要的法律形式，曾经起到了不可替代的重要作用。虽然当代中国的法律领域不再存在"则例""事例"等具体的法律形式，但是，"例"对当代中国仍然有着巨大的影响。它从未退出历史的舞台，当代诸多法律实践均可见到"例"的影响。例如，以"指导性案例"为载体的案例指导制度、以"条例"为代表的低位阶规范性法律文件等，作为"例"在当代的发展形式，仍然活跃在政法实践的各个领域。其中，"指导性案例"是最高人民法院和最高人民检察院（以下简称"两高"）推行多年，旨在实现司法正义、"同案同判"的案例指导制度的载体，它与中国历代形形色色的"判例"密切相关。可以说，案例指导制度既维护当今中国的制定法体系，又充分借鉴中国法律发展史上"判例"的合理因素。而"条例"一语古已有之，当代"条例"与古代"条例"具有某种前后相继的发展关系，其位阶虽然较低，但在弥补国家基本法律方面继续发挥着非常重要的作用。

"例"在当代中国仍然有其发展。对此，我们既要努力把握其积极有利的一面，为中国特色社会主义法律体系的进一步完善作出努力，还要充分认识其所具有的消极不利的一面，进而运用科学的技术、合理的制度，最大限度发挥其优势长处。

本人在中国人民大学法学院攻读博士学位期间，在导师的悉心指引下，对作为传统法律形式之一的"例"进行了学习研究。读书伊始，笔者惊讶地发现"比例""格式"和"课程"等这些当下校园学子所耳熟能详的词汇在中国法律史上竟然是不同法律形式的称谓，甚至当下坊间星罗棋布的饭店酒肆的菜谱亦以"例"作为其美味佳肴的计量单位。由此可见，我们生活中的许多事物和现象，都与中国历史上的某种法律现象、法律形式有着千丝万缕的联系。此外，笔者对当前"两高"司法解释中发生背离其所解释的法律的现象感到非常惊讶，同时，对"两高"所推行的案例指导制度欲从法律史的研究视野去观察。从某种意义上讲，当代许多问题的答案都可以从历史长河中探寻。只有"透视古今"，从历史的角度对先人的政法实践进行梳理，才能理解今天人们所面临的诸多困境。

因此，对"例"的研究，既能探寻传统中国法创制与运行的真相，具有学术价值，又能对当代中国法制建设给以借鉴启示，具有现实意义。这一切，恰是本书研究的缘起。

二、研究现状

对于"例"的研究，仍是目前中国法律史学研究的重点和薄弱环节。以往对此问题的学术研究，主要存在以下几个问题：第一，对历代文献资料中的"例"欠缺深挖，对许多"例"的名称、性质、功能等的界定仍然没有较深的触及，存在诸多误解；第二，不少学者习惯于望文生义，牵强附会，对于一些关键问题并未深究，例如"廷行事""成案"的性质；第三，目前社会各界对于中国法律发展史仍然存在较深的误解，人们往往认为中国法律发展史几乎是一部刑法史，"以刑为主"的偏见尚未得以纠正，这也导致人们对于各类法律形式的认识非常有限，导致对于"例"的研究偏重刑事领域而忽视其他领域。另外，对于如何评价"例"的历史地位、历史作用，学界有两种态度，既有批评其破坏封建法制者，亦有赞成其丰富补充封建法制者。"例"的地位作用究竟如何，仍然需要进一步研究。

学界对于"例"的研究往往集中于断代史研究,而对该问题的通史研究并不多见。通史方面较为有影响的作品有陈顾远《汉之决事比及其源流》(载《复旦学报》1947年第3期)、杨一凡、刘笃才《历代例考》(社会科学文献出版社2009年版)等。前者虽以汉代"决事比"为中心,论述"决事比"与后世历代各种法律形式的渊源关系(包括唐代以降的"例"),但其研究对象乃是围绕"例"展开,只是该文并未述及与"决事比""例"密切相关的"廷行事"。后者梳理"例"的前身"决事比""故事",介绍历代"例"的表现,另外分析清代"成案"性质,探讨"省例",指出"廷行事"并非判例,但是认为"故事"限于行政、政治领域,对于清代"通行"则未触及。

迄今为止,多数观点仍然认为"廷行事"是秦代判例。连劭名先生认为"廷行事者,虽律文无所定,然事属多见,已无须引证旧案,法庭处理时自有之定则惯例"。[1]徐进、易见两位学者认为,"廷行事"是司法实践自然形成的案例。[2]张铭新先生认为"说秦的'廷行事'是'司法惯例'似乎更为准确"。[3]张伯元先生认为"廷行事"是"判案成例"。[4]陈公柔先生认为,"廷行事"即"廷尉所据断案惯例",但同时认为"廷行事"有别于"判处案例"或者"决事比",即"廷行事"具有"法律上的严格意义",并非"一般的'已行之事'",也不是"旧例成法"。[5]上述观点均属对于"廷行事"的传统见解。刘笃才、杨一凡两位学者向传统观点提出了质疑,认为"廷行事"就是"官府行事"("官府的实际做法"),是官府自由裁量权的产物。[6]后来,又有学者相继提出见解,维护传统观点。曹旅宁先生同意连劭名先生的观点,认为"廷行事"就是"定则惯例"。[7]顾凌云、金少华两位学者认为"廷行事"是"官府行事"的观点"恐不可从","廷行事"是秦代"断案惯例"。[8]

至于"决事比",有学者认为"比"是汉代判例的表现形式,分为

〔1〕 连劭名:《西域木简所见〈汉律〉》,载《文史》第29辑,中华书局1988年版。
〔2〕 徐进、易见:"秦代的'比'与'廷行事'",载《山东法学》1987年第2期。
〔3〕 明欣(张铭新):"中国古代'法治'形式的演进轨迹及特点",载高鸿钧主编:《清华法治论衡》第1辑,清华大学出版社2000年版,第198页。
〔4〕 张伯元:"秦汉律令中的'廷行事'",载《出土法律文献研究》,商务印书馆2005年版。
〔5〕 陈公柔:《先秦两汉考古学论丛》,文物出版社2005年版,第180页。
〔6〕 刘笃才、杨一凡:"秦简廷行事考辨",载《法学研究》2007年第3期。
〔7〕 曹旅宁:"睡虎地秦简《法律答问》性质探测",载《西安财经学院学报》2013年第1期。
〔8〕 顾凌云、金少华:"廷行事的功能及其流变",载《河北法学》2014年第8期。

"决事比"（判例）与"辞讼比"（案例），"是用来作为比照判案的典型案例"。[1]有学者认为汉代"决事比"大体有两种形式：一是继承秦代"廷行事"的一般决事比，二是春秋决事比。[2]另有学者指出，汉魏晋时期的"比"不是"比附"，而是对各方面均有普遍约束力的"成例"，其中，某些经过汇编的"比"是具有法律约束力的判例。[3]还有学者认为，秦代"廷行事"在汉代并未消失，因为史籍仍有"行事"之记载，而且汉代还出现"决事比"这种新形式。[4]总的来说，就"决事比"而言，学界所述大致有三种形式：决事比（一般决事比，普通决事比）、春秋决事比（春秋决狱）、奏谳决事比。[5]

对于中国历史上的"故事"，学术界有两种不同的理解：一是从档案学的角度进行理解；[6]二是从法律史的角度将其作为一种法律形式进行理解。目前学界所见多数有关"故事"的作品即是从法律史的角度展开论述。黄敏兰认为，"故事"制度具有习惯法与判例法的双重特征，[7]而且"故事"制度具有不成文法特征与法律功能。[8]方竞认为，中国古代往往借用"故事"作为政争工具。[9]闫晓君先生认为，两汉"故事"是一种重要的不成文的法律形式，可以划分为"惯例性故事"与"事例性故事"，前者一般没有严格立法程序，后者本身没有法律约束力但可作为参考。[10]吕丽教授认为，"故事"是一种重要的法律形式，汉魏晋时期多援引"故事"以求处事依据，晋代对

---

〔1〕 吴秋红："论汉代'比'广泛适用的原因及影响"，载《海南师范学院学报（社会科学版）》2004 年第 4 期。

〔2〕 陈銮："刍议汉代的'决事比'"，载《法制与社会》2008 年第 34 期。

〔3〕 吕丽、王侃："汉魏晋'比'辨析"，载《法学研究》2000 年第 4 期。

〔4〕 何勤华："秦汉时期的判例法研究及其特点"，载《法商研究（中南政法学院学报）》1998 年第 5 期。

〔5〕 蔡万进《张家山汉简〈奏谳书〉研究》一书曾提及"奏谳决事比"，参见蔡万进：《张家山汉简〈奏谳书〉研究》，广西师范大学出版社 2006 年版，第 71 页。

〔6〕 例如，有学者认为"两汉史籍中俯拾皆是的'故事'，其概念与今之'故事'的涵义迥然有别。它是西汉、东汉王朝一种特有的政务档案之名……"参见唐永平：《两汉故事档案考》，载《档案管理》1990 年版第 3 期。

〔7〕 黄敏兰："论中国古代故事现象的产生"，载《陕西师大学报（哲学社会科学版）》1992 年第 1 期。

〔8〕 黄敏兰："论中国古代故事制度的不成文法特征和功能"，载《人文杂志》1992 年第 3 期。

〔9〕 方竞："论中国古代故事制度的政治作用"，载《陕西师大学报（哲学社会科学学报）》1993 年第 2 期。

〔10〕 闫晓君："两汉'故事'论考"，载《三国史研究》2000 年第 1 期。

"故事"进行修订,与律令并行。[1]李秀芳进一步指出,魏晋南北朝 "故事"的来源更加广泛,人们既可能依 "故事"行事,也可能不循 "故事"行事,少数民族首领援引 "故事"是这个时代 "故事"的新特点。[2]对于唐代 "故事",霍存福教授认为,其基本特征在于惯例性,其中, "惯例性故事"包含法律规定, "事例性故事"与法律规定无关。[3]徐志卿进一步指出,有关唐代 "故事"是不成文法的观点不能成立, "故事"既包含 "法律法规",又包含 "不成文法"与 "判例"。[4]另外,其他学者也从不同角度对 "故事"进行研究。例如,邢义田先生研究汉代 "故事"的性质、 "故事"的典藏、 "故事"的歧义与选择、不遵 "故事"与 "故事"的改变、便宜和便宜从事、便宜从事的限度等问题,[5]邹水杰先生研究东汉 "服阕还郎"的 "故事",[6]张尚谦先生探讨 "故事" "品式"与西晋的 "品式章程",[7]李毅先生研究唐代 "故事"与制敕的关系问题。[8]由上可见, "故事"的效力发挥多集中于汉魏晋、南北朝、唐代等时期, "故事"作为一种法律形式,总体上分两种:具有法律拘束力的 "故事"与不具有法律拘束力的 "故事"。古人援引 "故事"并不限于本朝 "故事",有时会引用前朝 "故事"。前述有关 "故事"的作品罕有集中探究 "故事"与 "比" "例"关系者,吕丽教授对此有所研究,她认为 "故事"与 "比" "例",既有共性又有相异之处。[9]最近,杨一凡、

〔1〕 吕丽:"汉魏晋 '故事'辩析",载《法学研究》2002 年第 6 期。

〔2〕 李秀芳:"魏晋南北朝 '故事'考述",郑州大学 2006 年硕士学位论文。

〔3〕 霍存福:"唐故事惯例性论略",载《吉林大学社会科学学报》1993 年第 6 期。

〔4〕 徐志卿:"唐故事为 '不成文法'说质疑",载《史学月刊》2009 年第 7 期。

〔5〕 邢义田:"汉代 '故事'考述",载许倬云等:《中国历史论文集》,我国台湾地区 "商务印书馆" 1986 年版;邢义田:"从 '如故事'和 '便宜从事'看汉代行政中的经常与权变",载邢义田:《秦汉史论稿》,东大图书公司 1987 年版。

〔6〕 邹水杰:"东汉 '故事' '服阕还郎'小考",载《湘潭大学学报(哲学社会科学版)》2006 年第 2 期。

〔7〕 张尚谦:"故事、品式和西晋赋税的 '品式章程'",载《云南民族大学学报(哲学社会科学版)》2005 年第 1 期。

〔8〕 李毅:"唐故事与制敕之管见",载《渭南师专学报》1999 年第 4 期。

〔9〕 吕丽:"汉魏晋 '故事'辩析",载《法学研究》2002 年第 6 期;吕丽:"故事与汉魏晋的法律——兼谈对于《唐六典》注和《晋书·刑法志》中相关内容的理解",载《当代法学》2004 年第 3 期。另外,吕丽教授还有两篇论文涉及 "故事":"汉魏晋的礼仪立法与礼仪故事",载《法制与社会发展》2003 年第 3 期;"礼仪法与故事关系探析",载《当代法学》2008 年第 3 期,这两篇论文在阐述 "故事"方面基本未能超出 "汉魏晋 '故事'辩析"一文的范围与深度。

刘笃才两位学者对"故事"发表见解，就"故事"与"比""例"的关系而言，其与吕丽教授的观点极为接近，就"故事"发生的领域而言，两位学者一方面指出"故事并没有进入司法领域，它不是司法上的判例，也没有在司法中得到适用的机会"，[1]一方面指出"故事是行政先例"，"故事中也不是绝对没有司法判例，但极为罕见"。[2]显然，论者在"故事"是否包括司法判例的问题上，似乎存在前后矛盾的观点。

国内学界对于"例"的探讨多集中于宋代以及明清，特别是明清两代。[3]其间，不少学者认为两宋和明清时期的条例是判例法（部门法的研究者尤其认为）。实际上，两宋时期的"例"除部分具有制定法性质以外，另有部分"例"具有判例性质，而明清时期的条例则具备制定法性质。有学者批评学界存在忽视清代对于"例"的分类、功能与内容的现象，该现象忽视刑例之外其他"例"（"诸例"），将特定情形下时人对于刑例"坏法""破律"的批评推而广之作为对于全部"例"的评价，因此"不无以偏概全之嫌"。[4]

郭东旭先生认为，可以从不同角度对宋"例"进行种类划分，但无论是哪种"例"，要成为具有普遍法律效力的"例"，皆须经过编纂程序，以使"具体的案例"或者"事例"成为通行的"成例"。[5]吕志兴先生认为，宋"例"问题比较复杂，一方面史料太多容易混淆，一方面缺乏能够说明问题的文本资料，[6]神宗元丰以后，几乎历朝均有"编例"，[7]宋代"编例"是对部寺曾经处理的案例进行汇编整理，须经皇帝批准颁布，如遇案件无法可依，可引编例作为审判依据，"编例是典型案例……不是制定法"，而且"是位阶最低的法律形式"。[8]显然，吕志兴先生认为宋"例"是"典型案例"，而非

---

〔1〕　杨一凡、刘笃才：《历代例考》，社会科学文献出版社2009年版，第37页。

〔2〕　杨一凡、刘笃才：《历代例考》，社会科学文献出版社2009年版，第7页。

〔3〕　根据本书对相关学术期刊的统计，目前学界以"例"为题目发表的断代史论文，宋元明清时期计68篇，其中明清时期计59篇。可见明清时期"例"的创制远超前代，同时也成为了后世学人研究热点。

〔4〕　段秋关："何为中国传统法制中的'例'——评《历代例考》"，载《华东政法大学学报》2010年第5期。

〔5〕　郭东旭："论宋代法律中'例'的发展"，载《史学月刊》1991年第3期。

〔6〕　吕志兴：《宋代法律体系与中华法系》，四川大学出版社2009年版，第112页。

〔7〕　吕志兴：《宋代法律体系与中华法系》，四川大学出版社2009年版，第124页。

〔8〕　吕志兴："宋代法律体系研究"，载《现代法学》2006年第2期。

制定法。戴建国先生认为，宋"例"主要有两种，即行政方面的"例"和刑事方面的"断例"。[1]赵旭认为，北宋史实说明了判例法在中国的传统渊源，宋"例"的发展意味着古代判例法与其实践进入了成熟关键期。[2]可见，上述学者虽然表述略有不同，但往往认为宋"例"是判例，而将宋"例"明确分为刑事部分与行政部分（政治部分）的观点相对较少。

针对学界对于宋"例"众说纷纭的现状，王侃先生认为，宋"例"不是司法审判机关的判例，而是皇帝特旨断狱（特旨裁断）。特旨断狱（特旨裁断）具有恤刑性质，绝大多数特旨断狱最终得到减免处理，原则上不许援引，只有少数处刑适中的特旨断狱（特旨裁断）的"例"可以被援引。宋代官员将所有特旨断狱（特旨裁断）都泛称"例"，准确地说叫"不可行之例"。宋代官员为徇私枉法大肆援用的不是"可行之例"，而是"不可行之例"。宋代不仅司法审判机关有"例"，其他机关也有"例"，都是出自皇帝特旨，不复经由朝廷，是"以例破法"。宋代的"例"才是学界所言的"成例""事例"，这种"例"多数出自皇帝诏书。[3]王侃先生明确将宋"例"分为"可行之例"与"不可行之例"，但未指明宋"例"是抽象的立法还是具体的案例（判例）。

对于元"例"，特别是元代"断例"的研究作品相对较少。黄时鉴先生认为，《大元通制》所含"断例"属于"成律"。[4]可见，黄时鉴先生认为元代"断例"是成文法。然而，殷啸虎先生不赞成这种观点，他认为"断例"是成文法与判例法的结合，《大元通制》借由法典形式对典型判例予以汇编，是一种折中的产物，元代"断例"无论从内容上看还是从法律形式上看，都是对宋代"断例"的继承和发展。[5]可见，殷啸虎先生认为，元代"断例"既有成文法的因素又有判例法的因素。最近，胡兴东先生从法律形式、律例关系入手对元"例"进行研究，他认为，元"例"名目繁多，其内涵主要有二：法律形式与法律术语。同其他朝代相同，"例"是对"律"的补充、解

---

〔1〕 戴建国：《唐宋变革时期的法律与社会》，上海古籍出版社2010年版，第86页。

〔2〕 赵旭："论北宋法律制度中'例'的发展"，载《北方论丛》2004年第1期。

〔3〕 王侃："宋例辨析"，载《法学研究》1996年第2期。

〔4〕 黄时鉴："《大元通制》考辨"，载《中国社会科学》1987年第2期。

〔5〕 殷啸虎："论《大元通制》'断例'的性质及其影响——兼与黄时鉴先生商榷"，载《华东政法学院学报》1999年第1期。

释，但由于种类繁多，故给法律适用带来问题。[1]

对于明"例"，亦有多位学者展开探讨。曲英杰、杨一凡等学者认为，明代删修《问刑条例》贯彻"立例以辅律"的指导思想，适时补充新规定，一方面"情法适中"，一方面"经久可行"。《问刑条例》的删修，突破"祖宗成法不可更改"的观念，同时革除开国百年以来"因事起例""轻重失宜"的弊端，使刑事条例整齐划一，对维护帝国统治起到重要作用。[2]王伟凯先生主要考证万历《问刑条例》的修订竣工问题，他指出，"例"是中国古代法律文本中的重要组成部分，万历《问刑条例》是明代最后一次修订的"例"，但这次修订却留下诸多疑团，例如，参修人员、修订过程、完成时间等问题，特别是完成时间，一般认为《问刑条例》竣工于万历十三年，而实际上是万历三十五年甚至更晚。[3]

学界普遍认为，清代对明代律例既有全面继承，又有针对自身特色的发展。郑定、闵冬芳两位学者认为清代律例并举的模式是中国古代成文法发展的"最后总结"，也是其"臻于成熟的标志"。[4]高学强、马薇薇、杨昂等学者均认为，《大清律例》作为古代最后一部法典，无论从制定过程还是体例结构等方面，均继承《大明律》并有所发展。尤其在继承明律基础上，清统治者根据当时社会形势，随时进行损益。清律对明律的继承与发展，对于当今继承传统法律，无疑具有重要现实意义。[5]

对于清"例"性质，同样众说纷纭，基本都以清"例"所具有的性质（判例抑或条文）为内容展开讨论。谢天先生认为清代条例具有判例性质，其精神指向与英美判例法有共通之处，可称为广义判例制度。[6]王侃、吕丽两位学者认为，明清的"例"与宋"例"虽皆有'例'之名，但其性质、形式

---

〔1〕　胡兴东："元代'例'考——以《元典章》为中心"，载《内蒙古师范大学学报（哲学社会科学版）》2010年第5期。

〔2〕　参见曲英杰、杨一凡："《问刑条例》与明代中后期统治集团的立法思想"，载《学习与探索》1991年第5期；又参见杨一凡："明代中后期重要条例版本略述"，载《法学研究》1994年第3期。

〔3〕　王伟凯："明万历《问刑条例》修订考辨"，载《历史教学》2006年第6期。

〔4〕　郑定、闵冬芳："论清代对明朝条例的继承与发展"，载《法学家》2000年第6期。

〔5〕　参见高学强："论清律对明律的继承和发展"，载《长安大学学报（社会科学版）》2006年第2期；马薇薇："试论清代的例对明代的例之继承"，载《燕山大学学报（哲学社会科学版）》2003年第2期；杨昂："略论清例对明例之继受"，载《华南理工大学学报（社会科学版）》2004年第3期。

〔6〕　谢天："清代条例研究"，安徽大学2007年硕士学位论文。

与作用，却大相径庭，宋"例"是皇帝特旨，明清时期的"例"乃是经皇帝批准而"著为事例"，故明清"例"是单行法规，属制定法，并非司法判例，明清"例"包括各种性质法律规范。[1]吕丽教授还认为，广义的"例"涉及各种法律规范，《大清律例》的"例"属狭义，指问刑方面的条例。[2]郑秦先生认为，除律是成文法外，其余皆为判例。[3]郑秦先生倾向于认为清"例"是一种"中国特色的判例法"，而张朝晖也认为清"例"因应社会变迁，是居于"断案实践与制定法"之间的一种过渡形态的法律。[4]夏红永认为"例指判例"，"律"的地位高于"例"，但效力不如"例"。[5]陈一容认为，清代的"例"是对除"律""典"之外的所有法规的一种统称，主要由"条例""则例"和"事例"组成。此三者虽然都属于法规性质，多以上谕和臣工条奏为法源，且大都按期修订、编纂，但是，"条例"主要是补充律文的刑事法规，"则例""事例"基本是辅助会典的行政法规。[6]赫晓惠混淆判例与条例的关系，认为"例即判例"，"例"虽然表现为制定法，但"究其实质，仍为判例法"。[7]可见，在明清时期"例"的问题上，较多的学者认识到其成文性，但也有不少学者认为明清时期"例"是判例或者认为其介于成文与判例之间。对于上述学术观点，姚旸先生认为，就清"例"形式而言，是部分具体案例概括与抽象的结果，相当一部分"例"并未尽脱案例色彩，而兼有成文法与普通法之某些特点，不可将其归入任一种。姚旸先生更倾向于将清"例"称为"法律规则"。[8]姚旸先生的观点可谓独具特色。

就明清之际的律例关系而言，近年学者均认识到是律例并行、以例辅律

---

〔1〕 王侃、吕丽："明清例辨析"，载《法学研究》1998 年第 2 期。

〔2〕 吕丽："例以辅律 非以代律——谈《清史稿·刑法志》律例关系之说的片面性"，载《法制与社会发展》2002 年第 6 期。

〔3〕 郑秦先生认为："如果说《现行则例》具有判例法的性质，那么这也是一种中国特色的判例法……中国式的判例法不只是形形色色的案例汇集，更重要的是将典型案例奏准成为普遍适用的法条……"每一条例后面都有一个生动案件或者事例。参见郑秦："康熙《现行则例》：从判例法到法典法的回归"，载《现代法学》1995 年第 2 期。

〔4〕 张朝晖："论清代律、例的关系"，山西大学 2007 年硕士学位论文。

〔5〕 夏红永："清代的律、例、令初考"，载《池州师专学报》2006 年第 6 期。

〔6〕 陈一容："清'例'简论"，载《福建论坛（人文社会科学版）》2007 年第 7 期。

〔7〕 赫晓惠："试析大清律中例的地位和作用"，载《新乡师范高等专科学校学报》2001 年第 5 期。

〔8〕 姚旸："清代刑案律例发展的内因浅析"，载《历史档案》2007 年第 2 期。

的关系。曲英杰、杨一凡两位学者认为，明代法律的一大进步反映在编纂形式上，即"律例合体"，[1]统治者对于律例关系的态度是"既重律，又重例"，一方面"例以辅律"，体现在立法上；一方面"律例并行"，体现在司法上。"例以辅律"与"律例并行"的双重现实总体而言并不矛盾，即使存在矛盾，其范围也非常有限。[2]苏亦工先生认为清代司法实践的主流并非"重例轻律"，清代律例关系主旨是以律为主导，以例为补充、辅助与变通。律例并行，决非偏废某一方面，律例二者相辅相成、相互补充，至于律例相互替代则是有条件的而非普遍的现象。[3]吕丽教授认为，《大清律例》的律例之间，律为主导，"以例辅律"是律例关系的主流。[4]刘稚清认为，律与例是一种"对立统一"关系，一方面双方"相辅相成"，一方面双方"相互矛盾"。[5]

面对众说纷纭的学术观点，如果能将"例"的研究继续向前推进，将会消除某些误解，有助于还原历史真相。值得指出的是，日本学者也很重视对于"例"的研究，其作品有：加藤雄三《明代成化、弘治的律与例——依律照例发落考》、谷井俊仁《督捕则例的出现——清初的官僚制与社会》、谷井阳子《清代则例省例考》、小口彦太《清代中国刑事审判中成案的法源性》、小林高四郎《元代法制史上之"旧例"》、荻原守《清代蒙古审判事例》、寺田浩明《清代刑事审判中律例作用的再考察——关于实定法的"非规则"形态》等。[6]另外，美国学者马伯良也曾对宋"例"进行研究。[7]这些作品多以明清时期

---

〔1〕 曲英杰、杨一凡："明弘治《问刑条例》考析"，载《现代法学》1991 年第 5 期。

〔2〕 杨一凡、曲英杰："《问刑条例》与明代中后期统治集团的立法思想"，载《学习与探索》1991 年第 5 期。

〔3〕 苏亦工："论清代律例的地位及其相互关系（下）"，载《中国法学》1988 年第 6 期。

〔4〕 吕丽："例以辅律 非以代律——谈《清史稿·刑法志》律例关系之说的片面性"，载《法制与社会发展》2002 年第 6 期。

〔5〕 刘稚清："试论条例在明清法律中的角色"，中国政法大学 2004 年硕士学位论文。

〔6〕 上述日本学者作品，前四篇分别参见〔日〕寺田浩明主编：《中国法制史考证》（丙编第四卷），中国社会科学出版社 2003 年版；〔日〕小林高四郎："元代法制史上之'旧例'"，载《蒙古学资料与情报》1990 年第 4 期；〔日〕荻原守哈斯古纳："清代蒙古审判事例"，载《蒙古学资料与情报》1991 年第 2 期；〔日〕寺田浩明："清代刑事审判中律例作用的再考察——关于实定法的'非规则'形态"，载张世明、步德茂、娜鹤雅主编：《世界学者论中国传统法律文化》，法律出版社 2009 年版。

〔7〕 〔美〕马伯良："从律到例：宋代法律及其演变简论"，载高道蕴、高鸿钧、贺卫方编：《美国学者论中国法律传统》，清华大学出版社 2004 年版。

的某种"例"为研究对象,对其他时期的"例"关注较少。

第二节　研究对象与主要内容

一、研究对象

本书的研究对象是中国法律发展史上的"例"。"例"字之义,《说文》《广韵》《集韵》《玉篇》等均将之释为"比也""类也"。"例"字曾广泛运用于汉代经学,后来逐渐进入律学,成为法律用语,进而发展成为一种独立的法律形式。相对于历代成熟稳定的律典,"例"是一种变通、权宜的法律形式。不同历史时期的"例"具有不同的特点,难以用一个确切定义对其进行具体界定,宜用描述的方法具体阐释,例如基于不同的标准对"例"进行分类。

西晋时期,"例"作为法律用语,已是常见。自南北朝始,"条例"成为法律用语,但其本义乃是律条的代称。作为中华法系杰出代表的《唐律疏议》,上承曹魏"新律"、北齐律、开皇律,下启宋刑统、大明律、大清律例。明清时期常见的"定例""条例"等用语已在《唐律疏议》中多次出现,而且,"常例""通例"和"类例"等亦不乏实例。《唐律疏议》所载"例"字,含义颇多。虽然从《唐律疏议》立法角度来看,"例"字不含判例之义,但是,从司法实践来看,"例"字确实出现过判例之义,例如高宗时期赵仁本所撰《法例》。

宋代,无论是司法方面还是行政方面,"例"的种类都有很多,"例"虽然屡次受到朝廷的明令节制,但终是"引例破法",屡屡发生,甚至于出现了"因例立法"僭越立法权的现象。元代"断例",既受宋的影响又受金的影响,不仅刑事领域有"断例",民事领域亦有"断例"。元代"断例"既不完全是成文法,也不完全是判例,而是既有条文又有案例,呈一种混合状态。宋代在律典等制定法之外,其判例受到朝廷(皇权)的制约("著为例""编例"),是皇权认可的产物,而元代在没有律典的情况下,不仅存在判例而且存在独立的判例法制度。

明代,条例创制始于太祖洪武年间,而孝宗弘治年间修定的《问刑条例》打破祖宗成法不可变的禁锢,同时开启明清"律例并行"之先河。世宗嘉靖年间重修《问刑条例》则巩固条例与律典并行的地位。清代伊始即实行"律例合编"，高宗乾隆五年（1740），《大清律例》修定工作基本完成，"刊布中外，永远遵行"。至此，清代律典成型。官方往往以所发生的实际案例为素材，将其提炼，制定例文。明清时期的"条例"，属于成文法，其创制在根本上受制于皇权。

"例"的产生与历代法律实践"权变"思想有关，当朝律典是"经"，"例"是"权"，最终实现"执经达权"。由于律典的规定较为抽象，有时难以适应社会的变迁，统治者便运用"例"来对社会关系进行调整，从而形成崭新的法律关系。"例"多源于具体案例，根据抽象程度的不同，表现有二：保持原判案例的"例"、经抽象概括的制定法"例"（概括抽象程度不及律文）。总的来说，"例"对当朝律典起着补充、修正的作用。可是，历代对律典起补充、修正作用的不仅有"例"，还有其他法律形式，例如汉"科"，唐"格""格后敕"，宋"敕"，等等。这些法律形式也是权变的产物。但是，只有"例"这一法律形式上起唐宋下至明清，前后存续长达千余年。

在中国特色社会主义法律体系已经建成的伟大历史背景下，我国法律体系仍然需要不断的发展和完善。与其密切相关的两个问题是，如何处理效力各异的各种规范性文件之间的关系，如何看待晚近最高人民检察院与最高人民法院开始推行的案例指导制度。以"指导性案例"为载体的案例指导制度的施行担负着人们对于"同案同判"的期盼。晚近"两高"通过司法解释对案例指导制度加以明文规定，是对新中国成立以来逐步确立的案例制度的重申，一种正式而规范的重申。案例指导制度一方面借鉴古代中国某些"判例"的某些合理因素，一方面又与当代中国成文法的实际相符合。

对于当代中国法制建设所存在的某些问题的解决，不少人习惯于求道于外国法制经验。外国法制经验的借鉴，固然会对我们有所启发，但是人们更应当注意从自身历史中找寻并研究以往的实践经验，从而获得更多宝贵的借鉴。因此，对"例"的研究，不仅有助于解决"过去"的问题，而且有助于解决"现在"的问题。

二、主要内容

本书共分四章对"例"进行研究。

第一章序论介绍本书的写作缘起。

第二章论述"例"的字义与"例"的前身。首先介绍"例"字考证以及作为法律形式的"例"的诸种分类，"例"字在汉代之前极少出现，其应为"列"字的新造字，本意为"比""比照"，"例子"之义乃是后起，另外本书从不同角度对"例"进行分类，共分六组。其次论述"例"的前身"比"以及与其关联问题"比附"，睡虎地秦墓竹简的"比"字表明，秦代的"比"更多地是一种司法技术而非判例。再次就"廷行事"的性质进行初步论证，"廷行事"尚不能将其归为判例，至多承认其有判例的因素，即含有"比"这一司法技术（例如"行事比焉"），然后指出"廷行事"与"决事比"之间的关系，秦代"廷行事"具有判例的因素，但仅限于司法技术"比"，即司法活动的一部分，汉代"决事比"并非仅称"决事"，表明"比"作为司法活动的产物已经开始固定下来，即形成专门的法律文件"决事比"，成为断案依据。东汉时期，"例"开始取代"比"，成为法律领域的常用语。最后论述与"例"相关的"故事"。"故事"与"比""例"具有密切的联系，汉魏晋时期"故事"既在政治、行政领域发挥重要作用，也在刑事、司法领域占有重要地位。"故事"发挥法律效用并非"故事"的当事人所能决定的，关键是看后人有否援引。虽然"故事"与"比""例"彼此之间有所区别，但是后世逐渐可以互相指代。

第三章主要论述唐宋元明清历代的"例"。《唐律疏议》是目前人们所能见到的最早的成文法典，对其间"例"字进行梳理归类，可以探知唐代立法领域的"例"的各种含义，包括是否具有判例之含义。实际上，作为立法成果的《唐律疏议》，其所含"例"字并无判例之义。另外，《唐律疏议》"比"字亦进行梳理归类，从中可见"比"字具有比照、比附之义，具有判例的因素，但不明显。不过，"例""比"等字作为判例之义往往发生于司法实践中。当然，对于唐代以前的"例"亦须作出初步考证，包括"例"在汉代即已进入法律领域，西晋时期"例"作为法律用语，已是常见，但仅是法律的代称或者法律的组成部分（"法例"）。宋元时期，"例"进一步发展，种类很多，其中"断例"最具特色，其既包括成文内容，又包括案例内容，可以说是一种混合体。明清时期，"例"的成文法趋势更为明显，《问刑条例》《刑部现行则例》等"例"均是成文化的"例"。"例"的出现是一种历史的必然，不但中央层级有"例"，地方官府及其官员也颁布"例"，以至于清代出现过"省例"。

第四章探讨"例"对当代中国法制建设的影响。首先重新审视社会各界对于传统法律"以刑为主"的错误认知，然后指出中国古代存在判例，但是始终未能占据法律实践的主流。其次论述古人与今人如何创制缜密的法典规制社会生活，指出古今法律实践活动既有不同之处，亦有相通之处。再次论述"例"对当代的影响及其借鉴，"例"在当代的体现主要是最近"两高"相继施行的案例指导制度以及"条例"等位阶相对较低的规范性法律文件的创制问题。最后指出，在规范性法律文件层出不穷的当代，应当加强规范性法律文件备案工作与规范性法律文件审查工作，近期内需要做好的是法规的清理工作，还应当借助当代的法学理论、法制工具最大限度地限制这些法律文件的各种不利因素，发挥其积极作用。

第三节　创新之处与研究方法

一、创新之处

第一，梳理从"比"到"例"的发展演变过程。"例"由"比"发展而来，从"比"到"例"的演变以秦代"廷行事"与汉代"决事比"之间的起承转合为中心。实际上，"廷行事"不必然是判例，而仅含有判例的萌芽，即"廷行事"开始具有"比"这种司法技术，但尚未确定地具有判例性质。"决事比"既包含司法判例也包括行政惯例，其中司法判例相当于今人所言判例。"行事"与"决事"具有高度重合的一面，"廷行事"是官府（包括司法机关）的惯常做法，而"决事比"已经物化为固定的形式"比"。汉代"决事比"具有判例性质，"比"不仅是一种司法技术，更演变为一种法律形式。东汉后期，"比"开始向"例"转化。本书以《唐律疏议》为例，系统梳理该律典所有"例"字并进行归类，研究其与判例、判例法的关系，系除日本学者冈野诚先生《〈唐律疏议〉中"例"字的用法》外中文领域的首篇。以往学界将"例"界定为判例的观点并不准确，而将"例"界定为制定法的观点也有失偏颇，本书通过梳理"例"在不同时期的发展与表现，指出对于"例"不能采用非黑即白的一分为二的划分方法，即不能简单地用判例与条文的二元划分来看待"例"。当然，基于研究的便利性，对不同时期的"例"从判例抑或制定法的角度划分，有助于人们掌握中国法律发展史上"例"的诸种不同的表现形式。

第二，本书既对传统法律中"例"的历史进行梳理研究，又首次对"例"在当代的影响进行研究，从而完成对"例"贯穿古今的研究。本书首次以清代"通行"为视角，研究当今全国人大常委会法工委"法律询问答复"制度的完善和改进。这对研究"两高""意见""通知"和"座谈会纪要"的完善与发展，同样具有启示作用。对于"例"的研究，有助于认识并把握当代中国特色社会主义法律体系，能够对当代规范性文件的创制和施行提出借鉴经验。实际上，"例"在当代的体现主要有二：以"指导性案例"为载体的案例指导制度与以"条例"为代表的位阶较低的各类规范性法律文件。推而广之，"例"在当代的体现，从最广意义上来看，由指导性案例、条例、法律解释等位阶较低的规范性法律文件组成。它们既具有时代特色，又映出中国法律发展史上"例"的清晰倒影。对"例"的研究，有助于人们以深邃的历史眼光，认清当代法律实践中的某些法律问题。对于指导性案例以及法律解释、条例等位阶较低的规范性法律文件，本书将提出自己的见解：贯穿传统中国法始终的灵魂是"礼"，指导当代中国法的核心价值是"人权"和"以人为本"等；不同时代具有不同的主导精神，今天的法律应当恪守"人权"和"以人为本"等核心价值，在充分利用"例"对现实问题进行变通、补充的同时，还要限制"例"的消极影响，既要完善法律法规备案制度，又要建立规范性法律文件的审查制度，当务之急是做好规范性法律文件的法规清理等工作。

本书从不同角度对中国法制发展史上的"例"进行分类，共分为六组，大大超越前人对"例"的种类划分，更为全面。传统中国法灵活、变通的法律形式很多，"例"外有"例"，除"条例"外，尚有"则例""事例"和"断例"等。本书对不同"例"之间的区别作出界定。"例"之外尚有更灵活的法律形式，例如清代的"通行"。这种更为灵活变通的法律形式对今天非规范性文件的整理、编纂都有深刻启示。

此外，本书还在其他若干方面有新观点或者新发现。例如，本书考证作为"例"的前身之一的"故事"，并非仅在行政、政治领域适用，司法（刑狱）领域亦有"故事"存焉。又如，本书考证"案例"一语的出现，最晚不迟于南宋绍兴九年。再如，本书考证清代"通行"既有以案例、判例为载体的表现形式，又有以成文法、制定法为载体的表现形式，故认为对于"通行"

的性质宜采折中观点。

二、研究方法

第一，历史的研究方法。法律史研究首先应当以尊重历史为前提，在此前提下，努力还原历史真实，考察历史的演进。因此，通过钩沉史料、字书等文献，考察"例"字的"前世今生"，探索"例"字含义的演变以及"例"作为一种法律形式在中国法律发展史上的演变，以历史朝代为线索，考证不同时代"例"的表现。

第二，比较分析的方法。既要比较不同含义的"例"之间的异同，也要考察中国古代的"判例"与近代以来英美法系判例法的异同，包括"形"与"神"两方面。另外，不同的"例"之间也要进行比较，以判断不同的"例"所具有的质的规定性。

第三，法学的研究方法。当代学者对于法学问题的研究，包括对于传统法律问题的研究，习惯运用现代的理论、术语对相关问题展开阐述。"这种方法的优点是由于运用我们熟悉的概念进行论述，对过去的法概念比较容易理解。但这只是一个方面，另一方面不可否认的是，法概念在不同程度上都要受到各自时代的社会、文化、经济体制、法体系等各种因素的制约。"（中村正人语）这种先入为主的套用可能并不符合历史真实，但是，我们不妨以此作为研究问题的出发点。另外，本书对"例"的研究，需要运用部门法的研究方法，例如，有关"例"对当代法治建设的影响等问题，即以刑法部门为例，运用刑法的研究方法。

第二章

"例" 的考证与 "例" 的前身

第一节 "例" 的考证

一、"例" 的字义

清人段玉裁认为"例"就是"比",该字出现较晚,汉人很少言及"例"字。[1]而对于"列"字,段玉裁认为:"列,分解也。列之本义为分解。故其字从刀。齿分骨之劇从列。引伸为行列之义。古假借烈为列。如郑风火烈具举。毛曰烈,列也是也。羽猎赋。举烽烈火。烈亦与列同。从刀。𡿭声。良辟切。十五部。"[2]"'列'当为'裂'之本字。"[3]而"比"是"密"的意思,"二人为从","反从为比",其义"相亲密""俌""及""次""校""例""类""频""择善而从"和"阿党"等。[4]

"例"字罕见于先秦典籍。例如,《公羊传》即有"臣子一例"的记载:

───────────────

〔1〕"例,比也。此篆盖晚出。汉人少言例者。杜氏说左传乃云发凡例言。例之言迾也。迾者遮迾以为禁。经皆作迾、作厉。不作迾。周礼司隸注。厉,遮例也。释文。例本作列。盖古比例只作列。从人声。力制切。十五部。疑许本无此。"参见(汉)许慎撰:《说文解字注》,(清)段玉裁注,上海古籍出版社 1981 年版,第 381 页。

〔2〕 (汉)许慎撰:《说文解字注》,(清)段玉裁注,上海古籍出版社 1981 年版,第 180 页。

〔3〕 苏宝荣:《〈说文解字〉今注》,陕西人民出版社 2000 年版,第 167 页。

〔4〕"比,密也。今韵平上去入四声皆录此字。要密义足义括其本义谓相亲密也。余义俌也、及也、次也、校也、例也、类也、频也、择善而从之也、阿党也。皆其所引伸。许书无篦字。古只作比。见苍颉篇、释名、汉书匈奴传。周礼或假比为庀。二人为从。反从为比。犹反人为比也。毗二切。按四声俱收。其义本一。其音强分耳。唐人多读入声者。十五部。凡比之属皆从比,𠤏,古文比。按盖从二大也。二大者、二人也。"参见(汉)许慎撰:《说文解字注》,(清)段玉裁注,上海古籍出版社 1981 年版,第 386 页。

"（僖公）元年，春，王正月。公何以不言即位？继弑君，子不言即位。此非子也，其称子何？臣子一例也。"其后注疏曰："僖公继成君，闵公继未逾年君。礼，诸侯臣诸父兄弟，以臣之继君，犹子之继父也，其服皆斩衰，故传称臣子一例。"[1]考虑到《公羊传》成书复杂，前文所载能否足以证实先秦时期即已存在"例"字，尚不足以确认。[2]但基本可以断定，"例"字晚出，与"比"同义，至少在汉代，人们还是很少用"例"字。"例"字本作"列"，而"列"意为"分解"，引申为"行列""等比"。《礼记正义·卷第五十七》先云"罪多而刑五，丧多而服五"，然后声明"上附下附，列也"。郑玄注曰："列，等比也。"[3]又，《荀子·不苟》载"山渊平，天地比"，对此，杨倞注云："比，谓齐等也。"由此可见，"例"源出于"列"，"列"源出于"比"，因此，"例"含有"齐等""等比"等义。作为"举例""比例"和"例子"之"例"当为后起之义。

《辞海》释"例"：

例（lì）：

①比照。如：以此例彼。

②例子；例证。如：例句；举例。《水浒传》第二十回："若有不从者，将王伦为例。"

③规程。如：条例；律例。

④成例；旧例。如：援例。

⑤按照规定或成例进行的。如：例会；例行公事。

⑥一概。《南史·刘苞传》："家有旧书，例皆残蠹。"

⑦中国古代专指审判案件的成例。经朝廷批准，可作为审判案件的法律根据。《秦简》中的"廷行事"，即指例。汉时称为"决事比"。《晋书·刑法志》有"集罪例以为刑名"之说。唐代允许在法律无明文规定

---

[1] "（僖公）元年，春，王正月。公何以不言即位？继弑君，子不言即位。此非子也，其称子何？臣子一例也。"其后注疏曰："僖公继成君，闵公继未逾年君。礼，诸侯臣诸父兄弟，以臣之继君，犹子之继父也，其服皆斩衰，故传称臣子一例。"参见李学勤主编：《春秋公羊传注疏》，北京大学出版社1999年版，第199页。

[2] 刘宁："属辞比事：判例法与《春秋》义例学"，载《北京大学学报（哲学社会科学版）》2009年第2期。

[3] 李学勤主编：《礼记正义》，北京大学出版社1999年版，第1542页。

时可比照成例办案，但不像后来那样重视例，尤其反对用例来破坏法律的明文规定。宋代规定"法所不载，然后用例"，但是实际上，"当是时，法律虽具，然吏一切以例从事，法当然而无例，则事皆泥而不行"。(《宋史·刑法志》) 明清两代，例与律并行。《清史稿·刑法志》："盖清代定例，一如宋时之编敕，有例不用律，律既多成虚文，而例遂愈滋繁碎。"[1]

从《辞海》对"例"字的解释顺序来看，"例"的本初的含义为"比照"，这与段玉裁认为"例，比也"的观点相近。而且，"比照""比"为动词，这说明"例"的最初含义乃是某项活动，"例"即"比（照）"。自然而然的，"例"也就具有名词性质，作为名词的"例"乃是"比（照）""例"（名词）的产物。《辞海》对"例"解释的其他义项都是对第一种含义的引申。而其对后一项描述的中国古代作为法律现象的"例"，其解释不免过于简陋。

"例"字在汉代之前极少出现，其应为"列"字的新造字；而且，"例"的本意为"比""比照"，为动词，作为名词的"例子"之义乃是后起。因此，"例"字不可能一开始就出现于法律领域，也不可能成为法律现象。对于"例"的考察应当结合秦汉时期的经学研究，特别是春秋义例学。[2]

二、"例"的分类

至于"例"的种类，可从不同角度进行划分。本书认为，从"例"的表现形式来看，可分为"原生例"与"派生例"；从"例"的构成数目来看，可分为"单例"与"复例"；从"例"的创制主体来看，可分为"立法例""行政例"和"司法例"；从"例"的内容来看，可分为"刑例"与"政例"；从"例"的名称来看，可分为"形式例"与"实质例"；从"例"的效力等级来看，可分为"朝例"与"省例"。

第一组，"原生例"和"派生例"。"原生例"表现为具体案例，通过有关主体发布或者认可，以具体案例的形式发挥法律规范作用。单纯的案例也

---

[1]《辞海》，上海辞书出版社 1999 年版，第 675 页。

[2] 马凤春："传统中国法'例'说"，载《河北法学》2011 年第 2 期。

表现为"原生例",但是如果其不获援引,则永远孤立无用,因此,"原生例"往往是指产生之后曾被援引的案例。这就犹如数学中的标量与向量之分。标量只有大小,没有方向,比较简单;向量有大小,也有方向,比较复杂。孤立的案例这种"原生例"就犹如标量,而经过有关主体发布或者认可而获得援引的案例就犹如向量。无论如何,"原生例"都直接表现为具体生动的案例,缺乏抽象性。与此相反,"派生例"是有关主体根据某个或者某些案例而抽象制定成文的"例",往往表现为成文法、制定法,当然,有的"派生例"抽象程度高些,有的"派生例"抽象程度低些(甚至看起来介于案例与文字规定之间)。例如,明清时期的"条例"就是抽象程度较高的"派生例",其来源为具体案例或者有关主体的命令,但是其抽象概括程度又比《大明律》或者《大清律例》稍低。总的来说,"派生例"脱胎于具体案例,具有一定的抽象性。[1]

第二组,"单例"与"复例"。"单例"表现为孤立的"个例",例如,汉代某些"比",虽然也属"决事比",但表现为孤立的"个例",如后文将要提及的"腹诽之比"与"轻侮之比"均是。"复例"表现为"例"的集群,或者是"例"的汇编,或者是一部新的法典。例如,汉代陈宠、鲍昱《辞讼比》、陈忠《决事比》、应劭《决事比例》均是"比"的集合。又如,唐高宗时期,赵仁本所撰《法例》原本属个人作品以作参考,假设其能获得皇权允准,亦是复例。再如,北宋《刑名断例》《元丰断例》《熙宁法寺断例》和《刑房断例》,南宋《绍兴编修刑名疑难断例》《乾道刑名断例》《开禧刑名断例》《乾道新编特旨断例》和《淳熙新编特旨断例》,均是"断例"的集合。再如,明代《问刑条例》、清代《刑部现行则例》也是"例"的集合,即使"律例合编"之后的《大明律集解附例》《大清律例》等,亦是如此。复例不同于例的汇编。例的汇编不属于立法行为,虽然被汇编到一起的单独的例均有相应的法律效力,但汇编本身不具法律意义,因此其作为一个整体并非复例,例如元代江西地方政府汇编的《元典章》,内含大量案例甚至判例,但是《元典章》不是复例,因其属江西地方政府的"私行为"而非元政府的"公行为"。作为复例的"例",例如宋代"断例",其所编纂的各个具体的"断例"本身就具法律效力,而作为编纂成果的前述各朝《断例》,本

---

[1] 马凤春:"传统中国法'例'说",载《河北法学》2011年第2期。

身亦具法律效力，因为复例的编纂本身属于法律编纂行为，其本质已是立法工作。

需要指出的是，作为"例"的前身的"比"，存在动词"比"与名词"比"的区分（后文详述）。就"比"内部而言，存在"一次比"与"二次比"的区分。所谓"一次比"，即办案主体比照法律或者其他事物（案例除外）的司法活动（技术）或者因此而形成的"比"（判决）。所谓"二次比"，即办案主体比照、比附以前相同、相似案例而形成新的案例。例如，秦代"廷行事"将鞋帮带有花纹的鞋子比作"锦履"——"行事比焉"，即为"一次比"，而汉代"腹诽之比"即是"二次比"。作为判例而存在的，实际上都是"二次比"，因为只有当案件判决在之后的司法实践中获得应用，才能成为判例。

另外需要注意的是，"复例"内部还能继续分为"一级例"与"二级例"。以同治四年《户部则例》为例，从其目录部分，我们可以得见各种名称的"则例"："章程""禁例""事例""条款""款目""禁令""事宜""税则""赏例"和"分例"等。可见，"则例"是作为整部法律的统称，即"一级例"，而"禁例""事例""赏例"和"分例"等，则是《户部则例》内部不同部分的称谓，即"二级例"。

第三组，"立法例""行政例"和"司法例"。由皇帝或者中央有关立法主体通过的"例"就是"立法例"。例如，北宋时期出现的"御笔断罪"作为一种"例"，显然皇帝是创制主体。"行政例"是在政府行政以及开展礼仪的过程中产生的"例"。"司法例"是"三法司"在具体断案过程中产生的"例"。

第四组，"刑例"和"政例"。中国古代政治早熟，而其法律文化内部刑事法制极为发达。因处理刑事案件而形成的"例"，即属"刑例"。例如，汉代"决事比"、两宋"断例"、明代《问刑条例》、清代《刑部现行则例》等，均是"刑例"。事实上，上述第三组分类中的"司法例"往往也就是"刑例"。"政例"是官方处理行政事务、仪礼制度等所形成的"例"。例如，清代的六部"则例"，均为各部规制自身工作活动的规定，具有明显的行政性质。当然，不容否认，有的"例"本身具有"刑例"与"政例"双重属性，例如清代《刑部现行则例》，就其形式而言，属于"政例"，规定刑部的工作程序，就其内容而言，属于"刑例"，不乏定罪量刑规定乃是罪刑条款。其实,刑事、刑法等法律问题,也属广义的政治问题,如果认为"刑例"是"政例"的一个非常独特的部分,也无不可。只是,考虑到中国刑事法律制度极其发达,将其从政治领域单独区分出来,可作更清晰的认知。

第五组,"形式例"和"实质例"。所谓"形式例",即凡是以"例"相称、以"例"命名的"例",例如,条例、则例、事例和断例等。所谓"实质例",即从名称来看,其并未以"例"命名,但实际上起"例"的作用的,例如,汉代的"决事比"、宋代的"御笔"以及某些"指挥"和清代的"成案"等。特别是清代,许多"例"并不以"例"相称,例如,仅以"则例"为例,清代"则例"除直接以"则例"命名外,尚有《满洲品级考》《中枢政考》《钦定中枢政考》和《本朝题驳公案》等名目。[1]

第六组,"朝例"和"省例"。所谓"朝例",本书将之界定为凡是由皇帝批准或者认可,以及由中央部院下发的"例",具有通行全国的效力(不排除个别"例"仅适用于特定区域)。"省例"是明清以后特别是清代地方立法出现的一种立法形式,"省例"的出现表明国家的立法不再完全由中央政府掌控,地方政府也能进行立法规制,同时表明立法体例发生变革。[2]

另,"例"的作用取决于统治者的态度。除元代之外,其他历代的"例"由于其产生以及发挥作用最终要受制于行政权(中央机关甚至皇帝),因此,"例"是受制于成文法、制定法的,这一点有别于近代西方"法官造法"的判例法制度。作为"派生例"的成文法"例",固然属成文法,其法律拘束效力当无疑问(仅是其地位从形式上而言相对较低)。但是,作为"原生例",由于其编修并非与其产生相伴始终,因此,"原生例"的法律效力问题相对复杂一些。无论如何,"原生例"都能发挥一定的法律效用。因此,我们可将"原生例"分为具有拘束力的"例"与具有说服力的"例"。

---

[1] 杨一凡、刘笃才:《历代例考》,社会科学文献出版社2010年版,第368~370页。

[2] 清代"省例"之前,历代曾经出现过方官僚发布的告示、禁约,虽属官僚个人行为,却起到法的规范作用。"省例"相对于告示、禁约,其法的规范性更强,其受到朝廷的默许而发挥法的作用。对于中国古代法的研究,应当关注古代中国人对王法的看法与意见,这些看法与意见往往由古代中国人的生活中得来,直接影响他们的判断与选择,"无视这些看法和意见,亦不可能对于中国古代法律有切实的理解"。参见梁治平编:《法律的文化解释》,生活·读书·新知三联书店1994年版。"省例"这类规范性法律文件主要存在于清代,不是本书的论述重点。同时需要指出的是,"省例"相当于今天的地方政府规章,与"则例"等相当于部门规章的"朝例"相对,研究"省例"对完善中国特色社会主义法律体系具有重要的启迪作用。

具有拘束力的"例"得到帝国统治者的批准或者认可，具有当然的法律效力，例如汉代，《后汉书》"陈宠传"载：陈宠"撰《辞讼比》七卷"，然后"公府奉以为法"，官方将《辞讼比》作为法律予以施用。陈宠《辞讼比》七卷获得皇权的认可，因而具有法律拘束力。《后汉书》"陈宠传"载：陈忠"奏上二十三条为决事比"，均获施行。既然"奏上"，即已表明获得皇权认可，故而具有法律拘束力。决事比是汉代具有法律拘束力的"例"。而且，陈宠、陈忠所奏之若干"条"（比），本为"单例"，得到皇权认可后作为《辞讼比》《决事比》则为"复例"。

又如宋代，"断例"是法律形式之一。北宋"断例"汇编即有《刑名断例》《元丰断例》《熙宁法寺断例》和《刑房断例》等，南宋"断例"汇编又有《绍兴编修刑名疑难断例》《乾道刑名断例》《开禧刑名断例》《乾道新编特旨断例》和《淳熙新编特旨断例》等。显然，这些汇编的"断例"已然经由皇权的批准，获得了法律拘束力。宋代"断例"为"复例"，其时亦有"单例"。[1]

具有说服力的"例"，是指尚未获得皇权的批准或者认可，在司法实践中能起到参考作用的案例。例如，前述陈宠、陈忠"奏上"决事比之前的各项"比"，当然只能在其司法活动中发挥参考作用。又如，两宋"断例"亦是如此，即使作为单例的"断例"（个案），如果没有获得皇权的允准，则只能在相关司法者手中发挥参考作用。清代的"成案"到底具有拘束力还是说服力，是一个值得探讨的问题。

三、"例"的性质

对于中国法律史"例"的性质，学者之间认识不一。认为属制定法、成文法者有之，认为属判例法者亦有之，而且，持后一观点的学者目前仍占多数。这种认知不仅发生于部门法（例如刑法）领域，在理论法甚至是法律史

---

〔1〕《宋史·列传·卷五十九》载，马寻"累判大理寺，以明习法律称"，"襄州饥，人或群入富家掠困粟，狱吏鞫以强盗，寻曰：'此脱死尔，其情与强盗异。'奏得减死，论著为例。"马寻针对饥民"群入富家掠困粟"案，未按强盗之罪办理，既然"奏得减死"，必是获得了皇权认可，而"著为例"则表明，该案获得判例的效力，但属"单例"。该案"著为例"之后到底是抽象、概括程度较高的"派生例"，还是基本保持原样的"原生例"，史料语焉未详，尚须进一步发掘探讨。不过，无论是"原生例"还是"派生例"，对于其最终须受最高权力即皇权的制约的事实应无争议。

领域，亦有如此之观念。实际上，根据前文对于古代"例"所作的不同角度的分类，很难用一句话来说明"例"的性质。不过，总的来说，"例"还是属于制定法、成文法范畴。当然，不能否认，某些朝代存在判例现象，但这并不影响传统法律的主流，而且，即使存在判例现象，相关判例也要受到皇权的制约。中国法律发展史上的"例"，经历了一个漫长而又复杂的演化过程。"例"的前身是"比"与"故事"。"例"起初表现为单例、原生例，其后单例集聚成为复例（例如"比"编成"决事比"），原生例又演化为派生例。而且，单纯的案例是否具有法律渊源作用需要根据统治者的态度来决定，统治者认可的案例，可以成为判例，具有法律拘束力，统治者未认可的案例，虽不能成为判例，但仍能发挥说服作用（即作为办案人员的重要参考）。成为复例的例文作为一个整体（汉代"决事比"、宋代"断例"、明代"问刑条例"等），在律典之外与律典并行，后来则"律例合编"，以至封建社会末世而不改。即使在"律例合编"的情况下，仍然有更为灵活、便宜的"通行"等法律形式发挥作用。变通之外复有变通，灵活之外复有灵活，便宜之外复有便宜。[1]无论如何，"律例合编"达到封建社会立法水平的最高程度，同时朝廷所制例文的抽象、概括程度也比早期的"决事比""法例"和"断例"等相对更高。也就是说，古代中国社会的"例"的抽象程度总体上呈越来越高之势，从前期的多为原生例向后期多为派生例过渡。[2]

第二节　比附、比与决事比

一、比附

（一）比附

比附是传统法律的一项重要制度，而究其用语领域，文学、史学皆有

---

[1]　汉代以来春秋公羊学学者进行过反思，他们"在'正例'之外又设立了'变例'，甚至在'变例'之外还有'推变例而为之例'"。参见张振："试论春秋公羊学派对'例'的认识"，载《山东青年政治学院学报》2012年第2期。可见，政法实践中"例"的变化与经学领域人们的实践遥相呼应。

[2]　当然这一过程极为复杂，每个朝代的"例"可能各种形式并存。例如唐代赵仁本的《法例》，根据前文论述应是原生例（判例），但是《盐法条例》《进士明经条例》《吏曹条例》《举人条例》和《选人条例》等则极有可能是派生例。

"比附"之存在。比附，顾名思义，乃有比而附之义。而就法学意义上的比附而言，比附是指在断罪无正条的情况下，比照律令中事类相同的条文或判例来定罪量刑的制度。[1]

比附制度的渊源可上溯至先秦。《尚书·吕刑》即有"上下比罪"一语。[2]该段文字意即如果没有明确条文予以定罪量刑，则可"上下比罪"，前后上下比较，比附处断。这是西周时期即已存在比附制度的实例。《睡虎地秦墓竹简》所反映的秦律，亦有比附之存在，《法律答问》往往言及某种行为"廷行事"比照某条律文定罪量刑，例如秦律规定"害盗别徼而盗，加罪之"，而《法律答问》指出"求盗比此"，即求盗（职名）行盗比附害盗（职名）处断。《汉书·刑法志》记载武帝时期，"死罪决事比"已经多达一万三千余"事"。[3]这表明，汉代不但大量运用比附，而且在司法实践中造成了"奸吏因缘为市"而"议者咸冤伤之"的腐败局面。晋惠帝时期，刘颂上疏要求严格依照"法律令""名例"等律法内容进行正刑定罪。[4]刘颂所言"依附名例断之"即比附。以上历代做法，虽无比附之名，实存比附之实。

隋唐时期，正式确立"比附"制度。有学者考证，唐律比附虽未被列于名例篇，但其若干条文均涉及如何运用比附的问题。[5]而《旧唐书·刑法志》载，永徽六年君臣对话，高宗认为律典允许比附，造成"条例"繁多，于志宁等人认为隋代修律，将律文压缩至五百，其他问题通过"比附"解决，而且隋代的这一做法被李唐所借鉴，以致于"条章既少，极成省便"[6]。

———————————

〔1〕 胡新："中国古代刑法中的比附"，载《法学评论》1994年第2期。

〔2〕《尚书·吕刑》云："上下比罪，无僭乱辞，勿用不行，惟察惟法，其审克之。上刑适轻，下服；下刑适重，上服。"

〔3〕"其后奸猾巧法，转相比况，禁罔寝密。律、令凡三百五十九章，大辟四百九条，千八百八十二事，死罪决事比万三千四百七十二事。文书盈于几阁，典者不能遍睹。是以郡国承用者驳，或罪同而论异。奸吏因缘为市，所欲活则傅生议，所欲陷则予死比，议者咸冤伤之。"参见《汉书·刑法志》。

〔4〕 刘颂指出："又律法断罪，皆当以法律令正文，若无正文，依附名例断之，其正文名例所不及，皆勿论，法吏以上，所执不同，得为异议。"参见《晋书·刑法志》。

〔5〕 王侃："唐律中的类推不是'举重明轻'，而是'比附'——与中国法制史诸书及《中国刑法史》作者商榷"，载《法学研究》1993年第3期。

〔6〕 永徽六年七月，上谓侍臣曰："律通比附，条例太多。"左仆射志宁等对："旧律多比附断事，乃稍难解。科条极众，数至三千。隋日再定，惟留五百。以事类相似者，比附科断。今日所停，即是参取隋律修易。条章既少，极成省便。"参见《旧唐书·刑法志》。

关于比附与 "轻重相举" 的关系，不少学者认为，唐律中的 "轻重相举" 条是比附。究竟该规定是否为比附，我们且从《唐律疏议》的相关规定和表述出发，进行仔细分析。唐律 "轻重相举" 条即规定如 "应出罪者"，须 "举重以明轻"，而 "应入罪者"，则须 "举轻以明重"。[1]就 "举重明轻" 而言，《唐律疏议》"轻重相举" 本条共计列举四例。

例一：夜晚无故进入他人门户，主人当场杀死，不是犯罪，不追究刑事责任，若是当场仅仅打伤，当然更不会追究刑事责任。

例二：盗缌麻以上财物，按凡盗之罪减轻处罚。因此，如果行为人犯诈骗罪、侵占罪（包括职务侵占与贪污），即使律无减轻处罚之规定，仍然可以比照盗窃缌麻亲属财物的盗窃罪，减轻处罚。

例三：谋杀期亲尊长，皆斩。律文并未规定已杀、已伤之规定，然而，在仅仅预谋杀害期亲尊长的情况下，对行为人都判处斩刑，何况在已杀、已伤这两种远远超出预谋杀害的情形下，更应判处斩刑。

例四：殴告大功尊长、小功尊属，不得荫赎。而如果殴告期亲尊长的话，由于期亲服制重于大功、小功，那么殴告期亲尊长则更不能荫赎。

就前述《唐律疏议》"轻重相举" 本条来看，其所举四个例子中，例一、例三、例四属法律解释的当然解释，不是比附。其所当然解释的内容包括犯罪结果（例一、例三之死伤）、犯罪对象（例四之期亲、大功、小功等服制远近）。而例二是当然解释还是比附则需要进一步分析。

例二的内容是将诈骗、坐赃与盗窃相对比，其复杂性在于，如果也是当然解释的话，那么当然解释的是犯罪性质而非犯罪结果或犯罪对象。而犯罪结果与犯罪对象是具体的，能够直观感觉的，通过当然解释是比较容易辨明并且是可以令人接受的。而对犯罪性质的评价却是随人的主观认识而有所不同，解释者可对此见仁见智。例如，如果认为盗窃是轻罪，诈骗、

---

[1] 唐律 "轻重相举" 条规定："诸断罪而无正条，其应出罪者，则举重以明轻；（【疏】议曰：断罪无正条者，一部律内，犯无罪名。'其应出罪者'，依《贼盗律》：'夜无故入人家，主人登时杀者，勿论。' 假有折伤，灼然不坐。又条：'盗缌麻以上财物，节级减凡盗之罪。' 若犯诈欺及坐赃之类，在律虽无减文，盗罪尚得减科，余犯明从减法。此并 '举重明轻' 之类。）其应入罪者，则举轻以明重。（【疏】议曰：案《贼盗律》：'谋杀期亲尊长，皆斩。' 无已杀、已伤之文，如有杀、伤者，举始谋是轻，尚得死罪；杀及谋而已伤是重，明从皆斩之坐。又《例》云：'殴告大功尊长、小功尊属，不得以荫论。' 若有殴告期亲尊长，举大功是轻，期亲是重，亦不得用荫。是 '举轻明重' 之类。）" 参见《唐律疏议》，刘俊文点校，法律出版社 1999 年版，第 145~146 页。

坐赃是重罪，其结论就是，例二也是当然解释；而如果认为诈骗、坐赃的性质与盗窃有所不同，则例二属于比附。此问题即使在当代刑法理论中，也是颇存争议，[1]何况在古人那里，其往往善于形象思维，未必能像今人那样进行泾渭分明的类型化处理。因此，例二既有当然解释的成分，又有比附的因素。

　　整部《唐律疏议》存在比附的条款还有若干处，但是就"轻重相举"的本条而言，"轻重相举"总体上意为当然解释，在个别情况下不排除比附的因素在内。

　　《宋刑统》"断罪本条别有制与例不同举重明轻"条亦有规定。[2]《宋刑统》除个别表述与《唐律疏议》略有区别之外，基本上全面继承《唐律疏议》有关"轻重相举"的规定，包括对于"轻重相举"的四个例子，亦是完全相同。值得注意的是，《宋会要辑稿》记载，两宋"法所不载……律有举明议罪之文……敕有比附定罪之制"。[3]"律"与"敕"相对，"举明议罪"与"比附定罪"有别。"律"运用当然解释（轻重相举），"敕"采取比附科罪。如果"比附定罪"与"举明议罪"（轻重相举）同义，完全可以不重复提出。《宋会要辑稿》的撰写者作此描述，自然源于两者的不同。

　　后世《大明律》与《大清律例》没有规定"轻重相举"，但是载有"比附"

---

　　〔1〕　例如，故意杀人罪与故意伤害罪的关系如何，诈骗罪与盗窃罪的关系如何，当代刑法理论存在针锋相对的立场。按"对立理论"，故意杀人罪与故意伤害罪绝对对立，前者与后者不存在竞合关系，诈骗罪也不同于盗窃罪，同样不存在竞合关系。按"同一理论"，故意杀人罪是故意伤害罪的一种极端表现，前者是后者的内容之一，诈骗罪产生的历史远远晚于盗窃罪，是一种含有智慧"技术含量"的盗窃罪，因此在不能追究诈骗罪刑事责任的情况下，应当考虑能否追究盗窃罪的刑事责任。

　　〔2〕　诸断罪而无正条，其应出罪者，则举重以明轻；其应入罪者，则举轻以明重。【疏】诸断罪而无正条，其应出罪者，则举重以明轻。【议曰】断罪无正条者，一部律内，犯无罪名。其应出罪者，依《贼盗律》："夜无故入人家，主人登时杀者，勿论。"假有折伤，灼然不坐。又条："盗缌麻以上财物，节级减凡盗之罪。"若犯诈欺及坐赃之类，在律虽无减文，盗罪尚得减科，余犯明从减法。此并"举重明轻"之类。又云：其应入罪者，则举轻以明重。【议曰】案《贼盗律》："谋杀周亲尊长，皆斩。"无已杀、已伤之文，如有杀、伤者，举始谋是轻，尚得死罪，杀及谋而已伤是重，明从皆斩之坐。又《例》云："殴告大功尊长、小功尊属，不得以荫论。"若有殴告周亲尊长，举大功是轻，周亲是重，亦不得用荫。是"举轻明重"之类。参见《宋刑统》，薛梅卿点校，法律出版社1999年版，第110~111页。

　　〔3〕　《宋会要辑稿》，刑法一之三七。

之制，并且对于唐宋"夜无故入人家"，主人正当防卫之规定均予继承。[1]有学者认为，明清两代律典之所以没有规定"轻重相举"，是因为运用这些律文进行当然解释实乃理所当然，无须多此一举。[2]明清两代的律典对"断罪无正条"问题作出了规定。《大明律》"断罪无正条"条规定允许"引律比附"，但"定拟罪名"需"转达刑部"，最终"议定奏闻"，否则可能追究相关官员刑事责任。[3]王肯堂《律例笺释》言："如京城锁钥，守门者失之，于律只有不下锁之文，是该载不尽。须知锁钥与印信、夜巡铜牌俱为关防之物，今既遗失，事与彼同，许其比附。"锁钥、印信与夜巡铜牌属同类事物，俱为"律令该载不尽"者，可以比附。《大清律例》"断罪无正"条规定对《大明律》的相关内容有所发展，其律注将"引律比附"扩大为"援引他律比附"，即比附的依据从比附本律扩大为可以比附他律，这就大大扩展了比附的对象范围。[4]明律附例可能最多三百八十五条，而清律附例多至一千八百九十二条，与"（援）引（他）律比附"，即扩大比附的目标范围（"他"律），存在密切的关联。而《大清律例》名例"断罪无正条"条另附相关条例。[5]

---

〔1〕《大明律》"夜无故入人家"条规定："凡夜无故入人家内者，杖八十。主家登时杀死者，勿论。其已就拘执，而擅杀伤者，减斗殴伤罪二等。至死者，杖一百，徒三年。"参见《大明律》，怀效锋点校，法律出版社1999年版，第146页。《大清律例》"夜无故入人家"条规定："凡夜无故入人家内者，杖八十。主家登时杀死者，勿论。其已就拘执而擅杀伤者，减斗杀伤罪二等，至死者，杖一百、徒三年。"条例："一、凡黑夜偷窃，或白日入人家内偷窃财物被事主殴打至死者，比照夜无故入人家已就拘执而擅杀至死律，杖一百、徒三年。若非黑夜，又未入人家内，止在旷野，白日摘取蔬果等类，俱不得滥引此例。"参见《大清律例》田涛、郑秦点校，法律出版社1999年版，第413页。

〔2〕王侃："唐律中的类推不是'举重驭轻'，而是'比附'——与中国法制史诸书及《中国刑法史》作者商榷"，载《法学研究》1993年第3期。

〔3〕《大明律》"断罪无正"条规定：'律令该载不尽事理，若断罪而无正条者，引律比附。应加应减，定拟罪名，转达刑部，议定奏闻。若辄断决，致罪有出入者，以故失论。"参见《大明律》，怀效锋点校，法律出版社1999年版，第23页。

〔4〕《大清律例》"断罪无正"条规定："凡律令该载不尽事理，若断罪而无正条者，（援）引（他）律比附，应加、应减，定拟罪名，（申该上司）议定奏闻。若辄断决，致罪有出入，以故失论。"参见《大清律例》，田涛、郑秦点校，法律出版社1999年版，第127页。

〔5〕条例：一、引用律例如律内数事共一条，全引恐有不合者，许其止引所犯本罪。若一条止断一事，不得任意删减，以致罪有出入，其律例无可引用援引别条比附者，刑部会同三法司公同议定罪名，于疏内声明"律无正条，今比照某律、某例科断，或比照某律、某例加一等、减一等科断"详细奏明，恭候谕旨遵行。若律例本有正条，承审官任意删减，以致情罪不符，及故意出入人罪，不行引用正条，比照别条，以致可轻可重者，该管官查出即将承审之司员指名题参，书吏严拿究审，各按本律治罪。其应会三法司定拟者，若刑部引例不确，许院、寺自行查明律例改正。倘院、寺驳改犹未

比附这一法律现象之所以在中国法制史上绵延不绝，其原因在于传统法律的具体主义或者列举主义的立法技术。古人制定法律，缺乏对于规则的高度抽象能力，其制律往往配置绝对法定刑，立法上无法容纳司法人员的自由裁量。而为实现适当的刑罚，司法人员即在实践中以某一条律文规定为依托，上下加减处理幅度，以达处刑"允中"之目的。作为处理案件依托根据的，可能是制定法条文，也可能是既成案例。作为比附产物的"例"，相对于作为比附依据的律文等而言，更为具体，更缺乏抽象性、概括性，其结果是继续比附，因为新"例"更不具有广泛的针对性，而只能在发生与之案情几近完全相同的情况下才能适用。罪刑相当是司法的终极目标，但是，理想与现实之间毕竟存在差距。从理想的角度而言，法有正条时，司法人员需要"断罪引律令"，法无正条时，或者比附援引，或者适用概括性禁律"不应得为"。从现实的角度而言，在法有正条时，也并非如理想的那般单纯"断罪引律令"，而是分为两种情形，即在罪刑相当时，"断罪引律令"，在情罪重大时，仍可能比附援引。帝制时代，臣僚判案，借助"比附"加减刑罚，更加符合传统政治制度的权力分配要求。[1]

（二）比附与类推

比附不是类推。类推是当代刑法的理论，比附是古代法制的产物。类推是按照相似条款进行处理，但不产生新罪名，在既有的罪名体系内追究相关当事人的刑事责任；比附是在按照相似条款进行追究法律责任的同时，产生新罪名，而且，比附还会产生新例（新的法律规范）。类推是近代罪刑法定原则的产物，刑法已经授予法官量刑权；而比附是中国古代立法具体主义、绝对确定法定刑的产物，司法官员只能通过"比附"，借助"上请"程序达致"情罪相符"。比附包括律令比附与案例比附两种；类推只有法律类推而无案例类推。另外，类推是逻辑地分析法律规定并确定其意义，也是为了推论某起案件是否包含相关犯罪的构成要件进行抽象思考，比附是通过更大的视角比较案件的共同部分，借以获得案件相似性，[2]达致"罪情允协"。因此，比附与类推虽然存

（接上页）允协，三法司堂官会同妥议。如院、寺扶同朦混，或草率疏忽，别经发觉，将院、寺官员一并交部议处。参见《大清律例》，田涛、郑秦点校，法律出版社1999年版，第127~128页。

〔1〕陈新宇："规则与情理——'刺马'案的法律适用研究"，载《清华法学》2009年第4期。

〔2〕[日]中村茂夫："比附的功能"，载杨一凡主编：《中国法制史考证丙编第四卷 日本学者考证中国法制史重要成果选译 明清卷》，中国社会科学出版社2003年版，第282页。

在高度相似性，但是它们产生的历史背景和具体技术手法存在重大差别。

由上可见，比附的产物，既可能是原生例（决事比），也可能是派生例（明清条例）。

比附与类推存在明显不同，但是学界往往还是将两者相提并论。考虑到中国清末变法修律继而跻身大陆法系行列的事实，将类推与比附并列似也无可厚非。

沈家本先生学贯中西，经过研析，他坚持依律断罪，反对比附。在清末变法改制过程中，沈家本先生竭力坚持引入近代西方刑法所确立的"罪刑法定"原则，并且于《刑律草案告成分期缮单呈览并陈修订大旨折》中请求光绪帝删除比附。[1]其《新刑律草案补笺》对此也有所论述，[2]即废除比附援引，而代之以当然解释（自然解释）。宣统三年（1911年），清廷在覆亡前夕，公布《钦定大清刑律》（俗称《大清新刑律》），该法在中国历史上首次明确废除比附之制，采行了近代以来西方刑法所确立的罪刑法定主义。其后民国时期的历部刑法，对其罪刑法定主义均予继承。

中华苏维埃共和国1934年《惩治反革命条例》第三十八条规定、[3]新中国成立之初的1951年《惩治反革命条例》第十六条规定，对此基本予以继承。[4]两部《惩治反革命条例》中的"得按照本条例相类似的条文""得比照本条例类似之罪"均是类推制度。1979年《刑法》第七十九条规定依然继承两部《惩治反革命条例》的类推制度（对于认定犯罪的类推）。[5]可以认为，在革命根据地以来的新中国刑法立法实践中，传统法律的比附制度在某种意义上得以借由类推制度恢复适用。

---

〔1〕 王浩："我国古代刑法'比附类推'制度的发展与'罪刑法定'原则在我国的最终确立"，载《国家检察官学院学报》2003年第6期。

〔2〕 沈家本认为："本律虽不许比附援引，究许自然解释。自然解释者，即所犯之罪与法律正条同类，或加甚时，则依正条解释而用之也。同类者，例如正筑马路，正条之禁马车经过，则象与骆驼自然在禁止之列。加甚者，例如正条禁止钓鱼，其文未示及禁止投网，则投网较垂钓加甚，自可援钓鱼之例定罪也。"参见黄源盛："传统中国'罪刑法定'的历史发展"，载《东海法学研究》1996年第11期。

〔3〕 1934年《惩治反革命条例》第三十八条规定："凡本条例所未包括的反革命罪行为，得按照本条例相类似的条文处罚之。"

〔4〕 1951年《惩治反革命条例》第十六条规定："以反革命为目的之其他罪犯未经本条例规定者，得比照本条例类似之罪处刑。"

〔5〕 1979年《刑法》第七十九条规定："本法分则没有明文规定的犯罪，可以比照本法分则最相类似的条文定罪判刑，但是应当报请最高人民法院核准。"

1997 年修订《刑法》之际，类推制度得以废除，同时确立罪刑法定原则（第三条）。修订后的刑法将数十部法律的"附属刑法"条款统一纳入其中，即将某些原本"比照"《刑法》定罪量刑的刑法规范直接载入《刑法》，一方面是为了统一刑法规范，另一方面也有配合废除类推制度的意味。

2009 年 8 月 27 日，全国人大常委会《关于修改部分法律的决定》第三条明确将《计量法》《矿产资源法》《国境卫生检疫法》等二十一部法律的"依照刑法第×条的规定"与"比照刑法第×条的规定"，统一修改为"依照刑法有关规定"。《关于修改部分法律的决定》的这一态度，既表明中国政府切实履行加入世界贸易组织的国际承诺，又表明对罪刑法定主义的认真遵守。但是，即使官方意欲彻底废止类推而厉行罪刑法定主义，也可能难以收到十分满意的效果。比附类推从白纸黑字的立法文件中已经消逝，但它又借助法律解释依然活跃在人们的思维和法律的适用中，扩张解释与类推解释的界限至今仍然是人们反复探讨研究的话题。比附类推作为一种思维方式，过去不会，现在不会，将来也不会完全退出我们的法律生活。或许，我们唯一需要做的就是尽最大可能依法办案，保障人权，保卫社会。

二、比与决事比

（一）"比"字释义

《说文解字》云："比，密也。二人为从，反从为比，凡比之属，皆从比。（毗至切。）仌，古文比。"[1]"比"是"从"，两个人并行。[2]甲骨文并不多见"比"字，反而常见"匕"字，故前者应从后者发展而来，犹如"例"字由"列"字演变而生。对于"匕"字，《说文解字》云："匕，相与比叙也。从反人。匕亦所以用比取饭，一名柶。凡匕之属，皆从匕。（卑履切。）"[3]柶是古代舀取食物的礼器，像勺子，多用角做成。段玉裁《说文解字注》亦指出，"比当作匕"。[4]

---

〔1〕（汉）许慎撰：《说文解字（附检字）》，（宋）徐铉校定，中华书局 1963 年版，第 169 页。

〔2〕关于"比"字的读音，沈家本先生考证："是比例之比，古读去声，今人则多读上声矣。"参见沈家本：《寄簃文存》，商务印书馆 2015 年版，第 119 页。

〔3〕（汉）许慎撰：《说文解字 附检字》，（宋）徐铉校定，中华书局 1963 年版，第 168 页。

〔4〕段玉裁认为："比当作匕，汉人曰匕黍稷、匕牲体。凡用曰匕也，匕今日之饭匙也。"段玉裁将"匕"认定为器具名称。参见段玉裁撰：《说文解字注》，（清）段玉裁注，上海古籍出版社 1981 年版，第 384 页。

从前述《说文解字》对于 "比" 字的释义看，"比" 的首要含义应为 "密"，而 "密" 首指空间位置的接近。例如，《左传》"文公十七年" 即疏 "密迩" 为 "比近"。汉语常用成语 "接踵比肩" "天涯比邻" 和 "丝纷栉比"，等等，均强调 "比" 之相邻的空间位置关系的含义。空间位置的接近，进而引申为心灵距离的亲近。例如，《论语》"为政" 即指出 "比是亲狎之法"。心灵距离的亲近实际上也意味着相互关系的认同。例如，《周书》"武顺" 即有 "比者，比同" 的界定。[1]汉语常用成语 "朋比作奸" "朋党比周""周而不比"，等等，均反映心灵距离的亲近或者相互关系的认同。

《春秋左氏传》"昭公二十八年" 云："择善而从之曰比。" 这是将 "比" 作为一种行事方式。《诗·大雅》"克顺克比" 注："比方损益古今之宜而从之也。" 由此可知，"比" 是将主观能动性作用于客观事物的一种自觉行为。

《礼记》"王制" 有言 "必察小大致之比以成之"，郑玄注曰："小大，犹轻重。""已行故事，曰比。" 在郑玄看来，"比" 就是 "故事"。郑玄还认为："比，见今之失，不敢斥言，取比类以言之。" 即借助典故（故事）含蓄晦涩地表达言者的特定立场。从上述《礼记》的记载来看，"比" 已经作为一种名词使用。

《汉书·刑法志》有 "奇请他比"，注："比，以例相比况也。他比，谓引他类以比附之，稍增律条也。" 可见，汉代的 "比" 已经是司法实践活动援引他案的一种实际做法。《周礼·秋官·大司寇》云："凡庶民之狱讼，以邦成弊之。" 郑玄注引汉郑司农曰："邦成谓若今时《决事比》。" 唐人贾公彦认为，"邦成" 犹如当时 "断事" 适用法律，"旧事" 是其依据，如果没有法律规定（"无条"），则 "比类" 裁判，故又称 "决事比"。[2]

刘勰《文心雕龙》指出："故 '比' 者，'附' 也……附 '理' 者，切类以指事……附理，故比例以生……" 刘勰指出 "比" 在运用原理、含义等方面的内涵。南宋文人王应麟曾言："汉之公府则有辞讼比，以类相从；尚书则有决事比，以省请谳之弊。比之为言，尤今之例云尔（定而不易者谓之法，

---

[1] 方汉文先生就 "比" 字上述三义指出："从 '比' 的第一种意义可以看出，它是从不同事物的空间位置接近发展为一种认同，这种认同是对事物同一性的肯定，承认同一性是比较的基本观念……" 参见方汉文："'比较' 方法论释义：从 'ヒ' 到 '比'"，载《盐城师范学院学报（人文社会科学版）》2004 年第 2 期。

[2] 贾公彦疏："若今律其有断事，皆依旧事断之，其无条，取比类以决之，故云《决事比》。"

法不能尽者存乎人)。"〔1〕总之,"比者,例也"。清人李重华认为"用一故事,俱是比",〔2〕即征引典故(故事)表达思想。

(二)睡虎地秦墓竹简之"比"

《尚书·吕刑》即有"上下比罪",表明"比"在西周已经作为一种司法技术而存在。但是,"比"作为一种司法技术大量得以适用,是在秦汉时期。

睡虎地秦墓竹简大量的简文所载"比"字,共计11条简文14处。〔3〕

---

〔1〕 (宋)王应麟:《玉海》,广陵书社2003年版,第1276页。

〔2〕 (清)李重华撰:《贞一斋诗说》,载(清)王夫之等撰:《清诗话》,上海古籍出版社1999年版。

〔3〕 第1处:"害盗别徼而盗,驾(加)罪之。"可(何)谓"驾(加)罪"?五人盗,臧(赃)一钱以上,斩左止,有(又)黥以为城旦;不盈五人,盗过六百六十钱,黥劓(劓)以为城旦;不盈六百六十到二百廿钱,黥为城旦;不盈二百廿以下到一钱,遷(迁)之。求盗比此。睡虎地秦墓竹简整理小组:《睡虎地秦墓竹简》,文物出版社1978年版,第150页。睡虎地秦墓竹简整理小组释义:"'害盗背着游徼去盗窃,应当加罪。'什么叫'加罪'?五人共同行盗,赃物在一钱以上,断去左足,并黥为城旦;不满五人,所盗超过六百六十钱,黥劓为城旦;不满六百六十钱而在二百二十钱以上,黥为城旦;不满二百二十钱而在一钱以上,加以流放。求盗与此同样处理。"同书,第151页。第2处:臣强与主奸,可(何)论?比殴主。斗折脊项骨,可(何)论?比折支(肢)。睡虎地秦墓竹简整理小组:《睡虎地秦墓竹简》,文物出版社1978年版,第183页。睡虎地秦墓竹简整理小组释义:"男奴强奸主人,应如何论处?与殴打主人同样论处。""斗殴折断了颈脊骨,应如何论处?与折断四肢同样论处。"同书,第183页。第3处:"殴大父母,黥为城旦舂。"今殴高大父母,可(何)论?比大父母。睡虎地秦墓竹简整理小组:《睡虎地秦墓竹简》,文物出版社1978年版,第184页。睡虎地秦墓竹简整理小组释义:"'殴打祖父母,应黥为城旦舂。'如殴打曾祖父母,应如何论处?与殴打祖父母同样论处。"同书,第185页。第4处:铍、戟、矛有室者,拔以斗,未有伤殴(也),论比剑。睡虎地秦墓竹简整理小组:《睡虎地秦墓竹简》,文物出版社1978年版,第187页。睡虎地秦墓竹简整理小组释义:"铍、戟、矛有鞘的,拔出来相斗,没有伤人,应与拔剑相斗同样论处。"同书,第188页。第5处:或与人斗,夬(决)人唇,论可(何)殴(也)?比疻痏。睡虎地秦墓竹简整理小组:《睡虎地秦墓竹简》,文物出版社1978年版,第188页。睡虎地秦墓竹简整理小组释义:"有人与他人斗殴,撕破他人嘴唇,应如何论处?与打人造成青肿或伤破同样论处。"同书,第188~189页。第6处:或斗,啮人颓若颜,其大方一寸,深半寸,可(何)论?比疻痏。睡虎地秦墓竹简整理小组:《睡虎地秦墓竹简》,文物出版社1978年版,第189页。睡虎地秦墓竹简整理小组释义:"有人斗殴,咬伤他人颧部或颜面,伤口的大小是方一寸,深半寸,应如何论处?与打人造成青肿或伤破同样处理。"同书,第189页。第7处:可(何)谓"赎鬼薪鋈足?可(何)谓"赎宫"?臣邦真戎君长,爵当上造以上,有罪当赎者,其为群盗,令赎鬼薪鋈足;其有府(腐)罪,【赎】宫。其它罪比群盗者亦如此。睡虎地秦墓竹简整理小组:《睡虎地秦墓竹简》,文物出版社1978年版,第200页。睡虎地秦墓竹简整理小组释义:"怎样是'赎鬼薪鋈足'?怎样是'赎宫'?臣邦真戎君长,相当于上造以上的爵位,有罪应准赎免,如为群盗,判为赎鬼薪鋈足;如有应处宫刑的罪,判为赎宫。其他与群盗同样的罪也照此处理。同书,第200页。第8处:"将司人而亡,能自捕及亲所智(知)为捕,除毋(无)罪;已刑者处隐官。"可(何)罪得"处隐官"?群盗赦为庶人,将盗戒(械)囚刑罪以上,亡,以故罪论,斩左止为城旦,后自捕所亡,是谓"处隐官"。它罪比群盗者皆如此。睡虎地秦墓竹简整理小组:

"求盗比此""比罢癃""比公士"和"比大父母"是身份之比（前三种是主体身份，第四种是对象身份），"比殴主"是手段之比，"比折肢"和"比疪痍"是后果之比（前者是身体部位，后者是具体伤情），"论比剑"是工具之比，"比群盗"是罪名之比。"行事比焉"是物品之比。

从以上总结的睡虎地秦墓竹简11条简文14处的"比"来看，该14处"比"均作动词使用。当然，从睡虎地秦墓竹简尚未见到作为名词使用的"比"这一事实来看，并不能贸然否认当时存在作为司法产物的名词"比"。睡虎地秦墓竹简的"比"字表明，秦代的"比"更多地是一种司法程序或者一种司法技术。"比"字本身并无判例之义，因为这种"比"仅是"一次比"，即仅是一种简单的比照具体实物（法律规定或者具体物品）。但是，秦代是否存在判例，需要继续研究"廷行事"，方能得出一个比较恰当的结论。

（三）决事比

"决事"一语，史书记载不绝如缕。例如，《战国策》"楚策一"云："敝邑秦王使使臣献书大王从车下风，须以决事。""决事"意为"决断事情""处理公务"。又如，《汉书·刑法志》载："（秦始皇）昼断狱，夜理书，自程决事，日县石之一……""决事"意为"处理事情""裁断案件"。再如，《汉书》"朱博传"载，朱博认为吕身武人的司法官员不通法律，担心其断狱会出差错，就找人共同编纂"前世决事吏议难知者数十事"，以此断案，"为平处其轻重，十中八九"。另外，《晋书·刑法志》载："光武中兴，留心庶狱，

（接上页）《睡虎地秦墓竹简》，文物出版社1978年版，第205页。睡虎地秦墓竹简整理小组释义："'监领人犯而将人犯失去，能自己捕获以及亲友代为捕获，可以免罪；已受肉刑的处隐官。'什么罪可'处隐官'？群盗已被赦免为庶人，带领判处肉刑以上罪的戴着刑械的因徒，将因徒失去，以过失犯的罪论处，断去左足为城旦，后来自己把失去的因徒捕获，这样应'处隐官'。其他与群盗同样的罪照此处理。"同书，第205~206页。第9处　罢（癃）守官府，亡而得，得比公（癃）不得？得比焉。睡虎地秦墓竹简整理小组：《睡虎地秦墓竹简》，文物出版社1978年版，第208页。睡虎地秦墓竹简整理小组释义："看守官府的废疾者，逃亡而被捕获，可否与因公废疾的人同样处理？可以同样处理。"同书，第208页。第10处："毋敢履锦履。""履锦履"之状可（何）如？律所谓者，以丝杂织履，履有文，乃为"锦履"，以锦缦履不为，然而行事比焉。睡虎地秦墓竹简整理小组：《睡虎地秦墓竹简》，文物出版社1978年版，第220页。睡虎地秦墓竹简整理小组释义："'不准穿锦履。''穿锦履'的样子是怎样的？律文所说，用不同色彩的丝织鞋，鞋上有花纹，才算锦履，用锦做鞋帮，不算锦履，然而成例同样论处。"同书，第220页。第11处：内公孙毋（无）爵者当赎刑，得比公士赎耐不得？得比焉。睡虎地秦墓竹简整理小组：《睡虎地秦墓竹简》，文物出版社1978年版，第231页。睡虎地秦墓竹简整理小组释义："没有爵位的宗室子孙应判处赎刑的，可否与公士同样减处赎耐？可以同样判处。"同书，第231页。

常临朝听讼，躬决疑事。"汉光武帝刘秀"躬决疑事"与秦始皇"昼断狱""自程决事"何其相像！值得一提的是，秦代"事皆决于法"的历史记载也显示"决事"的存在，"事"代表"案件""事情"，"决"意指"决断""裁处"。再者，《北史》"刘晖传"载刘晖殴兰陵长公主一案，对此，"灵太后召河清王怿决其事"，即灵太后命令该案由王怿负责审断（"决其事"）。

近世研究决事比比较有影响力的作品，莫过于陈顾远先生《汉之决事比及其源流》一文。陈顾远先生认为，汉代的决事比在后世相继发展为唐格、宋敕、明清例，而决事比本身与汉代的科"疑为一事之两称"。"汉代决事比之在后世，一方面因操之比附于君主，故其名不显，一方面有例之存在，遂即以例名之。例也者，君主统一之比之称也。南宋虽不尽然，乃由权相所弄之伎俩所致！是故汉之比，唐之格，宋之敕，明清之例，名称固不相同，实质则甚相近，均与决事比有其因缘也。此种事态之存在，实因律文简约，不足以周事情，且年代久远亦不足尽事变，而旧日并视刑书为法律之代表，舍此即归于礼，不属于法，遂不得不用比格敕例以补救之。尤其在明，虽有令等于具文，格式亦归废除，补律之不足者惟例；清并令之名而无之，此又例之不能不多，而汉代决事比在实质上亦即与旧律而并存也。自清末变法后，成文法规逐渐完备，比附固所严禁，判例亦失权威，汉代决事比之实质亦渐湮没"〔1〕与其说，这是一篇研究"决事比"的作品，不如说是一篇研究"例"的作品，陈顾远先生以决事比为源头，推衍开来，详述了中国法律史"例"的产生与发展。

当代学者对于决事比亦有研究。有学者认为，"比"是汉代判例的表现形式，分为"决事比"（判例）与"辞讼比"（案例）两种，"是用来作为比照判案的典型案例"〔2〕有学者认为，汉代决事比大体有两种形式，一种是继承秦代"廷行事"的一般决事比，一种是春秋决事比。〔3〕另有学者指出，汉魏晋时期的比不是比附，而是对各方面均有普遍约束力的"成例"，其中，经过

---

〔1〕 陈顾远："汉之决事比及其源流"，载《复旦学报》1947年第3期。

〔2〕 吴秋红："论汉代'比'广泛适用的原因及影响"，载《海南师范学院学报（社会科学版）》2004年第4期。

〔3〕 陈銮："刍议汉代的'决事比'"，载《法制与社会》2008年第34期。

汇编的某些"比"是具有法律约束力的判例。[1]还有学者认为，秦代"廷行事"在汉代并未消失，因为史籍仍有"行事"之记载，而且汉代还出现了"决事比"这种新形式。[2]总的来说，就"决事比"而言，学界所述，大致有三种：决事比（一般决事比，普通决事比）；春秋决事比（春秋决狱）；奏谳决事比。[3]

"比"在汉代，亦有动词（作为司法技术）之属性，最为著名的史料即为《汉书·刑法志》所载"所欲陷则予死比"。[4]"所欲陷则予死比"意为奸吏如果想构陷某人，则用死罪条款来"比"。

《后汉书》载光武帝诏书"比青、徐二州以略人法从事"。[5]该诏书对于诏书施行之后仍然拘留已被释放免为庶人的奴婢的行为，"比青、徐二州以略人法"追究刑事责任。这是刑事领域的一项"比"的司法活动。

《后汉书》"陈宠传"载：陈宠曾祖父咸性仁恕，常常告诫子孙，依法断罪应当从宽对待，即使有重金利益，也要注意"慎无与人重比"。"慎无与人重比"意为要小心谨慎从事，不可运用处罚较重的律令去"比"。

行政、礼制领域亦有"比"之运用。《汉书》"文帝纪"载文帝遗诏"比类从事"。[6]"比类从事"的依据是"此令"，即文帝遗诏。"比类"之"比"乃是比照，属于动词用法。

《史记》"外戚世家"载，窦皇后去世后，薄太后下诏"比灵文园法"，追尊窦皇后的父亲为安成侯，追尊窦皇后的母亲为安成夫人。[7]薄太后令有

---

〔1〕吕丽、王侃："汉魏晋'比'辨析"，载《法学研究》2000年第4期。

〔2〕何勤华："秦汉时期的判例法研究及其特点"，载《法商研究（中南政法学院学报）》1998年第5期。

〔3〕蔡万进《张家山汉简〈奏谳书〉研究》一书提及"奏谳决事比"，参见蔡万进：《张家山汉简〈奏谳书〉研究》，广西师范大学出版社2006年版，第71页。本书后面将对"奏谳决事比"稍作展开。

〔4〕"是以郡国承用者驳，或罪同而论异。奸吏因缘为市，所欲活则傅生议，所欲陷则予死比，议者咸冤伤之。"参见《汉书·刑法志》。

〔5〕"冬十二月甲寅，诏：益州民自八年以来被略为奴婢者，皆一切免为庶人；或依托为人下妻，欲去者，恣听之；敢拘留者，比青、徐二州以略人法从事。"参见《后汉书·光武帝纪》。

〔6〕"其令天下吏民，令到出临三日，皆释服。无禁取妇嫁女祠祀饮酒食肉。自当给丧事服临者，皆无践。绖带无过三寸。无布车及兵器。无发民哭临宫殿中。殿中当临者，皆以旦夕各十五举音，礼毕罢。非旦夕临时，禁无得擅哭。以下，服大红十五日，小红十四日，纤七日，释服。它不在令中者，皆以此令比类从事。"参见《汉书·文帝纪》。

〔7〕"窦皇后亲蚤卒，葬观津。于是薄太后乃诏有司，追尊窦后父为安成侯，母曰安成夫人，令清河置园邑二百家，长丞奉守，比灵文园法。"参见《史记·外戚世家》。

司处理窦皇后已故父母的待遇，"比灵文园法"，即比照"灵文园法"。

汉代之"比"相对于睡虎地秦墓竹简而言，一个显著的变化是"比"的名词化，即"比"在作为一种司法技术运用之后，其产物也称"比"。汉代最为著名的作为名词的"比"是"腹诽之比"和"轻侮之比"。

《史记》"平准书"载"腹诽之比"。颜异担任济南亭长，后来升任九卿。武帝以白鹿皮币之事询问颜异，颜异的回答令武帝不悦。张汤本来就与颜异不睦，即以颜异身为朝廷命官，"见令不便""不入言而腹诽"，判处死刑。[1]

《后汉书》"张敏传"载，建初年间，有人侮辱他人父亲，遭到他人杀害，章帝赦免凶手死刑而减轻处罚。自此以后，该案成为比照处理类似案件的依据。[2]张敏认为"以相杀之路，不可开"为由，反对这种做法。[3]后来，和帝采纳张敏建议，废除子报父仇可免死（"轻侮法"）的做法。

"腹诽之比"与"轻侮之比"都是刑事领域的"比"，而且，两案都发挥着判例的作用。这表明，伴随"比"的名词义项的出现，汉代的"比"开始具有判例性质。同时，作为名词化的"比"，行政领域亦有。例如，《汉书》"陈汤传"载："后皇太后同母弟苟参为水衡都尉，死，子伋为侍中，参妻欲为伋求封，汤受其金五十斤，许为求比上奏。""求比上奏"之"比"，当然是此前处理类似问题的先例。

"腹诽之比"和"轻侮之比"等上述刑事领域的"比"与行政领域的"比"，尚属孤例的"比"，除此之外，还出现了集合形式的"比"，即决事比与辞讼比。《汉书·刑法志》载：武帝时期，"死罪决事比"竟然达到一万三千四百七十二"事"。《后汉书》"陈宠传"载：陈宠"撰《辞讼比》七卷……其后公府奉以为法。"《后汉书》"陈忠传"载：陈忠"奏上二十三条

---

[1] "初，异为济南亭长，以廉直稍迁至九卿。上与张汤既造白鹿皮币，问异。异曰：'今王侯朝贺以苍璧，直数千，而其皮荐反四十万，本末不相称。'天子不说。张汤又与异有郤（仇隙），及有人告异以它议，事下张汤治异。异与客语，客语初令下有不便者，异不应，微反唇。汤奏当异九卿见令不便，不入言而腹诽，论死。自是之后，有腹诽之法比，而公卿大夫多诌谀取容矣。"参见《史记·平准书》。

[2] "建初中，有人侮辱人父者，而其子杀之，肃宗贳其死刑而降宥之。自后因以为比。"参见《后汉书·张敏传》。

[3] 具体而言，张敏指出："《春秋》之义，子不报仇，非子也，而法令不为之减者，以相杀之路，不可开故也。可下三公廷尉，益署驳其弊。"参见《后汉书·张敏传》。

为决事比",均获施行。《晋书·刑法志》载:陈忠"奏上二十三条,为决事比",旨在"省请谳之弊"。以陈忠所上二十三条为例,其所作决事比本属个人行为(具体效力需要考证),但随着"奏上",即获得皇帝的认可,开始发挥作用,目的在于"省请谳之弊"。〔1〕

并非明确存在"比"字才存在判例,根据史料记载,某些情况下,即使没有"比"字,也不妨碍判例的存在。晚近发掘的张家山汉墓竹简《奏谳书》所载"阑送南"一案亦是判例意义的案例。〔2〕当时处理"阑送南"一案,主审人员援引"人婢清助赵邯郸城"一案作为判案依据。最终,阑被判处"黥为城旦"。

汉代"比"之所以在司法实践中发挥如此重要作用,其原因须上溯汉政权的建立及其法制基础。刘邦初入咸阳,与兆民"约法三章","杀人者死,伤人及盗抵罪",其余苛法尽除,吸取秦亡教训,务从"法简刑轻""宽省刑罚",奉行黄老思想,与民休养生息。程树德先生评价:"汉自高祖约法三章,萧何造律,及孝文即位,躬修玄默,其时将相,皆旧功臣,少文多质,议论务在宽厚,刑罚太省。"贾谊认为"礼者禁于将然之前",而"法者禁于已然之后",后者"法之所用易见",至于前者"礼之所为难知",因此,统治者应当一方面要"庆赏以劝善",一方面要"刑罚以惩恶"。〔3〕但是,这种无为而治的施政理念应对汉初百废待兴之凋敝社会实情,尚属妥当,但随着社会发展日益复杂,内部矛盾渐次加剧,法律也随之漏洞百出。无论是萧何造律

〔1〕 "决事比"又可简称"决比"。《魏书·刑罚志》载:汉宣帝时期,"于定国为廷尉,集诸法律,凡九百六十卷,大辟四百九十条,千八百八十二事,死罪决比,凡三千四百七十二条,诸断罪当用者,合二万六千二百七十二条"。可见,"死罪决比"即为"死罪决事比"之省称。

〔2〕 (高帝)十年七月辛卯朔癸巳,胡状、丞憙敢谳之。劾曰:临淄狱史阑令女子南冠缟缟,伴病卧车中,袭大夫虞传,以阑出关。今阑曰:南齐国族田氏,徙处长安,阑送行,娶以为妻,与偕归临淄,未出关,得,它如劾。南言如劾及阑。诘阑,阑非当得娶南为妻也,而娶以为妻,与偕归临淄,是阑来诱及奸,南亡之诸侯,阑匿之也,何解?阑曰:来送南而娶为妻,非来诱也。吏以为奸及匿南,罪,毋解。诘阑:律所以禁从诸侯来诱者,令它国毋得娶它国人也。阑虽不故来,而实诱汉民之齐国,即从诸侯来诱也,何解?阑曰:罪,毋解。问,如辞。鞫:阑送南,娶以为妻,与偕归临淄,未出关,得,审。疑阑罪,系,它县论,敢谳之。人婢清助赵邯郸城,已即亡,从兄赵地,以亡之诸侯论。今阑来送徒者,即诱南。吏议:阑与清同类,当以从诸侯来诱论。或曰:当以奸及匿黥舂罪论。十年八月庚申朔癸亥,太仆不害行廷尉事,谓胡啬夫谳狱史阑,谳固有审,廷以闻,阑当黥为城旦,它如律令。以上引文参见张家山二四七号汉墓竹简整理小组编:《张家山汉墓竹简〔二四七号墓〕》,文物出版社2006年版,第93页。

〔3〕 《新书·治安策》。

九章，还是以后张汤、赵禹、叔孙通的相继努力而使汉律达到六十篇，都不能从根本上纾缓冰冷、僵硬的法律与复杂现实之间的紧张关系。史书记载，武帝时期，"条定法令"以致"禁网积密"，[1]于是，"比"大量出现，以救时需，巩固皇权。"比"的数量不断膨胀，以至于"文书盈于几阁"，而典者却"不能遍睹"，至于奸吏"因缘为市"，他们"转相比况"，造成"禁网浸密"，使得"死罪决事比"数目达到一万三千余"事"。

鉴于"比"的泛滥造成司法混乱的局面，人们开始尝试规制"比"的创设与适用。例如，陈忠撰"科牒辞讼比例"，归类整理，"使事例相从"，另外"奏上二十三条决事比"，减轻司法工作负担，"以省请谳之敝"。[2]又如，鲍昱为"息人讼"，"齐同法令"，"奏定辞讼比七卷"与"决事都目八卷"。这些都是限制"比"的泛滥趋势进行的有益尝试。[3]《太平御览》引述《风俗通》所载的《辞讼比》三则佚文。[4]

司徒鲍昱"决狱"即是"决事"，"决事比"即"辞讼比"。史籍有关《辞讼比》的记载无多，但仍有蛛丝马迹可证其存在。《宋史》"选举四"载：高宗时期，吏部侍郎凌景夏声称自己"尝睹汉之公府有辞讼比，尚书有决事比，比之为言，犹今之例"。对于宋臣凌景夏到底是曾经亲眼目睹汉代《辞讼比》实物还是见到有关《辞讼比》的史实记载，由于语言的歧义，后人难以下判。但是，这至少是证明汉代存在《辞讼比》的一项间接证据。

汉代私家律学授受非常发达，先后有数个世家研习包含"比"在内的律

---

〔1〕《群书治要》卷四十八。

〔2〕"陈忠以法令繁，不良吏得因缘，以致轻重，乃置撰科牒辞讼比例，使事类相从，以塞奸源"，"苛法稍繁，人不堪之，（陈）忠……奏上二十三条决事比，以省请谳之敝……"参见《后汉书》"陈忠传"。

〔3〕"司徒辞讼，久者至数十年，比例轻重，非其事例，错杂难知，（鲍）昱奏定辞讼比七卷，决事都目八卷，以齐同法令，息人讼也。"参见《东观汉记·鲍昱传》。

〔4〕"陈国有赵祐者，酒后自相署，或称亭长督邮，祐复于外骑马将绛幡，云我使者也。司徒鲍昱决狱云，骑马将幡，起于戏耳，无他恶意。""汝南张妙，酒后相戏，逐缚杜士，捶二十下，又悬足指，遂至死。鲍昱决事云，原其本意无贼心，宜减死。""南郡谳女子何侍为许远妻，侍父何阳素酗酒，从远假求，不悉如意，阳数骂言。远谓侍曰：汝翁复骂者，吾必揣之。侍曰，类作夫妇，奈何相辱，揣我翁者，搏若母矣。其后阳复骂远，远遂揣之，侍因上搏姑耳再三，下司徒。鲍昱决事曰：夫妻所以养姑者也，今远自辱其父，非姑所使，君子之于凡庸，尚不迁怒，况所尊重乎？当减死论。"有关该三则"辞讼比"，参见程树德：《九朝律考》，中华书局2006年版，第32~33页。

学。例如，颍川郭氏，"数世皆习法律"，[1]"凡郭氏为廷尉者七人"。又如，河南吴氏，"三世为廷尉，以法为名家"。[2]再如，沛国陈氏，亦是三代研习律学。这种家族之内前后相继研习律学的结果，往往会较早地提高子弟的法律素养。以陈宠陈忠父子为例，陈忠"父宠在廷尉。上除汉法溢于甫刑者，未施行，及宠免，后遂寝。而苛法稍繁，人不堪之。忠略依宠意，奏上二十三条为决事比，以省请谳之敝，事皆施行"。[3]

关于决事比的存在形态，亦有"单比"（"单例"）与"复比"（"复例"）之分。例如，"腹诽之比"与"轻侮之比"均为"单比"。"复比"往往体现为"辞讼比""决事比"等。例如，东汉陈宠所作、鲍昱奏定的《辞讼比》。《后汉书》"陈宠传"载："转为辞曹，掌天下狱讼……宠为昱撰《辞讼比》七卷，决事科条，皆以事类相从。昱奏上之，其后公府奉以为法。"又如，陈宠之子陈忠所作《决事比》。《晋书·刑法志》载："（陈忠）奏上二十三条，为决事比，以省请谳之弊。'再如，应劭所作《决事比例》。《晋书·刑法志》载：汉献帝建安元年，应劭表奏"……臣窃不自揆，辄撰具……《决事比例》……"上述《辞讼比》《决事比》《决事比例》均为"复比"，从产生程序来看，起初可能都是个人作品，奏上经皇权的认可始获国家法律之效力，而此前可能作为判案的重要参考存在。

无论"单比"还是"复比"，均需经过皇权的认可。上文《辞讼比》《决事比》《决事比例》等"复比"显然如此，"腹诽之比"与"轻侮之比"等"单比"的确立亦不能外，即"不入言而腹诽，论死"需要经过皇权的认可，"肃宗贳其死刑而降宥之"更是要明确经过章帝的宽赦。汉代"决事比"出现了判例的性质。

"决事比"往往指代"复比"形式，而非"单比"形式。原因在于"决事比"是对一系列"比"的概称，而一项"单比"（孤立的案例）只有在其后曾被援引才会成为"比"，即只有在其后的案件"决事"的时候才会"比"（比照）。因此，"决事比"是对"单比"与"复比"的统称，具体而言，称

---

[1] 《后汉书·郭躬传》。

[2] 《艺文类聚》卷四十九。

[3] 以陈宠、陈忠父子为例，陈忠"父宠在廷尉。上除汉法溢于甫刑者，未施行，及宠免，后遂寝。而苛法稍繁，人不堪之。忠略依宠意，奏上二十三条为决事比，以省请谳之敝，事皆施行"。参见《后汉书·陈忠传》。

"复比"的时候，往往称"决事比"，而称"单比"的时候，往往仅称"比"而非"决事比"，只有不同的案例对比时才会存在"比"，单独的一个案例是不存在"比"的。

武帝时期，董仲舒提出"罢黜百家，独尊儒术"，考虑到"为政而任刑，不顺于天"，因此"任德而不任刑"。[1]其政法主张得到武帝首肯，体现儒家道德精神的"春秋决狱"正式拉开帷幕。

《后汉书》"应劭传"载：汉代"《春秋决狱》二百三十二事"。董仲舒退休后，朝廷每遇疑难问题仍多次派遣张汤咨询董仲舒。[2]董仲舒所作《春秋决狱》，内有二百三十二件案例，往往以经义相解。董仲舒认为，《春秋决狱》之文，已经十分丰富，无论是"天下之大"还是"事变之博"，《春秋决狱》"无不有也"。[3]《春秋决狱》又称春秋决事比，早已亡佚，现存仅有寥寥数事。从现存《春秋决狱》数事观察，今人仍能管窥董仲舒将儒家经义、礼仪道德融入法律实践的努力。[4]

"春秋决狱"溯其源流，秦末汉初即有。例如，《史记》"刘敬叔孙通列传"载：陈胜吴广起义，二世胡亥咨询博士诸生"楚戍卒攻蕲入陈，于公如何"，博士诸生均认为"人臣无将，将即反，罪死无赦"。博士诸生的回答乃援引自《春秋》"君亲无将，将则诛"的经义。又如，西汉初年，景帝时期，太后打算册立梁王为太子，景帝咨询群臣，群臣认为"汉家法周，周道不得立弟，当立子"。梁王生恨，令人刺杀袁盎，同时谋反之状显迹，败露案发。对于此案，太后、景帝都深感棘手，最终由明经义的田叔、吕季主主审，两人烧掉证明梁王谋反的罪证，宫廷尴尬得以化解，一场即将上演的干戈得以消弭。

后来，董仲舒的弟子"吕布舒持节使决淮南狱"，其结果"以《春秋》之义正之"，深获好评，以至于"天子皆以为是"。[5]倪宽、隽不疑等亦"以

---

〔1〕《汉书·董仲舒传》。

〔2〕"故胶东相董仲舒老病致仕，朝廷每有政议，数遣廷尉张汤亲至陋巷，问其得失，于是作《春秋决狱》二百三十二事，动以经对。"参见《汉书·应劭传》。

〔3〕《春秋繁露》，十指。

〔4〕程树德言："考《汉志》有公羊董仲舒治狱十六篇，《七录》作《春秋断狱》五卷，《隋志》作《春秋决事》十卷，董仲舒传，《唐志》作《春秋决狱》，《崇文总目》作《春秋决事比》，并十卷。"参见程树德：《九朝律考》，中华书局2003年版，第160页。

〔5〕《史记·儒林列传》。

古法义决疑狱"。[1]隽不疑根据《春秋》大义决狱，得到昭帝称赞。昭帝认为，公卿大夫办理案件，"当用经术，明于大谊"。[2]元帝、成帝之后，皇帝诏书与群臣奏议，"莫不援引经义以为依据"，已经离不开经义作为办理案件之依据。[3]

《汉书》"终军传"载：武帝时期，博士徐偃矫诏，张汤对其以"矫制大害"判处死刑。徐偃以《春秋》之义反驳，张汤无以对。终军也采《春秋》之义驳徐偃，徐偃伏法。

《汉书》"济川王传"载，梁王因为淫乱之事案发，被有关方面指为"禽兽行"并请求处死。谷永认为梁王尚且年少，如果"发闺门之私"，予以治罪，则不符合"《春秋》为亲者讳"的要求。皇帝接受这一观点，"寝而不治"，未加深究。[4]

"春秋决狱"的本质，在于引经代律。《晋书·刑法志》载，可以违反"律令节度"，但是须合"经义"或者前"比""故事"。[5]对于"春秋决狱"过分注重当事人动机而超越法律规定的做法，刘师培曾经批评道：虽然名义上是"引经决狱"，但是实际上仍然是"便于酷吏之舞文"。[6]其实，"春秋决狱"本意是好的，但在司法实践中走样变异，导致"便于酷吏之舞文"。

综上可见，汉代的"比"已经由动词逐渐名词化，成为一种判例，一种法律形式（决事比）。也就是说，秦汉时期的"比"含义有二：作为动词的"比"代表一种司法技术或者一种司法活动；作为名词的"比"代表司法技术"比"的产物（法律形式）。这两种含义，后世均予继承。不过，"比"（决事比）在汉代虽然含有判例之义，但并非仅限于司法领域的判例，而是包括行政（政治）领域的惯例。因此，汉代之"比"（决事比）与所谓判例并

[1]《汉书·倪宽传》。

[2]《汉书·隽不疑传》。

[3]《后汉书·张敏传》。

[4]"有司案验，（梁王）因发淫乱事，奏立禽兽行，请诛。大中大夫谷永上疏曰：《春秋》为亲者讳，今梁王年少，颇有狂病，始以恶言按验，既亡事实，而发闺门之私，非所以为公族隐晦。天子由是寝而不治。"参见《汉书》"济川王传"。

[5]"凡为驳议者，若违律令节度，当合圣义及前比故事，不得任情以破法。"参见《晋书·刑法志》。

[6]《刘申叔先生遗集》，儒学法学分歧论。

非完全重叠的概念。

蔡万进先生对张家山汉简《奏谳书》进行研究，承认"比"的正式法律地位，认为张家山汉简《奏谳书》可能是一部决事"比"集，"姑且称之为《奏谳决事比》"。[1]然而，《奏谳书》所载二十二件案例，只有其中第三件"人婢清助赵邯郸城"一案具有"比"的性质，其余案例仅是单纯记载的案例，甚至有两件属于春秋时期的刑事故事。[2]也就是说，《奏谳书》总体上属案例故事汇编，只不过其间"人婢清助赵邯郸城"这一案例确实发挥了"比"（判例）的作用。诚如张伯元先生所言："……作为成案的判例范式应该说还有一个去粗取精，精益求精的过程……如果这个工作能继续做下去，按判例范式的要求去做些加工润色的话，确实它将是极好的'廷行事'档案，可惜并没有这么去考虑；或许这件事已经超过了他们考虑的职责范围了。"[3]

第三节　廷行事

一、关于"廷行事"的研究

截至目前，多数教科书和专著（包括法律史和部门法）仍然认为"廷行事"是秦代判例法。睡虎地秦墓竹简整理小组的看法具有代表性，[4]其对"廷行事"的界定深刻影响学界对廷行事的认知。

专门针对此问题的学术论文并不多见。徐进、易见《秦代的"比"与

---

〔1〕　蔡万进：《张家山汉简〈奏谳书〉研究》，广西师范大学出版社 2006 年版，第 71 页。

〔2〕　也有学者直接指出，《奏谳书》所载春秋时期案例可以定性为"虚构"的"故事"。参见张忠炜："读《奏谳书》春秋案例三题"，载中国政法大学法律古籍整理研究所：《中国古代法律文献研究》（第 3 辑），中国政法大学出版社 2007 年版。

〔3〕　张伯元："秦汉律令中的'廷行事'"，载张伯元：《出土法律文献研究》，商务印书馆 2005 年版。张伯元先生的立场表明，他否认《奏谳书》具有判例的性质，但是认为"廷行事"具有判例的性质。

〔4〕　睡虎地秦墓竹简整理小组认为："《法律答问》中许多地方以'廷行事'，即判案成例，作为依据，反映出执法者根据以往判处的成例审理案件，当时已成为一种制度。这种制度表明，封建统治者决不让法律束缚自己的手脚。当法律中没有明文规定，或虽有规定，但有某种需要时，执法者可以不依规定，而以判例办案，这就大大有利于封建统治者对劳动人民的镇压。"睡虎地秦墓竹简整理小组：《睡虎地秦墓竹简》，文物出版社 1978 年版，第 149～150 页。

"廷行事"》认为廷行事是司法实践自然形成的案例。[1]张伯元《秦汉律令中的"廷行事"》认为廷行事是"判案成例"。[2]不过，该文虽然题为探讨秦汉律令中的"廷行事"，但仅及秦代"廷行事"，并无所谓汉代"廷行事"者。陈公柔先生认为，"廷行事"即"廷尉所据断案惯例"，但同时认为"廷行事"有别于"判处案例"或者"决事比"，即"廷行事"具有"法律上的严格意义"，并非"一般的'已行之事'"，也不是"旧例成法"，其具有"以实际制例"来纠正法律条文"不周衍或需要修正、补充之处"的作用。[3]刘笃才、杨一凡《秦简廷行事考辨》一文向传统的观点提出质疑，认为廷行事就是官府行事（官府的实际做法），是官府自由裁量权的产物。[4]曹旅宁《睡虎地秦简〈法律答问〉性质探测》一文认为，"廷行事"是司法机关审理处断案件时的"定则惯例"，既不是判例，也不是自由裁量权的产物（当时的自由裁量权相当有限）。[5]顾凌云、金少华《廷行事的功能及其流变》一文认为"廷行事是一种秦代的断案惯例"，并推测西汉的"令"和"奏谳制度"吸收取代"廷行事"。[6]

本书认为，对于"廷行事"是否具有判例的性质之问题，需要结合出土文物的全部记载进行推测，方能得出较为妥当的结论。

二、"廷行事"不必然是判例

（一）睡虎地云梦秦简"廷行事"的具体梳理

目前，"廷行事"作为一个专月名词，仅见于睡虎地云梦秦简。"汉代有无

[1] 徐进、易见认为："'比'和'廷行事'就是秦人创造的补成文法之不足或'矫成法之枉'的办法"，"如果说汉之决事比是一种经过立法者明确肯定了其法律效力的判例法，那么秦之廷行事只是实践中自然形成的一些零散的被援用的案例。它虽然也被司法人员所运用，但却没有取得完全的法律意义"。参见徐进、易见："秦代的'比'与'廷行事'"，载《法学论坛》1987年第2期。

[2] "用'廷行事'表示成例比照，就是说，相类的案件在以前曾发生过并已有处断结论，现在判决此类的案子可据以比照"。参见张伯元："秦汉律令中的'廷行事'"，载张伯元：《出土法律文献研究》，商务印书馆2005年版。

[3] 陈公柔：《先秦两汉考古学论丛》，文物出版社2005年版，第180页。

[4] 刘笃才、杨一凡："秦简廷行事考辨"，载《法学研究》2007年第3期。

[5] 参见曹旅宁："睡虎地秦简《法律答问》性质探测"，载《西安财经学院学报》2013年第1期。

[6] 顾凌云、金少华："廷行事的功能及其流变"，载《河北法学》2014年第8期。

'廷行事'？限于史料，一时也难以下最后的判断。"〔1〕云梦秦简《法律答问》"廷行事"一语，前后相继出现十二处，分别为第 38 号〔2〕、第 42 号〔3〕、第 56 号〔4〕、第 59 号〔5〕、第 60 号〔6〕、第 66 号〔7〕、第 142 号〔8〕、第 148 号〔9〕、

---

〔1〕 李力："发现最初的混合法：从睡虎地秦简到张家山汉简"，载《河北法学》2010 年第 2 期。

〔2〕 第 38 号简文：告人盗百一十，问盗百，告者可（何）论？当赀二甲。盗百，即端盗驾（加）十钱，问告者可（何）论？当赀一盾。赀一盾应律，虽然，廷行事以不审论，赀二甲。参见睡虎地秦墓竹简整理小组：《睡虎地秦墓竹简》，文物出版社 1978 年版，第 167 页。睡虎地秦墓竹简整理小组释义："控告他人盗窃一百一十钱，审问结果是盗窃一百钱，控告者应如何论处？应罚二甲。盗窃一百钱，控告者故意私加十钱，问控告者应如何论处？应罚一盾。罚一盾符合法律，但成例以控告不实论处，罚二甲。"同书，第 167~168 页。

〔3〕 第 42 号简文：甲告乙盗直（值）□□，问乙盗卅，甲诬驾（加）乙五十，其卅不审，问甲当论不当？廷行事赀二甲。参见睡虎地秦墓竹简整理小组：《睡虎地秦墓竹简》，文物出版社 1978 年版，第 168~169 页。睡虎地秦墓竹简整理小组释义："甲控告乙盗窃值……钱的东西，审问结果是盗窃三十钱，甲诬加乙五十钱，又有三十钱不实，问甲应否论处？成例应罚二甲。"同书，第 169 页。

〔4〕 第 56 号简文：盗封啬夫可（何）论？廷行事以伪写印。参见睡虎地秦墓竹简整理小组：《睡虎地秦墓竹简》，文物出版社 1978 年版，第 175 页。睡虎地秦墓竹简整理小组释义："假冒啬夫封印应如何论处？成例按伪造官印论罪。"同书，第 176 页。

〔5〕 第 59 号简文：廷行事吏为诅伪，赀盾以上，行其论，有（又）废。参见睡虎地秦墓竹简整理小组：《睡虎地秦墓竹简》，文物出版社 1978 年版，第 176 页。睡虎地秦墓竹简整理小组释义："成例，官吏弄虚作假，其罪在罚盾以上的，依判决执行，同时要撤职永不叙用。"同书，第 177 页。

〔6〕 第 60 号简文：廷行事有罪当遷（迁），已断已令，未行而死若亡，其所包当诣遷（迁）所。参见睡虎地秦墓竹简整理小组：《睡虎地秦墓竹简》，文物出版社 1978 年版，第 177 页。睡虎地秦墓竹简整理小组释义："成例，有罪应加流放，已经判决，尚未执行而死去或逃亡，当去的家属仍应前往流放地点。"同书，第 177 页。

〔7〕 第 66 号简文：求盗追捕罪人，罪人挌（格）杀求盗，问杀人者为贼杀人，且鬭（斗）杀？鬭（斗）杀人，廷行事为贼。参见睡虎地秦墓竹简整理小组：《睡虎地秦墓竹简》，文物出版社 1978 年版，第 179~180 页。睡虎地秦墓竹简整理小组释义："求盗追捕罪犯，罪犯击杀求盗，问杀人者应作为贼杀人论处，还是作为斗杀人论处？系斗杀人，但成例以贼杀人论处。"同书，第 180 页。

〔8〕 第 142 号简文：可（何）如为"犯令""法（废）令"？律所谓者，令曰勿为，而为之，是谓"犯令"；令曰为之，弗为，是谓"法（废）令"殹（也）。廷行事皆以"犯令"论。参见睡虎地秦墓竹简整理小组：《睡虎地秦墓竹简》，文物出版社 1978 年版，第 211~212 页。睡虎地秦墓竹简整理小组释义："怎样是'犯令''废令'？律文的意思是，规定不要做的事，做了，称为'犯令'；规定要做的事，不去做，称为'废令'。成例均以'犯令'论处。"同书，第 212 页。

〔9〕 第 148 号简文："百姓有责（债），勿敢擅强质，擅强质及和受质者，皆赀二甲。"廷行事强质人者论，鼠（予）者不论；和受质者，属（予）者□论。参见睡虎地秦墓竹简整理小组：《睡虎地秦墓竹简》，文物出版社 1978 年版，第 214 页。睡虎地秦墓竹简整理小组释义："'百姓间有债务，不准擅自强行索取人质，擅自强行索取人质以及双方同意质押的，均罚二甲。'成例，向他人强行索取人质的人应论罪，把人质给人的不论罪；双方同意抵押的，把人质给人的人也要论罪。"同书，第 214~215 页。

第149号〔1〕、第150号〔2〕、第151号〔3〕与第152号〔4〕。另外，第162号简虽未出现"廷行事"一语，但有"行事"字样，两种表述极为接近。第162号简"行事"等字可能是"廷行事"的简称，也有可能"廷行事"是"行事"的一种。〔5〕

前文所提及十三条有关"廷行事"的简文，大体可分为以下几种情况。

第一，用"廷行事"作具体例证，进一步补充法律规定。例如，第148号简文表明，法律对于行为人强行扣押人质以及被害人自愿置于行为人扣押下的行为，均处以"赀二甲"的处罚，但未规定作为该行为相对面的被害人一方的行为是否需要接受处罚。廷行事对此进一步补充规定，强行扣押下的被害人，无须承担法律责任，自愿置于对方扣押下的被害人，需要负法律责任。

第二，用"廷行事"对法律进行变通。例如，第38号简文表明，诬告陷害他人盗窃价值一百一十钱的财物而其中只有一百钱得实（诬陷部分仅占十钱），法律对诬陷的行为人处以"赀一盾"，而廷行事对此变通为"赀二甲"，理由是"告不审"（第42号简文亦是如此）。又如，第66号简文表明，对于罪人格杀"求盗"的行为，法律认定为斗杀，"廷行事"认定为贼杀。贼杀

---

〔1〕 第149号简文：实官户关不致，容指若抉，廷行事赀一甲。参见睡虎地秦墓竹简整理小组：《睡虎地秦墓竹简》，文物出版社1978年版，第215页。睡虎地秦墓竹简整理小组释义："仓房门闩不紧密，可以容下手指或用以撬动的器具，成例应罚一甲。"同书，第215页。

〔2〕 第150号简文：实官户扇不致，禾稼能出，廷行事赀一甲。参见睡虎地秦墓竹简整理小组：《睡虎地秦墓竹简》，文物出版社1978年版，第215页。睡虎地秦墓竹简整理小组释义："仓房门扇不紧密，谷物能从里面漏出，成例应罚一甲。"同书，第215页。

〔3〕 第151号简文：空仓中有荐，荐下有稼一石以上，廷行【事】赀一甲，令史监者一盾。参见睡虎地秦墓竹简整理小组：《睡虎地秦墓竹简》，文物出版社1978年版，第215页。睡虎地秦墓竹简整理小组释义："空仓里有草垫，垫下有粮食一石以上，成例应罚一甲，并罚负责监管的令史一盾。"同书，第216页。

〔4〕 第152号简文：鼠穴几可（何）而当论及赀？廷行事鼠穴三以上赀一盾，二以下谇。貉穴三当一鼠穴。参见睡虎地秦墓竹简整理小组：《睡虎地秦墓竹简》，文物出版社1978年版，第216页。睡虎地秦墓竹简整理小组释义："仓里有多少鼠洞就应论处及申斥？成例，有鼠洞三个以上应罚一盾，两个以下应申斥。貉鼠洞三个算一个鼠洞。"同书，第216页。

〔5〕 第162号简文："毋敢履锦履。""履锦履"之状可（何）如？律所谓者，以丝杂织履，履有文，乃为"锦履"，以锦缦履不为，然而行事比焉。参见睡虎地秦墓竹简整理小组：《睡虎地秦墓竹简》，文物出版社1978年版，第220页。睡虎地秦墓竹简整理小组释义："'不准穿锦履。''穿锦履'的样子是怎样的？律文所说，用不同色彩的丝织鞋，鞋上有花纹，才算锦履，用锦做鞋帮，不算锦履，然而成例同样论处。"同书，第220页。

是后世故杀的前身。《左传》"昭公十四年"云:"杀人不忌为贼。"而斗杀,接近当今的故意伤害致死。显然,"廷行事"对于罪人格杀"求盗"行为的认定,严于法律。第36号简文、第66号简文对法律进行变通的"廷行事"做法,明显趋于重刑处罚。这在一定程度上符合奉行法家思想的秦律"轻罪重处"的特点。再如,第142号简文表明,法律("律所谓者"即意为法律有明确规定)对于"犯令""废令"有明确界定,即前者指不应为而为,后者指应为而不为,廷行事对于"犯令""废令"的行为统一作"犯令"处理。另外,第162号简文表明,法律认为鞋上有花纹才算锦履,而用锦做鞋帮不算锦履,但"廷行事"对于用锦作鞋帮的鞋同样认定为锦履。显然,"廷行事"的处理重于法律。

第三,直接表明"廷行事"的处理方式。例如,第56号简文表明,"盗封啬夫"的行为,"廷行事"以"伪写印"处理,即"廷行事"对于假冒啬夫封印的行为是按伪造官印论罪。又如,第59号简文与第60号简文表明,官吏弄虚作假罪在罚盾以上,须依判决执行,同时撤职永不叙用;有罪应予流放但尚未执行而亡故或逃跑的,其家属仍须流放。再如,第149号简文与第150号简文对于仓房门闩或者门窗不严密,以至于"容指若抉"或者"禾稼能出","廷行事"处以"赀一甲"的刑罚。另外,第151号简文表明,空仓草垫下若有粮食一石以上,"廷行事"对于责任人处以"罚一甲",同时对于负责监管的令史处以"赀一盾"(第152号简文亦是如此)。这些简文都未表明"律"(法律)的处理态度。因此,上述简文是对律文所未规定的部分,进行补位补漏。

由上可见,《法律答问》所载十三处"廷行事",其义项不外乎三种:对法律进行细化,对法律进行变通,直接表明廷行事的处理方案(可能对法律进行补漏),并没有明显而强烈的判例色彩。

值得注意的是,第13号简文未提及"廷行事",而是提及"行事",而且是"行事比",即"行事"与"比"连用。

本书认为,从前文分析的结果来看,既不能认为"廷行事"是秦代判例,也不能否认其与判例存在某种程度的交集(即某种特定情况下的廷行事可能是当时的判例)。

从上述列举的十三条有关廷行事的简文来看,并没有哪一条是"廷行事"

的作出主体针对某一特定案例而创制，都是泛泛而谈某个问题。[1] 睡虎地秦墓主人生前乃是地位较低的地方官吏，其所掌有的秦国法律资料虽然并不一定全面，但"没有一处涉及某一具体的案件事实"确实能够质疑"廷行事"的判例性质。

可是，如果说前述十三条有关"廷行事"的简文没有一处针对特定案件事实的话，那么睡虎地秦墓竹简所载"比"字的简文，也没有哪一处是针对特定案件事实。因此，无论是含"廷行事"的简文还是含"比"的简文，都难以证明秦代存在判例。

虽然"廷行事"不必然是判例，但是其与判例可能存在交叉，即"廷行事"中有判例的影子。第162号简文"行事比"即唯一的适例。[2] 此处"行事比"应当包括"廷行事""比"（"行事"可能是对"廷行事"的简写或者简称）。"行事比"一语表明，官守的惯常做法是将锦缦履比附为锦履的"行事"（包括"廷行事"），[3] 同时表明，由"比"而形成的"廷行事"仅仅是"廷行事"的一种。这表明，"廷行事"可能存在判例的因素。而这也恰恰说明，"廷行事"与"比"属不同事物。

---

　　[1] 张铭新先生对此指出："查阅云梦秦简，凡是讲到'廷行事'者，没有一处涉及到某一具体的案件事实，而是指对某一类法无明文规定的犯罪在以前的审判中是如何处理的，比如'斗杀人，廷行事为贼'，'廷行事，（仓）鼠穴三以上赀一盾'等。所以，说秦的'廷行事'是'司法惯例'似乎更为准确。"参见明欣（张铭新）："中国古代'法治'形式的演进轨迹及特点"，载高鸿钧主编：《清华法治论衡》（第1辑），清华大学出版社2000年版，第198页。实际上，连劭名先生早就对"廷行事"和"决事比"进行了比较："廷行事者，虽律文无所定，然事属多见，已无须引证旧案，法庭处理时自有之定则惯例也。而决事比多奇情怪事，世所罕见，论处时颇感棘手，一经判定，后世可据引比拟，更有无旧例可寻，处理时比照他例以取决者，亦可称为决事比。"参见连劭名："西域木简所见《汉律》"，载《文史》（第29辑），中华书局1988年版。

　　[2] "毋敢履锦履。""履锦履"之状可（何）如？律所谓者，以丝杂织履，履有文，乃为"锦履"，以锦缦履不为，然而行事比焉。参见睡虎地秦墓竹简整理小组：《睡虎地秦墓竹简》，文物出版社1978年版，第220页。

　　[3] 就字面意思而言，"行事比"其义有二：第一，"行事"（"廷行事"）将具体的某一待判案件中的"锦缦履"比照"锦履"处理；第二，"行事"（"廷行事"）将具体的某一待判案件中的"锦缦履"比照既有"行事"（"廷行事"）的处理方式进行处理。但是，就秦代的"比"的技术及睡虎地秦墓竹简的语言环境来看，第一种含义的可能性最大。也就是说，秦代的"比"就目前所见史料来看，还仅仅是简单的"比照"。

有学者针对第 38 号简文,[1]认为睡虎地秦墓竹简整理者将"赀一盾应律,虽然,廷行事以不审论,赀二甲"译为"罚一盾符合法律规定,但成例以控告不实论处,罚二甲"反映其两难境地。[2]本书认为,论者的这一认识颇有道理,但未必完全成立。译者未必在是否两次使用"应"字上存在"两难处境",即使译者使用两次"应"字,也不形成妨碍,即"罚一盾符合法律规定,但以成例以控告不实论处,应罚二甲"。这样的译法说明,按照秦律规定,应罚一盾,按照廷行事实践,应罚二甲。虽然对于同一行为,秦律与廷行事处断不一,但这恰恰说明廷行事对于秦律的变通处理。另外,论者主要探讨"行事"和"廷"的含义,未能充分阐释"廷行事"一语作为整体的内涵,而前文所列睡虎地秦墓竹简相关简文显示,"廷行事"频繁出现,先后达十二处之多(不含一处"行事"),这表明,"廷行事"在当时已经是一种习惯用语。[3]同时表明,"廷行事"作为"行事"的一种,其用语用法呈固定化的趋势。

(二)"廷行事"语义结构探析

"廷行事"一语由"廷"与"行事"两部分构成。研究"廷行事"的字源本义,能够从另一个方面探知其含义。

"廷",睡虎地秦墓竹简整理小组释"廷行事"为"法廷成例",[4]即将"廷"释为"法廷"。"法廷"也即"法庭"。但是,"廷"字在古代是一个多义字。《广雅·释诂》云:"廷,平也。""廷"即"平"的义项与"廷行事"似乎没有什么必要的联系。《说文》将"廷"释为"朝中"。《广韵》将"廷"解为"国家朝廷"。《玉篇》将"廷"译为"朝廷"。上述这些释义表明,"廷"的一个基本义项是指"朝廷",即中央政府。不过,"廷"也有地方政

---

[1] 第 38 号简文:告人盗百一十,问盗百,告者可(何)论?当赀二甲。盗百,即端盗驾(加)十钱,问告者可(何)论?当赀一盾。赀一盾应律,虽然,廷行事以不审论,赀二甲。参见睡虎地秦墓竹简整理小组:《睡虎地秦墓竹简》,文物出版社 1978 年版,第 167 页。

[2] "试想,如果一个案件按照判例'应'赀二甲,而按照法律规定'应'赀一盾,那就只会令人无所适从,不知道究竟'应'赀几何,徒然增加不必要的纷扰。为了不破坏法律的统一性,在廷行事和法律规定矛盾的场合,整理者不得不背离逻辑的同一性要求,译时极力避免'应'字的出现。这是整理者把廷行事界定为判例不可避免发生的问题。"参见杨一凡、刘笃才:《历代例考》,社会科学文献出版社 2009 年版,第 75 页。

[3] 其中,第 151 号简文"廷行事"原本脱漏一"事"字,整理者补之,第 162 号简文径称"行事",整理者并未认为此处脱漏一"廷"字,也未认为是笔误,即原本就是"行事"一语。

[4] 睡虎地秦墓竹简整理小组:《睡虎地秦墓竹简》,文物出版社 1978 年版,第 167 页。

府、地方官府之义,例如,《汉书》"田儋传"颜师古将"廷"注为"县廷","县廷"显然是指地方政权。除此而外,"廷"还可以作为"廷尉"的简称。例如,《汉书》"杜周传"颜师古注曰:"廷史,即廷尉史也。""廷史"即"廷尉史",也即"廷"意为"廷尉"之简称。《法律答问》载有一条"辞者辞廷"的简文,[1]睡虎地秦墓竹简整理小组将上述简文译为:"'诉讼者向廷诉讼。'如郡守算不算'廷'?算'廷'……"[2]因此,作为地方官的郡守也可称"廷","廷"成为郡守这一官职的代称,与前述"廷"为"廷尉"简称,义项接近。另外,"辞者辞廷"还表明,若要提起诉讼,须到"廷"提起,受理诉讼仅仅是"廷"诸多职权之一。

综上,"廷"的古义,主要是指中央朝廷,也指地方官府,在某些情况下还可成为官职("廷尉""郡守")的代称。但是,"廷"字可能并非专指"法廷"。

"行事"一语,含义颇多,史书多有记载。第一,作动词用,意为办事、处事、做事。例如,《史记》"鲁周公世家"云"行事何其戾也"。[3]"行事何其戾"意为"做事何其暴戾"。又如,《后汉书》"伏湛传"云"加占蓍龟,以定行事"。[4]"加占蓍龟,以定行事"意为进行占卜,然后办事。该义项的引申之义,即包括行礼、行政、处理政务。例如,《汉书》"郊祀志上"云"射牛行事"。[5]

第二,作动词用,意为行使官职、行使职务。"行事"是南朝"行府州事"的简称,意为行使官职、行使职务,但史书早有记载"行……事"的用法结构。例如,《史记》"鲁周公世家"云:鲁定公在位期间,"孔子行相事"。又如,《汉书》"张汤传"云:张汤"数行丞相事"。刘宋之后,直至梁陈,"行事"作为"行……事"的简称,逐渐趋于固定。作为动词义项的

---

〔1〕"辞者辞廷。"今郡守为廷不为?为殹(也)。"辞者不先辞官长、啬夫。"可(何)谓"官长"?可(何)谓"啬夫"?命都官曰"长",县曰"啬夫"。睡虎地秦墓竹简整理小组:《睡虎地秦墓竹简》,文物出版社1978年版,第192页。

〔2〕睡虎地秦墓竹简整理小组:《睡虎地秦墓竹简》,文物出版社1978年版,第192页。

〔3〕太史公曰:"隐桓之事,襄仲杀适立庶;三家北面为臣,亲攻昭公,昭公以奔。至其揖让之礼则从矣,而行事何其戾也?"参见《史记·鲁周公世家》。

〔4〕"臣闻文王受命而征伐五国,必先诣之同姓,然后谋于群臣,加占蓍龟,以定行事。"参见《后汉书·伏湛传》。

〔5〕"乙卯,令侍中儒者皮弁荐绅,射牛行事。"参见《汉书·郊祀志上》。

"行事"，可引申为出使之事、行人之事。例如，《孟子》"公孙丑下"言及"未尝与之言行事"。〔1〕又如，《韩非子》"说林上"言及"公佩仆玺而行事"，〔2〕陈奇猷集释引俞樾曰："是仆与行为官名，言佩仆之玺而为行之事也。"

第三，作名词用，意为事实、往事、事迹、事例。例如，《史记》"孙子吴起列传"云："吴起兵法，世多有，故弗论，论其行事所施设者。"又如，《史记》"太史公自序"引孔子言："不如见之于行事之深切著明。"再如，《史记》"龟策列传"云"观其行事。"再如，《汉书》"五行志"云"传载……所陈行事"，该义项的引申之义，即包括政绩。例如，《周礼》"天官·宫正"云"岁终则会其行事"，郑司农将"行事"注为"吏职"，此处"行事"原指本职工作，引申为官绩、政绩。

第四，成事、往事。例如，《周礼》"秋官·士师"云："掌事之八成。"汉郑玄注："八成者，行事有八篇，若今时决事比。"贾公彦疏："凡言成者，皆旧又成事品式，后人依而行之。"孙诒让《正义》："行事犹云往事。"又如，《汉书》"翟方进传"云："时庆有章劾，自道行事以赎论。"刘敞刊误："汉时人言行事成事，皆谓已行已成事也。"对此意义上的"行事"，将其理解为"故事"应无不妥之处。

由上可见，"行事"一语在秦汉前后，并无明显判例之义。只有含义之四"成事、往事"近似判例之义，故而可以推断"行事"可能存在判例因素。因此，应将"廷行事"理解为官府做事、官府惯常做法。载有"廷行事"字样的简文处于《法律答问》部分，故而将"廷行事"大胆地理解为接近判例意义的"司法行事"应无不当。至于睡虎地秦墓竹简第162号简文未提及"廷行事"，仅提及"行事"，而"行事"应是"廷行事"的简称。

前文已述，"廷行事"作为"行事"的一种，其用语用法应当呈固定化的趋势。从这个角度说，"廷行事"应当为官府特别是司法部门处理案件的一种惯常做法。

另外，如果说秦代的"廷行事"是判例，那么与其类似的还有"比"，

---

〔1〕"孟子为卿于齐，出吊于滕，王使盖大夫王驩为辅行，王驩朝暮见，反齐滕之路，未尝与之言行事也。"参见《孟子·公孙丑下》。

〔2〕"公佩仆玺而为行事，是兼官也。"参见《韩非子·说林上》。

两者可同时并存。"比"作为一种司法技术,是判例法不可或缺的因素。既然"廷行事"与"比"并存,则两者并不必然是同一事物,"廷行事"也未必含有"比"的技术因素。因此,不能贸然将"廷行事"与判例等量齐观。睡虎地秦墓竹简虽然有大量"比"的记载,但从其记载来看,"比"更多地是指一种司法技术、司法活动,还远未成为一种独立的法律形式。

清人王念孙认为:"行事者,言已行之事,旧例成法也。汉世人作文言'行事''成事'者,意皆同。"[1]王念孙认为"行事"为"已行之事",此言当确,但认为"行事"为"旧例成法"则颇有疑义。裘锡圭先生认为"王念孙……'行事'条只是备申刘说",[2]而刘攽作为北宋著名史学家,将"行事"释为"已行之事""旧例成法"。"行事"的义项自秦汉至宋,变化不大,至少能够互相发明,故释为"已行之事"当无疑义,但释为"旧例成法"则有问题。"成法"显系制定成文的法律或者法律规定,"行事"与"成法"自然差别甚大。至于"旧例",唐宋以来,无论行政领域、政治领域,还是司法领域,"例"的使用已颇为常见,既可能作为成文法使用,也可能作为习惯、惯例使用,但"旧例"当指以往既有的习惯做法,更多地用于行政、政治、礼仪领域。刘攽将"旧例"与"成法"这一对差别天壤的用语强拉硬拽地拼凑在一起,用来作为"行事"之义项,显然是在"以己度人",以北宋的政法事实猜测秦汉的政法实践。总之,将"行事"理解为"已行之事"当无不妥,而将"行事"理解为"旧例成法"则属生搬硬套。而王念孙继而接受刘攽观点的做法,自然是错误的。

总之,目前对于"廷行事"一语,还不能将其归为判例,至多承认其有判例的因素、萌芽("行事比焉")。当然,无论"廷行事"是否含有判例之义,其作为一种秦代(秦国)的法律形式或者法律现象的史实,是毫无疑问的。

(三)"廷行事"和"决事比"之间的关系

"廷行事"可能包含判例因素。"行事"与"决事"可能在某种场合存在同样的义项。从前文所释"行事"与"决事"来看,两者都包括"处理事

---

〔1〕 睡虎地秦墓竹简整理小组:《睡虎地秦墓竹简》,文物出版社1978年版,第167页。

〔2〕 裘锡圭先生是睡虎地秦墓竹简整理工作的参与者,《睡虎地秦墓竹简》第167页在对"廷行事"解释的过程中将刘攽误写作刘敞。

情""裁断案件"这样的含义。[1]

"比"在秦代还仅仅是一种司法技术,尚未形成一种相应的独立的法律形式。而在汉代,"比"的司法技术得到了进一步运用,最终形成了"决事比"这一载体(法律形式)。从"廷行事"到"决事比",两个不同的用语显示古人在司法实践领域用语的"无意识"。"廷行事"之"行事"与"决事比"之"决事"存在交叉乃至高度重合。

不容否认,在"廷行事"是否"决事比"的前身,"决事比"是否"廷行事"的进一步发展的问题上,人们曾经限于史料,难以作出明确判断。"决事比"相对于"廷行事",其用语确实差别较大,按照"汉承秦制"的史实,秦代用语自然应为汉代所继承,例如"爰书""乞鞫"和"贼杀伤"等制度和术语。但是,确有一些制度或者术语,在秦汉之际有较大变化,例如秦代刑事责任以身高为标准,汉代刑事责任以年龄为标准。杜导正先生《编户齐民:传统政治社会结构之形成》一书对此问题有所涉及:秦王政十六年(前231年),"初令男子书年","至迟秦王政统一中国后,书年制度必普及全国"。[2]因此,从"廷行事"到"决事比"的变化,可能也是这样,需要人们发现其缺失的关键环节。顾凌云、金少华两位学者认为"廷行事"是秦代"断案惯例",其全部功能"应是"为西汉的"令"和"奏谳制度"所"覆盖"。[3]论者仍然是在推测,由于文献阙如,并未作出肯定判断。

同样不容否认的是,我们似可如此推论:秦代"廷行事"开始出现判例的萌芽(类推比附),但是仅限于司法技术"比",即一种司法程序。[4]而汉

---

[1] "行事"与"决事",均可以"故事"作释。最大的区别在于,"行事""决事"往往指称当时之事或者随后不久之事,"故事"则往往是指时间久长之后,后人对先人、前辈所行之事的称谓。归根结底,"行事""决事"与"故事",都能指代"做过的事"。但学界论述对二语的释义,往往绕过"故事"这一释义。这种迂回做法的原因可能在于"故事"本身就是中国法律史上一个重要的概念、术语,相关学者可能担心如果将"行事""决事"释为"故事",将徒增廓清不同用语彼此之间界限的麻烦。其实睡虎地秦墓竹简的整理者对"廷行事"作注时,已经声称"汉律常称'故事'"。参见睡虎地秦墓竹简整理小组:《睡虎地秦墓竹简》,文物出版社1978年版,第167页。这一理解应当能为人所接受。本书后面将探讨"故事"在中国法律史上的意义及其与"比""例"的关系。

[2] 尤陈俊:《作为法制实施之基础的国家认证能力——来自秦汉时期的一个例证》,载《中国图书评论》2013年第11期。

[3] 顾凌云、金少华:"廷行事的功能及其流变",载《河北法学》2014年第8期。

[4] 曹旅宁先生认为《法律答问》之"比"字,乃是"类推"之义,即"按惯例类推如此处罚"。参见曹旅宁:"睡虎地秦简《法律答问》性质探测",载《西安财经学院学报》2013年第1期。

代"决事比"在"廷行事"的基础上继续向前发展,其称"决事比"而非简简单单称"决事",即表明"比"这种司法技术活动的产物已经开始固定下来,即形成专门的书面文件"决事比",成为断案依据,先是由个人收集,进而编订成册,最终得到王朝认可,获得法律效力。在未得到朝廷认可前,"决事比"应当发挥重要的参考作用,指导司法实践。

可喜的是,近年学界对于该问题的研究,已经有所突破。周海锋先生的博士学位论文提及岳麓书院藏秦简(待刊)一段文字,似乎表明秦代已有与"廷行事"相并列的"决事比"。

> 1009·制诏御史:吏上奏当者,具傅所以当者律、令、比、行事。固有令,当各署其所用律、令、比、行事。1008曰,以此当某。今多弗署者,不可案课,却问之,乃曰,以其律、令、某比、行事当之,烦留而不应令。今其令,1000皆署之如令。   ·五[1]

对于该段简文所称"比"与"行事"的关系,周海锋先生的论文并未加以展开,这或许与其论文集中研究"秦律令"有关。不过,吴雪飞先生敏锐地捕捉到这一重要信息,并指出"廷行事与决事比有近似之处,都是由先例、习惯形成的法律规范,但是决事比可能更多的是一种案例、事例,即法学界所谓的司法判例,而行事更多的是一种惯例、通常做法"。[2]岳麓书院藏秦简的该条简文除表明秦代的基本法律形式包括"律""令""比"和"行事"外,还明确显示"比"确为当时的法律形式之一。"岳麓简的这条秦令非常重要,它说明秦的法律形式包括律、令、比、行事等。"[3]这与以往学界认为"比"是汉代的法律形式的观点有所不同。同时,这也基本印证睡虎地云梦秦简所载十二处"廷行事"和一处"行事"的关系:"行事"是对"廷行事"的简称。值得注意的是,对于该条简文之"比"系何种性质,周海锋先生未

---

[1] 岳麓书院藏秦简,待刊,转引自周海锋:"秦律令研究——以《岳麓书院藏秦简》(肆)为重点",湖南大学2016年博士学位论文。

[2] 吴雪飞:"岳麓简一条律令中的'比'和'行事'",载http://www.bsm.org.cn/show_article.php? id=2685,最后访问时间:2018年2月4日。

[3] 吴雪飞:"岳麓简一条律令中的'比'和'行事'",载http://www.bsm.org.cn/show_article.php? id=2685,最后访问时间:2018年2月4日。

曾触及，吴雪飞先生认为"尚难以判断这里的比指哪种性质的比"。[1]如果该"比"系"单比"，则还不能遽然认为"决事比"与"廷行事"并存于秦代。如果该"比"系"复比"（决事比）或者包括"复比"，则能够说明"决事比"和"廷行事"不但并存于秦代，而且系两种不同的法律形式。

岳麓书院藏秦简该条简文的出土，似乎表明秦代的"决事比"与"廷行事"是并列的两种不同的法律形式。就其"比"排列在"行事"之前而言，"比"的地位应当高于"行事"。就两者的区别而言，或许就像吴雪飞先生所言，"决事比可能更多的是一种案例、事例"，"行事更多的是一种惯例、通常做法"。两者应当各有偏重，而非同一事物。"决事比"可能具有法律约束力，而非简单的"案例""事例"，而"行事"不具有法律约束力，仅表明一种官方的惯常做法。不仅如此，该条简文"比"和"行事"排列在"律"和"令"之后，"其目的是补充、细化律令，弥补律令等成文法的不足，因此其法律地位确实要低于律和令"。[2]

实际上，2015年欧扬先生即已指出"岳麓秦简某组令文记载了秦人将秦法律规范统称为'律令比行事'"，而"'比行事'，简称'比'"，并且认为"秦比行事大致相当于文献记载的汉代决事比"。[3]欧扬先生所言"某组令文"应当系前述周海锋先生所引岳麓书院藏秦简的文字。欧扬先生认为"'廷行事'就是廷尉已行故事"，而"秦汉修改法律的主要方式是将比编入律令篇章，比在秦汉法律体系的发展过程中起了重要作用"。[4]

本书前文已经指出，作为"例"的前身的"比"，存在动词"比"与名词"比"的区分。就"比"内部而言，存在"一次比"与"二次比"的区分。所谓"一次比"，即办案主体比照法律或者其他事物（案例除外）的司法活动（技术）或者因此而形成的"比"（判决），其更多地是一种司法技术活动（不否认其产物也是"一次比"）。所谓"二次比"，即办案主体比照、

---

〔1〕 吴雪飞："岳麓简一条律令中的'比'和'行事'"，载 http://www.bsm.org.cn/show_article.php? id=2685，最后访问时间：2018年2月4日。

〔2〕 吴雪飞："岳麓简一条律令中的'比'和'行事'"，载 http://www.bsm.org.cn/show_article.php? id=2685，最后访问时间：2018年2月4日。

〔3〕 欧扬："岳麓秦简所见秦比行事初探"，载中国文化遗产研究院编：《出土文献研究》（第14辑），中西书局2015年版。

〔4〕 欧扬："岳麓秦简所见秦比行事初探"，载中国文化遗产研究院编：《出土文献研究》（第14辑），中西书局2015年版。

比附以前相同、相似案例而形成新的案例,其侧重强调案例之义(当然不能否认其适用存在比附)。换言之,"一次比"是指"有类似的情况",可以"推比","二次比"是指过去"曾有过此类判例",可以"准照"。[1]例如,秦代"廷行事"将鞋帮带有花纹的鞋子比作"锦履"——"行事比焉"——即为"一次比",而汉代"腹诽之比"即是"二次比"。作为判例而存在的,实际上是"二次比"。因为,只有一个案件判决在之后的司法实践中获得应用,才能成为判例。

(四)从"比"到"例"

汉代出现"决事比","比"经由动词"比"发展为包含名词性质在内的"比"。同时,"比"与"例"经常共同出现,甚至"例"单独出现(往往多见于东汉时期)。这表明,"例"开始取代"比",成为法律领域的常用语,但是并不表明"比"的彻底退出。"比"的退出是一个长期演化过程。

《汉书》"薛宣传"载:"宣为相,府辞讼例不满万钱不为移书,后皆遵用薛侯故事。""辞讼例"即"辞讼比",性质与"决事比"相同。

《后汉书》"鲍昱传"引《东观汉记》云:"时司徒辞讼久者至十数年,比例轻重,非其事类,错杂难知。""比例"即"比"("辞讼比"或者"决事比")与"例"的合称。

《太平御览》引《后汉书》曰:"(陈宠)又以法令繁冗,吏得生因缘,以至轻重,乃置撰科牒辞讼比例,使事类相从,以塞奸源,其后公府奉以为法。""辞讼比例"即"辞讼比"。该段文字表明,"辞讼比"开始逐渐改称"辞讼比例",即"比"开始被称为"比例"。

《后汉书》"陈宠传"称:陈宠上书:"尚书决事,多违故典,罪法无例,诋欺为先,文惨言丑,有乖章宪。宜责求其意,害而勿听。""尚书决事"存在"罪法无例"的现象,而用法者往往违法办案。"罪法无例"应当指"罪法"没有相关方面的原则规定,而未称"无比"。"比"为"例"所取代。

《晋书·刑法志》载:建安元年,应劭奏称:"夫国之大事,莫尚载籍也……臣窃不自揆,辄撰具……决事比例……凡二百五十篇,蠲去复重,为之节文……""决事比例"即"决事比"。

---

[1] 陈公柔:《先秦两汉考古学论丛》,文物出版社 2005 年,第 180 页。可见,"推比"同于"准照",皆为比照、比附之义。

《宋史》"选举四"载：高宗时期，吏部侍郎凌景夏声称自己"尝睹汉之公府有辞讼比，尚书有决事比，比之为言，犹今之例"。凌景夏到底是亲眼目睹汉代的《辞讼比》实物还是见到有关《辞讼比》的史实记载，由于语言的歧义，后人难以进行判断。但是，这起码是证明汉代存在《辞讼比》的一项间接证据。

"比""例"含义起初相近，但也存在区别。陈顾远先生曾言："比系以律文之比附为重，例则以已有之成事为主，是其所异。然皆不外据彼事以为此事之标准，得互训之，此或汉重视比而后世重视例，两名不并立故也。"[1]后来，"比"和"例"已经可以互相指代。北宋苏辙《栾城集》"论梁惟简除遥郡刺史不当状"云：内臣"梁惟简旬月之间三度超擢，皆以自前法外侥幸特恩为比，仍言他人不得援例"。[2]"特恩为比"本身就是"援例"的行为。南宋著名藏书家晁公武称："皇朝王安石执政以后，士大夫颇重意律令，此熙、丰、绍圣中法寺决狱比例也。""比例"合指"决狱"。王应麟云："汉之公府则有辞讼比，以类相从；尚书则有决事比，以省请谳之弊。比之为言，尤今之例云尔（定而不易者谓之法，法不能尽者存乎人）。"[3]

就目前所见，"比"在秦代有动词之性质，是一种司法技术，而在汉代出现了名词性质，即为一种法律现象或者法律形式。同时，"比"开始与"例"互称。"例"作名词使用，可以作为"比"（名词）的代称。"例"的出现应当与经学有关，汉代著名的律学家往往还有经学家的身份，他们将经学的研究方法很自然地应用于律学的研究中，即用"律例"关系比附"经传"关系。

第四节　故事

一、"故事"的性质

对于中国法律发展史上的"故事"，学术界有两种不同的理解：一是从档

〔1〕　陈顾远：《中国法制史概要》，三民书局1977年版，第90页。
〔2〕　《栾城集》卷四十一，论时事三首。
〔3〕　（宋）王应麟：《玉海》，广陵书社2003年版，第1276页。

案的角度进行理解；〔1〕二是从政法意义的角度进行理解。本书所探讨的即是第二种意义上的"故事"。

一般而言，"故事"是指古代用以处理现时问题可以参考借鉴的既有事实、制度、方略，这些事实、制度、方略涉及帝国方方面面，包括政治、礼仪、司法实践等。考虑到刑律与其他法律领域的立法现实，完全可以将"故事"分为有关刑事（司法）的"故事"（相当于刑例）和有关政治、礼仪方面的"故事"（政例）。

古人对于"故事"的记载，所用称谓很多，往往将"故事"与"旧事"混用。〔2〕不少典籍就把"故事"与"旧事"并提列举。《隋书》经籍志就将"故事"与"旧事"一起排列。例如，"汉武帝故事"二卷，"大司马陶公故事"三卷，"郄太尉为尚书令故事"三卷，"汉、魏、吴、蜀旧事"八卷，"晋东宫旧事"十卷，"晋、宋旧事"一百三十五卷，"秦、汉已来旧事"十卷，"晋故事"四十三卷，"沔南故事"三卷，"晋建武故事"一卷，"天正旧事"三卷，"晋咸和、咸康故事"四卷，"皇储故事"二卷，"晋修复山陵故事"五卷，"梁旧事"三十卷，"晋八王故事"十卷等。〔3〕当然，也有学者指出，一般而言"旧事"并非都是"故事"，只有被援引使用的"旧事"才可称为"故事"，当然某些场合双方可互相指代。〔4〕这种观点应当说具有合理性。犹如案例与判例之间的关系，案例不必然成为判例，判例是具有法律效力的案例。"旧事"不一定能够成为"故事"，"故事"援引使用"旧事"，"旧事"相当于案例，"故事"相当于判例。历史上还有人专门收集整理包括"旧事"在内的各类文献，例如，《后汉书》"应劭传"载："（应劭）又删定律令为汉仪，建安元年乃奏之。曰：'……臣累世受恩……辄撰具律令章句、尚书旧事、廷尉板令、决事比例、司徒都目、五曹诏书及春秋决狱凡二百五

---

〔1〕 例如，有学者认为"两汉史籍中俯拾皆是的'故事'，其概念与今之'故事'的涵义迥然有别。它是西汉、东汉王朝一种特有的政务档案之名……"参见唐永平："两汉故事档案考"，载《档案管理》1990年版第3期。

〔2〕 "故事"的别称有很多，除"旧事"之外，另有"成事""行事""前准""旧准""先准""故式""成式""前式""旧式""典式""先典""古典""成典""恒典""茂典""前典""彝典""故典"和"旧典"等。参见李秀芳："魏晋南北朝'故事'考述"，郑州大学2006年硕士学位论文。

〔3〕 《隋书》卷三十三，志第二十八，经籍二，中华书局2000年版，第653页。

〔4〕 吕丽："汉魏晋'故事'辩析"，载《法学研究》2002年第6期。

十篇……'献帝善之。"[1]

"故事"多见于政治、行政领域，就其形式而言，属原生例，就性质而言，多属政例，另有少量属刑例者。"故事"始自两汉，延至晋代，甚至唐代仍有行用，与律令并行。"故事"多发生在朝廷礼仪、政务领域。《旧唐书》经籍志详列经史子集四部区分，其中记有《汉建武律令故事》三卷。[2]

但也有发生在司法领域者。例如，《汉书》"丙吉传"载："吉本起狱法小吏，后学诗、礼，皆通大义。及居相位上宽大，好礼让。掾史有罪臧，不称职，辄予长休告，终无所案验。客或谓吉曰：'君侯为汉相，奸吏成其私，然无所惩艾。'吉曰：'夫以三公之府有案吏之名，吾窃陋焉。'后人代吉，因以为故事，公府不案吏，自吉始。"[3]丙吉选择不追究属吏的刑事责任，自此"因以为故事，公府不案吏"，不负责追究属吏刑事责任。

又如《汉书》"薛宣传"载："宣为相，府辞讼例不满万钱不为移书，后皆遵用薛侯故事。然官属讥其烦碎无大体，不称贤也。时天子好儒雅，宣经术又浅，上亦轻焉。"[4]薛宣认为"不满万钱不为移书"，即达不到"万钱"的立案标准，即对相关刑事案件不予受理。

再如《汉书》"杜周传"载："其春，丞相方进薨，（杜）业上书言：'……故事，大逆朋友坐免官，无归故郡者，今（在）[坐]长者归故郡，已深一等……'"[5]"大逆朋友"的刑事责任是"坐免官"而无归故郡，而今"坐长者归故郡"，其刑事责任重于前者。显然，这也是刑事领域之故事。

以上三例，均为"故事"作为刑例的适例。[6]

二、"故事"和"比""例"的关系

一般而言，"故事"和同时代"比"没有本质区别，但在产生的源头上

---

[1]《后汉书》卷四十八，杨李翟应霍爰徐列传第三十八，中华书局2000年版，第1088页。

[2]《旧唐书》卷四十六，志第二十六，经籍上，中华书局2000年版，第1362页。

[3]《汉书》卷七十四，魏相丙吉传第四十四，中华书局2000年版，第2353页。

[4]《汉书》卷八十三，薛宣朱博传第五十三，中华书局2000年版，第2524页。

[5]《汉书》卷六十，杜周传第三十，中华书局2000年版，第2030页。

[6] 有观点认为"故事并没有进入司法领域，它不是司法上的判例，也没有在司法中得到适用的机会"。参见杨一凡、刘笃才：《历代例考》，社会科学文献出版社2009年版，第37页。显然，这种认识并不准确。不过，论者另外指出"故事是行政先例""故事中也不是绝对没有司法判例，但极为罕见"。参见杨一凡、刘笃才：《历代例考》，社会科学文献出版社2009年版，第7页。

略有不同。就"故事"与"比"没有本质区别的观点,古人的记述和立场可见一斑。《晋书·刑法志》载熊远言:"凡为驳议者,若违律令节度,当何经传及前比故事,不得任情以破成法。"此处,熊远将"经"与"传"并列,同时将"前比"与"故事"并列。"经"指儒家经典,"传"指解释儒家经典的传,两者具有相似性,皆与儒家经典有关。既然如此,根据语言对仗工整而言,"前比"与"故事"亦应具有高度相似性。《礼记·王制》曰:"疑狱氾与众共之;众疑赦之。必察小大之比以成之。"郑玄注:"小大犹轻重。已行故事曰比。"郑玄认为"故事"与"比"同,已行的"故事"就是"比"。《汉书》"王莽传"载:"始,风益州令塞外蛮夷献白雉,元始元年正月,莽白太后下诏,以白雉荐宗庙。群臣因奏言太后'委任大司马莽定策安宗庙。故大司马霍光有安宗庙之功,益封三万户,畴其爵邑,比萧相国。莽宜如光故事'。"此处,先是光"比萧相国",而后莽"如光故事",亦即,"比"成立在前,"故事"发生在后。如果考虑到"例,比也"的观点,则前述《汉书》"薛宣传"所载"宣为相,府辞讼例不满万钱不为移书,后皆遵用薛侯故事"中,"府辞讼例"后来变成"薛侯故事"又表明"比"成立在前,"故事"产生在后。两相对比,可以发现,"故事"与"比"没有本质区别。既可以将已行的"故事"称为"比",也可以将已发生之"比"称为"故事"。

"故事"和"比""例"之间,仍然存在一定区别。

首先,"故事"具有恒久的历史穿透力,即后人可追溯使用的"故事"可能源自前代,具体而言,"故事"对于其创立者而言属于"事件",乃是无意识为之,创立者未必能料到其所创"故事"能在若干年后得以援引。例如,汉人援引周人故事,而后世又经常引用汉代故事,前人未能预见后人援引其所创故事。而"例"的历史穿透力没有如此久远。也就是说,"故事"与"比"的时间溯及力不同。由于"故事"由后人引用,故而在其产生之时,没有确认其法律效力,其是否发挥法律效力取决于后人的态度,其时效处于不确定状态,只有当后人择用之时,方才发生效力;而"比""例"产生的前提是,当朝存在基本律典、会典,"比""例"是变通律典、会典的规定,其地位不及后者,在诞生之初,即可指向将来,或者正面规定"以为比""著为例",或者反面规定"后不得为比""后不得为例"。"比""例"的创制,属于"行为",乃是创制者有意识为之。同时,"比""例"是当朝主权者的产物,因此,官方援引断案之际,运用本朝"比""例",而不会适用前代

"比" "例"。

其次，"故事" 的法律效力可能高于律令，《晋书·刑法志》载熊远言："凡为驳议者，若违律令节度，当合经传及前比故事，不得任情以破成法。" 亦即，如果案件处理不以律令为据，则需与 "经传" 或 "前比故事" 相符。"经传" 与 "前比故事" 可 "以破成法"，同时，不得 "任情以破成法"。"故事" 乃后人援引前人之事，因此故事在后人看来具有崇高的地位，故而地位较高，甚至高于律令，而 "比" "例" 往往是当朝变通、权宜之计，属法外之策，且往往被统治者重申 "后不得为比" "后不得为例"，故而其地位低于律令。

最后，根据学者的统计，"故事" 和 "例" 在二十二史中出现的次数，由《汉书》的 103 次和 65 次，发展到《清史稿》的 192 次和 1809 次。[1] 随着历史的发展，"例" 的占比越来越大，这表明 "例" 逐渐占据变通法律形式的主流，而 "故事" 逐渐退居次席。但是，"故事" 仍然未完全淡出历史舞台，原因在于，古人的某些政法实践（往往与宫廷政治斗争有关）不能通过成文典章予以规定，而只能根据先人故事寻觅依据。因此，"故事" 颇有当代宪法惯例的意味。

古人对于 "故事" 并非绝对行用，而是有所取舍。凡符合当权者利益的 "故事" 得到适用的可能性就大，而不合其情势的 "故事" 就往往被搁置，以遂其私。前述 "故事"，皆为前者，即得以适用的 "故事"。当然，不行 "故事" 的原因可能更为复杂，且表现多样。本书试举几例 "故事" 进行说明。

例如，《汉书》"谷永传" 载："岁余，永病，三月，有司奏请免。故事，公卿病，辄赐告，至永独即时免。数月，卒于家。" 按照 "故事"，公卿生病可获准假，但是朝廷对于谷永生病一事并未援用 "故事"，而是在其生病三月之际罢免其职务。此属朝廷未能仿行 "故事" 文例。

又如，《后汉书》"廉范传" 载："故事，虏（人）[入] 过五千人，移书傍郡。吏欲传檄求救，范不听，自率士卒拒之。" 根据 "故事"，入侵敌人之数目超过五千，就应 "移书傍郡"，通知附近地区，但是廉范没有遵行 "故事"，而是决定 "自率士卒拒之"。此属官员个人未能仿行 "故事" 文例。

---

[1] 杨一凡、刘笃才：《历代例考》，社会科学文献出版社 2009 年版，第 158 页。

"故事"在两汉魏晋南北朝，乃至隋唐时期都得以适用。据史书记载，"故事"逐渐成文化，转变为"科"。〔1〕在晋代的法律删修活动中，"故事"是删修之产物；南梁时期，"故事"演变为科。而"科"，其特点"宜于时"，侧重刑事内容。《唐六典·刑部》注："晋贾充等撰律令……为故事三十卷……梁易故事为梁科……陈依梁。"梁科后来为南陈所继承。然而，就"科"而言，其始于两汉，东晋即亦有"科"之存在。但是，晋科与晋故事有何关系，由于史料匮乏，难以尽知。从"梁易故事为梁科"来看，南朝之科应为晋科与晋故事之结合。〔2〕另有学者认为，唐代将"故事"上升为"格"。〔3〕总之，随着各类"例"的涌现，故事渐渐在史籍记载中趋于减少。有学者认为关于"故事"转变为"科"的说法不一定可靠。"前代故事无论是汉代故事、还是晋代故事，都是行政方面的先例。但从现存文献看，梁科、陈科却属于刑法性质。"论者认为"故事"属政例，而根据本书论述，"故事"多为政例，但不否认存在部分刑例，前文所举丙吉、薛宣、杜业故事，皆是刑例。所以，南朝时期，"故事"转变为"科"的可能性仍然很大。

大量"例"的出现，在一定程度上压缩了"故事"的存在空间，故而后世"故事"数量大幅减少。二十四史所载"故事"与"例"的数量消长，即已表明这种趋势。〔4〕但是，"故事"始终并未完全退出历史舞台，而是与"例"并存。之所以出现这种并存局面，其原因应在于"故事"的特性有为"例"所不可及者。例如，"故事"具有极强的历史穿透力，后人根据利益需要，可选先代乃至久远"故事"，也可择用本朝"故事"，而"例"仅引用本朝所定，原因在于"例"的产生是现时王朝权力运行的产物。〔5〕又如，后人援引前人"故事"，会借助其历史厚重感和张力，使人联想、检省，可以含蓄地表达自己的政法立场。更为重要的是，"故事"能据以解决其他法律形式所不能解决之事，以王朝禅代为例，这种事情是任何朝代的法律典籍所不能记

〔1〕 "汉初，萧何定律九章，其后渐更增益，令甲已下，盈溢架藏。晋初，贾充、杜预删而定之。有律，有令，有故事。梁时，又取故事之宜于时者为梁科。"参见《隋书》卷三十三，志第二十八，经籍二，中华书局2000年版，第657~658页。

〔2〕 马小红：《礼与法》，经济管理出版社1997年版，第264页。

〔3〕 阎晓君："两汉'故事'论考"，载《中国史研究》2002年第1期。

〔4〕 杨一凡、刘笃才：《历代例考》，社会科学文献出版社2009年版，第157~159页。

〔5〕 成语"下不为例"表明，只有现时王朝的当权者才能对他人做如此要求，而被要求者显然也是在遵守现时王朝的要求。

载者，一旦发生权臣代弱君之事，为表明其合法性，当事人只能从"故事"中为自己寻找支撑，借此实现自己的政治抱负。《汉书》"元后传"载，汉平帝驾崩，没有子嗣，王莽准备将汉宣帝最年幼的两岁玄孙刘婴立为孺子，并由自己"践祚居摄"。[1]王莽立刘婴为帝，以仿"周公傅成王故事"为借口，"改元称制"，最终篡汉，建立了新朝。

后世"故事"与"例"互相指代者，仍不绝于书。有时，过去的"故事"为眼下新的"例"所取代。《建炎以来朝野杂记》载："故事：侍从亡殁，皆赠四官……按祖宗之时，赠恤之典多出特旨，不专用例。"赠官之做法早已有之（"故事"），现在需要按照国初制度，不许攀比，"不专用例"。"故事"与"例"同义。《建炎以来朝野杂记》又载："故事：守臣无得越境者。王正仲守扬，其亲居润，扬润才隔一水，正仲因乞告省亲。许之。乾道中史丞相守绍兴，援例省其母于四明，四明，越属郡也。"按照过去的做法（"故事"），官员"无得越境"，而王正仲跨越扬州前往只有一江之隔的润州省亲，却获得了许可，后世乾道中史丞相正是援引了王正仲"例"从绍兴赶赴近邻四明探母。"例"与"故事"虽然已经在内容上发生了区别，但其本质都是惯常做法。

"例"的前身是"比"。"比"在中国古代有两方面的含义：作为一种司法技术的"比"（动词）与作为一种法律形式的"比"（名词）。后者是前者的产物。

就目前所见史料来看，秦代的"比"尚限于一种司法技术，睡虎地秦墓竹简足以证明这一点。"比"由一种司法技术、一种司法活动，进而演变为一种法律形式作为名词得以使用的史实发生于汉代。秦代的"廷行事"不必然是判例，其本义仅仅是官方的惯常做法。当然，"廷行事"包含司法官方的做法。因此不能排除"廷行事"含有判例的因素。"行事"和"决事"语义相近，汉代的"决事比"与秦代的"廷行事"或许具有前后相继的历史联系。但

---

〔1〕"平帝崩，无子，莽征宣帝玄孙选最少者广戚侯子刘婴，年二岁，托以卜相为最吉。乃风公卿奏请立婴为孺子，令宰衡安汉公莽践祚居摄，如周公傅成王故事。太后不以为可，力不能禁，于是莽遂为摄皇帝，改元称制焉。俄而宗室安众侯刘崇及东郡太守翟义等恶之，更举兵欲诛莽。太后闻之，曰：'人心不相远也。我虽妇人，亦知莽必以是自危，不可。'其后，莽遂以符命自立为真皇帝，先奉诸符瑞以白太后，太后大惊。"参见《汉书》卷九十八，元后传第六十八，中华书局2000年版，第2963页。

是，"决事比"显示出，这种官方的惯常做法已经演变为专门的司法判例——"决事"与"比"已经开始作为一个专门语词结合在一起。如果说秦代的"廷行事"还是一种官府做法的话，那么汉代的"决事比"已经呈现判例色彩。"比"自汉代始不仅是一种司法技术，更作为一种法律形式登上了历史舞台。而且，至迟自东汉起，"比"逐渐向"例"转化，"比"与"例"结合而称"比例"已经绝非孤例。由此可见，"例"即将正式登上中国法律史的舞台。

汉魏晋时期的"故事"起着古代宪法惯例的作用，既在政治、行政领域发挥重要作用，也在刑事、司法领域占有关键位置。"故事"是否发挥法律效用并非由"故事"当事人决定，而是看后人有否援引。"故事"在某些情况下与"比""例"可以互称。总的来说，"故事"和"例"有相同之处，也有不同之处。

第三章

历代"例"的考证

第一节　历代"例"的具体表现

一、隋唐以前的"例"

"例"字在汉代之前，极少出现。而且，"例"字应为"列"字的新造字。"例"的本意为"比""比照"，作为动词使用。而作为名词使用的"例子"之义，乃是后起。因此，"例"字不太可能一开始即出现于法律领域，同时也不可能成为一种独立的法律形式。所以，对于"例"的考察，应当结合秦汉时期的经学研究，尤其是春秋义例学。

经学产生于西汉，本来是泛指各家学说要义的学问，但西汉独尊儒术后，特指研究儒家经典、解释字面意义、阐明蕴涵义理的独立学问。秦代，秦始皇嬴政采纳重臣李斯的建议，焚书坑儒，将天下典籍汇集首都咸阳销毁，大量先秦典籍被湮灭。楚汉战争后，汉高祖刘邦由于出身鄙俗，并不重视儒家经典，一直到文景二帝时期，官方才开始展开较大规模的文献和古籍收集整理工作。

《春秋》是孔子根据鲁国史书修订或制作而成，借以记载当世重大历史事件，同时宣扬王道思想。《春秋》记述鲁隐公元年（前722年）至鲁哀公十四年（前481年）计二百四十余年的历史，乃是中国现存最早的一部编年体史书。

春秋义例学的"例"是指孔子处理某一类事务时所奉行的共同规则，而"义"则是这一共同规则的深层次的内涵，是对"例"的概括。

就"条例"一词而言，其首现于汉代，最初用于经学研究。经学家将经学的研究方法应用于律学的研究中，"条例"因而成为经传关系在法律领域的投影。

郑兴先后研析《公羊春秋》《左氏传》等经典作品，受到刘歆的赏识，撰有条例等经学研究作品。[1]

贾逵之父贾徽，先后师从刘歆、涂浑、谢曼卿，学习《左氏春秋》《国语》《周官》《古文尚书》和《毛诗》等经典作品，而且撰写《左氏条例》一部计二十一篇。[2]

荀爽撰写《礼》《易传》《诗传》《尚书正经》和《春秋条例》等作品。显然，《春秋条例》与其他经学作品并列，其亦系经学作品无疑。[3]

颍容"博学多通"，擅长《春秋左氏》并著有《春秋左氏条例》。显然，从颍容的为人与其作品来看，《春秋左氏条例》亦为经学作品。[4]

另外，《晋书》"刘寔传"载，刘寔精通经学经典，撰有《春秋条例》一部计二十卷。[5]

"例"或"条例"后与礼制相结合，对于统一礼的标准起到积极作用。《魏书·礼志》载，国子博士李琰之根据《祭统》认为"入庙之制"应有定规，"不宜复各为例"，自然也不立"令事事舛驳"。[6]《魏书·礼志》又载，

---

〔1〕 "郑兴字少赣，河南开封人也。少学《公羊春秋》。晚善《左氏传》，遂积精深思，通达其旨，同学者皆师之。天凤中，将门人从刘歆讲正大义，歆美兴才，使撰条例、章句、传诂，及校《三统历》。"参见《后汉书》卷三十六，郑范陈贾张列传第二十六，中华书局 2000 年版，第 817 页。

〔2〕 "贾逵字景伯，扶风平陵人也。九世祖谊，文帝时为梁王太傅。曾祖父光，为常山太守，宣帝时以吏二千石自洛阳徙焉。父徽，从刘歆受《左氏春秋》，兼习《国语》《周官》，又受《古文尚书》于涂浑，学《毛诗》于谢曼卿，作《左氏条例》二十一篇。"参见《后汉书》卷三十六，郑范陈贾张列传第二十六，中华书局 2000 年版，第 828 页。

〔3〕 "（荀爽）著《礼》《易传》《诗传》《尚书正经》《春秋条例》，又集汉事成败可为鉴戒者，谓之《汉语》。又作《公羊问》及《辩谶》，并它所论叙，题为《新书》。凡百馀篇，今多所亡缺。"参见《后汉书》卷六十二，荀韩钟陈列传第五十二，中华书局 2000 年版，第 1390 页。

〔4〕 "颍容字子严，陈国长平人也。博学多通，善《春秋左氏》，师事太尉杨赐。郡举孝廉，州辟，公车征，皆不就。初平中，避乱荆州，聚徒千馀人。刘表以为武陵太守，不肯起。著《春秋左氏条例》五万馀言，建安中卒。"参见《后汉书》卷七十九下，儒林列传第六十九下，中华书局 2000 年版，第 1743 页。

〔5〕 "（刘）寔精《三传》，辨正《公羊》，以为卫辄不应辞以王父命，祭仲失为臣之节，举此二端以明臣子之体，遂行于世。又撰《春秋条例》二十卷。"参见《晋书》卷四十一，列传第十一，中华书局 2000 年版，第 787 页。

〔6〕 国子博士李琰之议，"案《祭统》曰：'有事于太庙，群昭群穆咸在'……谓宜入庙之制，率从议亲之条，祖祧之裔，各听尽其玄孙。使得骏奔堂坛，肃承禘祫，则情理差通。不宜复各为例，令事事舛驳。"参见《魏书》卷一百八之二，礼志四之二第十一，中华书局 2000 年版，第 1846 页。

太尉、清河王怿请求统一礼的标准并"永为条例",得到灵太后的允准。[1]

"例"最初在晋代被运用于礼制领域,当时有关礼制的"例"颇多,如名例、成例、通例、常例、义例、情例和理例等,[2]这些概念跟段玉裁所注《说文解字》之"例"一脉相承,皆由其"比(照)"之义衍生而来。晋代的这些特定的"例",涉及礼的矛盾与冲突,统一礼的适用,虽未直接进入法律领域,但是却为后世奠定了相应的基础。

"例"在汉代即已进入法律领域。"'法经'六编或有可疑;但秦、汉已有具律,则不可否认。"[3]"具律"到汉代,由于萧何在秦六律之外增设户、兴、厩三篇,故具律仍然得以保持原状。[4]从《晋书·刑法志》可见,"具律"又称"罪条例",也称"罪例"。当然,由于《晋书》的作者生活在唐代,其称"具律"为"罪条例""罪例"可能是汉人的称谓,也可能是晋人的称谓,更可能是时人的称谓。即使如此,这也可以作为"例"在中国法律发展史上存在过的实物证据。

早期,"例"更多地出现于经学领域,造成这种现象的原因在于,当时的律学家往往同时也是经学家,他们因经学研究所形成的做事方法影响了其对律学的研习。例如,经学家对于经与传之间的关系,往往投射到律学领域导致了"例"的产生。

《汉书》"薛宣传"载:"宣为相,府辞讼例不满万钱不为移书,后皆遵用薛侯故事。"

《后汉书》"陈宠传"载,陈宠上书:"尚书决事,多违故典,罪法无例,诋欺为先,文惨言丑,有乖章宪。宜责求其意,害而勿听。"

《后汉书》"鲍昱传"引《东观汉记》云:"时司徒辞讼久者至十数年,比例轻重,非其事类,错杂难知。"

《太平御览》引《后汉书》云:"(陈宠)又以法令繁冗,吏得生因缘,

---

〔1〕 熙平二年十一月乙丑,太尉、清河王怿表曰:"臣闻百王所尚,莫尚于礼,于礼之重,丧纪斯极……乞集公卿枢纳,内外儒学,博议定制,班行天下。使礼无异را,得失有归,并因事而广,永为条例……"灵太后令曰:"礼为政之本,何得不同如此!可依表定议。"参见《魏书》卷一百八之四,礼志四之四第十三,中华书局2000年版,第1876页。

〔2〕 杨一凡、刘笃才:《历代例考》,社会科学文献出版社2009年版,第81~82页。

〔3〕 戴炎辉编著:《唐律通论》,元照出版公司2010年版,第4页。

〔4〕 "旧律因秦'法经',就增三编,而具律不移,因在第六。罪条例既不在始,又不在终,非篇章之义,故集罪例,以为刑名,冠于律首。"参见《晋书·刑法志》。

以致轻重,乃置撰科牒辞讼比例,使事相从,以塞奸源,其后公府奉以为法。"

《晋书·刑法志》载:汉献帝建安元年,应劭表奏:"夫国之大事,莫尚载籍也。载籍也者,决嫌疑,明是非,赏刑之宜,允执厥中,俾后之人永有鉴焉……臣窃不自揆,辄撰具……《决事比例》……"

上述史料所载"辞讼例""罪法无例""比例轻重""科牒辞讼比例"和"决事比例"足以表明,"例"在汉代已经进入法律领域,且使用广泛。当然,此时"例"的出现,往往与"比"连用。这也证实了由"比"向"例"发展过渡的史实。

《晋书·刑法志》载:"旧律(汉律)因秦《法经》,就增三篇,而《具律》不移,因在第六。罪条例既不在始,又不在终,非篇章之义。故集罪例以为《刑名》,冠于律首。""罪条例""罪例"乃是曹魏新律"刑名"一篇的代称。

西晋时期的"例"作为法律用语,已是常见。

首先,西晋《泰始律》在曹魏新律的基础上,在"刑名"一篇之后增加"法例"一篇。《晋书·刑法志》载:"文帝……改旧律(曹魏新律)为《刑名》《法例》……"[1]张斐将"刑名""法例"合称"名例",并指出"名例"的作用"非正文而分明",对于赃物犯罪没有还赃规定,根据"例"文处理,对于法律中其他诸项犯罪,"随事轻重取法",借由"例"来判断其对应的刑名。后来,刘颂上奏,已然将《刑名》《法例》合称"名例",而且指出在法律缺少正文的前提下,应当借助《刑名》《法例》予以裁断,如果借助《刑名》《法例》也无法下判,则认定无罪或者不予追究刑事责任。[2]

又如,杜预上书皇帝,曾经提及"断例"一语。

与车骑将军贾充等定律令,既成,(杜)预为之注解,乃奏之曰:

---

[1] 其后,张斐奏称:"《刑名》所以经略罪法之轻重,正加减之等差,明发众篇之多义,补其章条之不足,较举上下纲领……告讯为之心舌,捕系为之手足,断狱为之定罪,名例齐其制。""律之名例,非正文而分明也……若得遗物强取强乞之类,无还赃法随例界之文。法律中诸……皆随事轻重取法,以例求其名也。"参见《晋书·刑法志》。

[2] 刘颂指出:"不牵于凡听之所安,必守征文以正例。""……律法断罪,皆当以法律令正文,若无正文,依附名例断之。其正文、名例所不及,皆勿论。"参见《晋书·刑法志》。

"法者，盖绳墨之断例，非穷理尽性之书也。故文约而例直，听省而禁简。例直则易见，禁简难犯。易见则人知所避，难犯则几于刑厝。刑之本在于简直，故必审名分。审名分者，必忍小理。古之刑书，铭之钟鼎，铸之金石，所以远塞异端，使无淫巧也。今所注皆网罗法意，格之以名分。使用之者执名例以审趣舍，伸绳墨之直，去析薪之理也。"诏班于天下。[1]

杜预在上书奏言中，分别提及"断例"与"例"。这里"断例"一语应当指代法律、法律规定，"绳墨之断例"显然泛指法律、法律规定而言。至于"文约而例直"之"例"仍指法律规定，"文约例直"是指文字简洁、法规明确。

自南北朝始，"例"和"条例"成为法律用语，但是其本初含义乃是律条的代称。

例如，《魏书·崔光传》载"李氏怀妊待决"一案。

（正始）四年，（崔光）除中书舍人。永平元年秋，将诛元愉妾李氏，群官无敢言者。敕光为诏，光逡巡不作，奏曰："伏闻当刑元愉妾李，加之屠割。妖惑扇乱，诚合此罪。但外人窃云，李今怀妊，例待分产。且臣寻诸旧典，兼推近事，戮至剖胎，谓之虐刑，桀、纣之主，乃行斯事。君举必书，义无隐讳，酷而乖法，何以示后？陛下春秋已长，未有储体，皇子褕襁，至有天失。臣之愚识，知无不言，乞停李狱，以俟育孕。"帝纳之。[2]

崔光所言"例待分产"之"例"，意指北魏太武帝（拓跋焘）即位以后所颁怀孕妇女适用死刑（"妇人当刑而孕，产后百日乃决"）的规定。因此，"例"乃《北魏律》相关规定的代称。

又如，《魏书·刑罚志》载"羊皮卖女为婢"一案。

廷尉少卿杨钧议曰："谨详盗律'掠人、掠卖人为奴婢者，皆死'，

---

〔1〕《晋书》卷三十四，列传第四，杜预传，中华书局2000年版，第669页。
〔2〕《魏书》卷六十七，列传第五十五，崔光传，中华书局1974年版，第1491页。

别条'卖子孙者，一岁刑'。卖良是一，而刑死悬殊者，由缘情制罚，则致罪有差。又详'群盗强盗，首从皆同'，和掠之罪，固应不异。及'知人掠盗之物，而故买者，以随从论'。然五服相卖，皆有明条，买者之罪，律所不载。窃谓同凡从法，其缘服相减者，宜有差，买者之罪，不得过于卖者之咎也。但羊皮卖女为婢，不言追赎，张回真买，谓同家财，至于转鬻之日，不复疑虑。缘其买之于女父，便卖之于他人，准其和掠，此有因缘之类也。又详恐喝条注：'尊长与之已决，恐喝幼贱求之。'然恐喝体同，而不受恐喝之罪者，以尊长与之已决故也。而张回本买婢于羊皮，乃真卖于定之。准此条例，得先有由；推之因缘，理颇相类。即状准条，处流为允。"[1]

杨钧先言"盗律""别条"和"明条"，复言"准此条例"。结合前后用语，杨钧"准此条例"之"条例"当指北魏律条，而非另有所指。

二、唐代"例"的考证

（一）《唐律疏议》的"例"

南北朝时期的法律史料，零零星星闪现出"例"的影迹。但是，由于当时立法早已亡佚，后人只得在各种典籍中见识其立法的一鳞半爪。这对于研究"例"如何成为法律领域的常用语汇，确实带来诸多难以逾越的障碍。既然我们一方面已经知道"例"的前身是"比"，而"比"在秦汉时期特别是两汉时期，经常出现于各种典籍，另一方面知道自两宋以降，"例"在法律史中的身影，更是大幅涌现。于是，作为连接这两段历史时期的唐代显然是极为重要的一环。《唐律疏议》上承曹魏"新律"以至北齐律、开皇律之绪，后启宋、明、清各代之后，是中华法系的杰出代表，也是目前我们所能探寻的保存至今最早最完整的律典。考察唐代的"例"有助于认识"例"的演变，而这一研究工作既需要关注《唐律疏议》本身的立法规定，又要关注史籍有关"例"的记载。

根据本书对《唐律疏议》的梳理，该律典正文（包括律文与疏议）共出现"例"字三百二十八处，与"例"相关的"比"字出现七十四处。其中，

---

[1]　《魏书》卷一百一十一，刑罚志七第十六，中华书局 2000 年版，第 1925~1926 页。

包括既含"比"又含"例"的"比例"三处。[1]

就目前所见,《唐律疏议》所含"例"字,有以下几种含义,但尚未发现作为判例意义使用的情形。

第一,名例,法例。《唐律疏议》开宗明义,即对"名"与"例"分别作出释义:对于前者,"名者,五刑之刑名",对于后者,"例者,五刑之体例"。前者"名训为命",后者"例训为比",这样一来,所谓"名例"就是,既"命诸篇之刑名",又"比诸篇之法例"。"例"指"五刑之体例",也即"法例"之义。根据学界通行的理解,名例律相当于当代刑法的总则部分,其产生发展经历了一个漫长的演变过程。名例律的前身为战国时代李悝相魏文侯变法造《法经》六篇,其第六篇即为"具法",起具其加减作用。后来商鞅"改法为律"变为秦律的"具律"且为西汉所继承。萧何在秦律六篇之后增加户、厩、兴三篇而为九章律,造成具律"既不在始,又不在终",故而"非篇章之义"的尴尬局面。曹魏"新律"始将"具律"改为"刑名"置于律首,西晋《泰始律》又在"刑名"篇之后分设"法例"一篇,北齐律则进一步将"刑名"和"法例"两篇合二为一,终成"名例"律一篇,为后世所普遍继承。[2]《唐律疏议》在"名例"意义上使用的"例"所在多元,不胜枚举。例如,《唐律疏议》名例"皇太子妃"条"疏议"提及"《例》云",[3]这里的"《例》云"即为"《名例》云"的简称,该段文字意为,名例律所称"期亲"包括曾祖、高祖在内。又如,《唐律疏议》名例"本条别有制"条云"与《例》不同者",[4]这里的"《例》"亦为"《名例》"的简称。意为,本律各条另有规定,与名例律不同的,依照规定。"本条别有制"条的立法风

---

[1] 本书统计"例""比"等字所使用的蓝本为刘俊文先生点校并由法律出版社 1999 出版的《唐律疏议》。需要指出的是,该三百二十八处"例"字有两处存在疑问,似应排除在外。第一,该书第 70 页第二处"【例】议曰"当为"【疏】议曰"之误笔。第二,第 104 页"限内流例若还,即同在家亡法"之"流例"有误,根据第 108 页校勘记:"'流例'不可解,疑当作'征防'。"因此,《唐律疏议》律文与疏议部分共计出现"例"字三百二十六处。

[2] 上起《北齐律》,下讫《大清现行刑律》,均设"名例"律一篇。其中,洪武六年《大明律》一反常态,将"名例"律设为末篇。《钦定大清刑律》是中国历史上第一部具有近代资产阶级性质的刑法,始设刑法"总则","名例"律至此退出历史舞台。

[3] 《唐律疏议》名例"皇太子妃"条"疏议"原文,"又《例》云:'称期亲者,曾、高同。'"参见《唐律疏议》,刘俊文点校,法律出版社 1999 年版,第 37 页。

[4] 《唐律疏议》名例"本条别有制"条原文:"诸本条别有制,与《例》不同者,依本条。"《唐律疏议》,刘俊文点校,法律出版社 1999 年版,第 144 页。

格与当代中国《刑法》第一百零一条几乎完全一致。[1]虽然《刑法》第一百零一条未明确提及其能够适用于刑法分则，但根据通行的理解，应当如此。相对于《刑法》总则而言，《刑法》分则实际上是一部特别法（特别规定）。因此，《唐律疏议》"本条别有制"条的立法规定，表明唐人早已认识到立法的繁复将造成法条竞合的局面，这显示了唐人高超的立法技术。

第二，法律，法律规定。《唐律疏议》名例"共犯罪造意为首"条"疏议"云"此例既多，不可具载……"意为这种规定很多，律典无法一一具体记载。《唐律疏议》名例"养杂户为子孙"条"疏议"云"解同部曲之例"，[2]因为名例律已经明确"称部曲者，客女同"，即凡是律内称部曲的内容亦同时适用于客女，故而"养杂户为子孙"条虽云"若养部曲及奴为子孙者"而未言及客女，其"部曲"一语仍然包括"客女"。"解同部曲之例"意为，对客女的理解（解释）同律文对部曲的理解（解释）规定相同。再如，《唐律疏议》诈伪"伪写官文书印"条"疏议"所云"依下文'未施行减三等'例"，[3]显然，"依下文'未施行减三等'例"即依照后文未施行减轻三等处罚的规定。"例"即"规定"之义。

第三，法律规定的范围。此义乃是对法律、法律规定等义项的自然延伸。例如，《唐律疏议》名例"皇太子妃"条"疏议"所云"期亲之例"，[4]该段文字意为儿子、孙子所娶之妇女，相对于父祖而言，服制虽然较轻但是恩义较重，也属期亲的亲属范围。"例"的这一使用还带有法律拟制的色彩。又如，《唐律疏议》名例"犯罪未发自首"条云"不在自首之例"，[5]其意为，私自学习天文知识的人，不在自首的范围（即私习天文的人即使有自首行为

---

〔1〕《刑法》第一百零一条规定："本法总则适用于其他有刑罚规定的法律，但是其他法律有特别规定的除外。"

〔2〕《唐律疏议》名例"养杂户为子孙"条"疏议"原文："……此文不言客女者，《名例律》'称部曲者，客女同'，故解同部曲之例。"参见《唐律疏议》，刘俊文点校，法律出版社1999年版，第261页。

〔3〕《唐律疏议》诈伪"伪写官文书印"条"疏议"原文："……其伪写未成及成而未封用，依下文'未施行减三等'例，亦减已封用三等。"参见《唐律疏议》，刘俊文点校，法律出版社1999年版，第489页。

〔4〕《唐律疏议》名例"皇太子妃"条'疏议'原文："其子孙之妇，服虽轻而义重，亦同期亲之例。"参见《唐律疏议》，刘俊文点校，法律出版社1999年版，第37页。

〔5〕《唐律疏议》名例"犯罪未发自首"条原文："并私习天文者，并不在自首之例。"《唐律疏议》，刘俊文点校，法律出版社1999年版，第115页。

也不被认可为自首）。再如，《唐律疏议》卫禁"不应度关而给过所"条"疏议"云"不在减例"，[1] "不在减例"意指不在减轻处罚的范围内。

第四，依照法律（作状语使用）。此义亦是对法律、法律规定等义项的自然延伸。例如，《唐律疏议》名例"老小及疾有犯"条问答部分所云"例不当赎"，[2] 此处"例不当赎"，意为"依照法律不应当予以赎罪"。又如，《唐律疏议》杂律"知情藏匿罪人"条问答部分所云"例减"，[3] 此处"例减"，当为"依照法律减轻处罚"之义。

第五，令，令的规定。令是除律之外，唐代最为重要的法律形式之一，律、令、格、式共同组成唐代的法律体系，故而唐代中国被称为律令制国家。《唐律疏议》户婚"放奴婢部曲还压"条问答部分所云"准'自赎免贱'者例"[4] 此处"例"明显代指该条问答所提及的《户令》，即奴婢自赎免贱为部曲的，本主无罪，如果本主将客女及奴婢留为妾，亦为无罪。

第六，例子。"例"出现的部分场合，意为例子。例如，《唐律疏议》名例"同居相为隐"条问答部分所云"故举相隐为例"，其间，所引文字后句意为，立法者为避免重复，因此列举同居相隐为例子，也比照凡人减轻三等处罚。显然，此处"例"为例子之义。[5] 《唐律疏议》名例"向宫殿射"条"疏议"云："但举宿卫人为例者，明余人在御所亦不得误拔刀子。"[6] 意为，律文仅举宿卫人（宫殿值班的警卫人员）作为例子提出，旨在明确界定其他人在皇帝所在处所也不能误拔刀子。显然，此处"例"亦为例子之义。再如，《唐律疏议》卫禁"大祀不预申期及不如法"条"注"云："凡言祀者，祭、

---

[1] 《唐律疏议》卫禁"不应度关而给过所"条"疏议"原文："不应给过所而给者，不在减例。"参见《唐律疏议》，刘俊文点校，法律出版社1999年版，第189页。

[2] 《唐律疏议》名例"老小及疾有犯"条问答部分原文："答曰：……但杂犯死罪，例不当赎，虽有官爵，并合除名……"参见《唐律疏议》，刘俊文点校，法律出版社1999年版，第91页。

[3] 《唐律疏议》杂律"知情藏匿罪人"条问答部分原文："答曰：……其应例减、收赎，各准其主本法，仍于二百上减、赎……"参见《唐律疏议》，刘俊文点校，法律出版社1999年版，第583页。

[4] 《唐律疏议》户婚"放奴婢部曲还压"条问答部分原文："答曰：妾者，娶良人为之。据《户令》：'自赎免贱，本主不留为部曲者，任其所乐。'况放客女及婢，本主留为妾者，依律无罪，准'自赎免贱'者例，得留为妾。"参见《唐律疏议》，刘俊文点校，法律出版社1999年版，第261页。

[5] 《唐律疏议》名例"同居相为隐"条问答部分原文："答曰：泄露其事及摘语消息，上文大功以上共相容隐义同，其于小功以下亦不别。律恐烦文，故举相隐为例，亦减凡人三等。"其间，所引文字后句意为，立法为了避免重复，因此列举同居相隐为例子，也比照凡人减轻三等处罚。显然，此处"例"为例子之义。参见《唐律疏议》，刘俊文点校，法律出版社1999年版，第142页。

[6] 《唐律疏议》，刘俊文点校，法律出版社1999年版，第178页。

享同。"〔1〕其后“疏议”所云“今直举祀为例”疏议“今直举祀为例”意为律注仅言“凡言祀者，祭、享同"。〔2〕“直”意为“只”，与“但”同义。由上述三例可见，《唐律疏议》以例子为含义的“例”出现时，其语言结构往往为“举……为例”，而且，例子之“例”也不含有任何判例的色彩，其仅仅具有列举、举例之义。

第七，类，类别。“例”出现的个别场合，意为类、类别。例如，《唐律疏议》贼盗“强盗”条“疏议”所云：“……如此之例……如此之类……"〔3〕前有“如此之例”，后有“如此之类”。显然，前者“例”字与后者“类”字义同。又如，《唐律疏议》斗讼“殴詈夫期亲尊长”条问答部分所云“得同子孙之例以否"。〔4〕该设问意指，主人被外人所殴击，部曲、奴婢随即为主人还击（正当防卫），能否适用子孙等人所适用的法律规定。因此，这里的“例”意指类别。

第八，限度。《唐律疏议》斗讼“教令人告事虚”条问答所云“并准十分为例"，〔5〕此处“例”意为限度。

以上是“例”在《唐律疏议》中的基本义项。以下几处义项仍然属于以上义项，只不过有所具体代指。

第一，定例。“定例”有一处。《唐律疏议》户婚“妄认盗卖公私田”条“疏议”云：“……虽有盗名，立法须为定例……"〔6〕此处“定例”是指内容明确稳定可在律中普遍适用之某项法律制度。〔7〕

---

〔1〕　《唐律疏议》，刘俊文点校，法律出版社1999年版，第205页。

〔2〕　《唐律疏议》卫禁“大祀不预申期及不如法”条“疏议”原文：“依《祠令》：‘在天称祀，在地为祭，宗庙名享。’今直举祀为例，故曰‘凡言祀者，祭、享同’。”疏议“今直举祀为例”意为律注仅言“凡言祀者，祭、享同”。参见《唐律疏议》，刘俊文点校，法律出版社1999年版，第205页。

〔3〕　《唐律疏议》贼盗“强盗”条“疏议”原文：“……‘先盗后强’，谓先窃其财，事觉之后，始加威力；如此之例，俱为‘强盗’……及窃盗取人财，财主知觉，遂弃财逃走，财主逐之，因相拒捍；如此之类，是事有因缘……”参见《唐律疏议》，刘俊文点校，法律出版社1999年版，第386~387页。

〔4〕　《唐律疏议》斗讼“殴詈夫期亲尊长”条问答部分原文：“问曰：主为人所殴击，部曲、奴婢即殴击之，得同子孙之例以否？”参见《唐律疏议》，刘俊文点校，法律出版社1999年版，第455页。

〔5〕　《唐律疏议》斗讼“教令人告事虚”条问答云：“答曰：……假有轻重不同，并准十分为例。”参见《唐律疏议》，刘俊文点校，法律出版社1999年版，第480页。

〔6〕　《唐律疏议》，刘俊文点校，法律出版社1999年版，第268页。

〔7〕　钱大群撰：《唐律疏义新注》，南京师范大学出版社2007年版，第417页。

第二，条例。"条例"有两处。首先，《唐律疏议》杂律开篇"疏议"即云："……诸篇罪名，各有条例。"冈野诚先生认为："此处的'条例'是'条文·条规'，它们有犯罪之种类的意思。"[1]本书认为，这里的"条"是指法律、法律规定，"例"也是指法律、法律规定，二字连用，亦是法律、法律规定之义。其次，《唐律疏议》杂律"弃毁器物稼穑"条"疏议"所云"依下条例"，对此处"依下条例"，钱大群先生理解为"依下条法例"。本书认为这一理解并不准确，"依下条例"应当意指依照下一条律文规定，"条"与"例"虽然连用，但是并非专指一事。另外，"下条例"指"毁人碑碣石兽"条，该条规定对于他人碑碣、石兽如果"误损毁者，但令修立，不坐"。显然，"弃毁器物稼穑"条与"毁人碑碣石兽"条都是"偿而不坐"，即都是要求行为人予以赔偿但不负刑事责任（无罪）。

第三，常例。"常例"有一处。《唐律疏议》贼盗"卑幼将人盗己家财"条"疏议"云："……其余首从，自依常例……"[2]此处"常例"自指一般的法律规定，意为"通例"。"其余首从，自依常例"具体而言，是指依照《唐律疏议》名例"共犯罪造意为首"条的规定将各共同犯罪人区分为首犯与从犯。[3]

第四，通例。"通例"有一处。《唐律疏议》贼盗"卑幼将人盗己家财"条问答部分言及"一部通例"，[4]钱大群先生认为此处"通例"，意为"全律通用的法例"。[5]本书认为，"法例"是总则性的规定，与其理解为"全律通用的法例"，不如理解为"全律通行的规定"。[6]显然，将"通例"理解为"法例"可能并不合适，因为，该条处于职制一篇而非名例一篇，"强者，各加二等"是对特定情形下受所监临财物的普遍规定，而非总则性规定。

---

〔1〕［日］冈野诚："《唐律疏议》中'例'字之用法（上）"，李力译，载韩延龙主编：《法律史论集》（第3卷），法律出版社2001年版，第476页。

〔2〕《唐律疏议》，刘俊文点校，法律出版社1999年版，第396页。

〔3〕《唐律疏议》名例"共犯罪造意为首"条原文："诸共犯罪，以造意为首，随从者减一等。若家人共犯，止坐尊长……"参见《唐律疏议》，刘俊文点校，法律出版社1999年版，第125页。

〔4〕《唐律疏议》贼盗"卑幼将人盗己家财"条问答部分原文："答曰：……此是一部通例，故条不别生文。"《唐律疏议》，刘俊文点校，法律出版社1999年版，第397页。

〔5〕钱大群撰：《唐律疏义新注》，南京师范大学出版社2007年版，第631页。

〔6〕《唐律疏议》职制"贷所监临财物"条规定："诸贷所监临财物，坐赃论；（授讫未上，亦同。余条取受及相犯，准此。）若百日不还，以受所监临财物论。强者，各加二等。（余条准强者准此。）"参见《唐律疏议》，刘俊文点校，法律出版社1999年版，第243页。

第五,类例。"类例"有三处。首先,《唐律疏议》名例"十恶"条"疏议"所云"类例不少",[1]钱大群先生将"类例"理解为"种类事例"。[2]本书认为,将"类例"理解为"种类""类别"即可。"种类事例"之"事例"有画蛇添足之嫌。其次,《唐律疏议》职制"上书奏事误"条"疏议"所云"类例既多,事非一端",[3]钱大群先生将此处"类例"理解为"类似事例",应当能够令人接受。其实,此处"类例"与《唐律疏议》名例"十恶"条"疏议"所言"类例"同义,均可理解为"种类""类别"。再次,《唐律疏议》断狱之开篇"疏议"所云"诸篇罪名,各有类例",[4]钱大群先生注解:"这样,以上各篇的罪名,都分类设置律条法例,捕讯、释放、最轻、最重,各有条例制度……"其将"类例"释为"律条法例"(同时将"章程"释为"条例制度")。本书认为,将该处"类例"解释为"法律""法律规定"较为合适,因为既然"诸篇罪名,各有类例",那么"类例"显然不是名例(法例),而是诸篇罪名,各有规定(同时,章程亦当释为"法律""法律规定")。如果结合《唐律疏议》杂律开篇"疏议"即云"诸篇罪名,各有条例",对"类例"作法律、法律规定解当更无疑问。

第六,比例。"比例"有三处。首先,《唐律疏议》开篇"疏议"所云"比例即事表",[5]钱大群先生将此处"比例"解释为"设置凡例"。[6]本书认为解释为"比照法例"更为恰当。其次,《唐律疏议》户婚"奴娶良人为妻"条"疏议"所云"比例科断",[7]"比例"即为"比照法例"或者"比附法例"。再次,《唐律疏议》斗讼"教令人告事虚"条"疏议"所云"虽无

〔1〕《唐律疏议》名例"十恶"条"疏议"原文:"'吏',谓流外官以下。'卒',谓庶士、卫士之类。此等色人,类例不少……"参见《唐律疏议》,刘俊文点校,法律出版社1999年版,第16页。

〔2〕钱大群撰:《唐律疏义新注》,南京师范大学出版社2007年版,第39页。

〔3〕《唐律疏议》职制"上书奏事误"条"疏议"原文:"……注云'有害,谓当言勿原而言原之,当言千匹而言十匹之类',称'之类'者,自须以求之,类例既多,事非一端……"参见《唐律疏议》,刘俊文点校,法律出版社1999年版,第220页。

〔4〕《唐律疏议》断狱之开篇"疏议"原文:"……然诸篇罪名,各有类例,训舍出入,各立章程……"参见《唐律疏议》,刘俊文点校,法律出版社1999年版,第585页。

〔5〕《唐律疏议》开篇"疏议"原文:"……但名因罪立,事由犯生,命名即刑应,比例即事表,故以《名例》为首篇……"参见《唐律疏议》,刘俊文点校,法律出版社1999年版,第3页。

〔6〕钱大群撰:《唐律疏义新注》,南京师范大学出版社2007年版,第3页。

〔7〕《唐律疏议》户婚"奴娶良人为妻"条"疏议"原文:"……若有为奴娶客女为妻者,律虽无文,即须比例科断……"参见《唐律疏议》,刘俊文点校,法律出版社1999年版,第293页。

正文，比例为允"，〔1〕此处"比例"亦有"比照法例"或者"比附法例"之义。

由上述五处特殊的"例"可见，明清时期常见的"定例""条例"等用语在《唐律疏议》中均已出现。而且，较少使用的"常例""通例"和"类例"等用语亦已出现。此外，"比例"这一今人所常见的术语同样已经出现在《唐律疏议》中，且并非孤例。就义项而言，"例"往往有名例、法律、法律规定、法律规定的范围之义，少数情况下指代令文、类别、例子、限度等。迄今为止，尚未发现"例"含有判例之义。其最为接近判例之义的"例"也仅仅是列举、举例而非判例。不过，"比例"一语由于"比"字含有"比照""比附"之义，似乎存在与判例义项更为接近的渊源关系。如果进一步追问《唐律疏议》是否存在判例的影迹，那么应当系统梳理"比"字，因为《唐律疏议》开宗明义的"疏议"已然指出，"例训为比"。

整部《唐律疏议》前后出现"比"字共计七十四处。其义项有以下几种。

第一，临近，相邻。《唐律疏议》卫禁"缘边城戍不觉奸人出入"条所云"传告比近城戍"，〔2〕如果边城发生奸人进入境内或者出境，当局仅凭一己之力量无法抗御的，要通知临近城镇的防守人员。此处"比"为临近、相邻之义。《唐律疏议》斗讼"强盗杀人不告主司"条所云"比伍为告"，〔3〕如果家人或者同伍的人身单力弱，那么临近之伍的人负责报告。此处"比"，意为临近、相邻。

第二，比照，比拟，比作，比附。例如，《唐律疏议》职制"匿父母及夫丧"条"疏议"所云"比为兄弟"，〔4〕妻子就地位而言，既不是尊长，又与

---

〔1〕《唐律疏议》斗讼"教令人告事虚"条"疏议"原文："其有教令人……虽无正文，比例为允。"参见《唐律疏议》，刘俊文点校，法律出版社1999年版，第481页。

〔2〕《唐律疏议》卫禁"缘边城戍不觉奸人出入"原文："其有奸人入出，力所不敌者，传告比近城戍……"参见《唐律疏议》，刘俊文点校，法律出版社1999年版，第194页。

〔3〕《唐律疏议》斗讼"强盗杀人不告主司"条原文："诸强盗及杀人贼发，被害之家及同伍即告其主司。若家人、同伍单弱，比伍为告……"参见《唐律疏议》，刘俊文点校，法律出版社1999年版，第483页。

〔4〕《唐律疏议》职制"匿父母及夫丧"条"疏议"原文："……其妻既非尊长，又殊卑幼，在《礼》及《尸》，比为兄弟，即是妻同于幼。"参见《唐律疏议》，刘俊文点校，法律出版社1999年版，第224页。

晚辈有别,《仪礼》与《诗经》均将妻子比作兄弟,这就表明妻子与幼小等同。此处"比",意为比作。又如,《唐律疏议》斗讼"强盗杀人不告主司"条"疏议"所云"比'窃盗不告'科之",[1]对于谋杀致人伤害以及杀死部曲、奴婢等犯罪,已经案发而不予报告的,比附前述"盗窃案发而不予报告"的犯罪处理。此处"比",意为"比附""比照"。再如,《唐律疏议》贼盗"造蓄蛊毒"条问答部分所云"奴婢比之资财",[2]意为将奴婢比作资财,引申为奴婢与资财地位等同,即奴婢"律比畜产"。最后,《唐律疏议》断狱"辄引制敕断罪"条所云"不得引为后比",[3]这是《唐律疏议》最为著名的"比"字规定。凡以制敕特旨断罪,属临时处置措施,如果该制敕没有修成具有普遍适用性的"永格",则不能作为以后处理相关案件的比附对象。此处"比"既可作动词解释为"比附""比照",亦可作名词解释为"比附对象",即比附的案例。

第三,比附的规定,引申为法律规定。例如,《唐律疏议》名列"除免比徒"条"注"所云"故制此比",[4]而"除免比徒"条律文先后有"比徒三年""比徒二年"及"比徒一年"的规定。显然,律文"比徒"之"比"意为比附、比照。而"注"文"故制此比"之"比",其意当为"比照的规定""比附的规定"。还可继续引申"除免比徒",将其理解为"法律规定"。因为该条律文规定有"流外官不用此律",而"不用此律"与"故制此比"恰好存在互文关系。"此律"之"律"与"此比"之"比"皆为"法律规定"之义。

第四,相对,比对。例如,《唐律疏议》贼盗"造蓄蛊毒"条问答部分

---

〔1〕《唐律疏议》斗讼"强盗杀人不告主司"条"疏议"原文:"……谋杀人已伤及杀部曲、奴婢,比'窃盗不告'科之。"参见《唐律疏议》,刘俊文点校,法律出版社1999年版,第484页。

〔2〕《唐律疏议》贼盗"造蓄蛊毒"条问答部分原文:"答曰:部曲既许转事,奴婢比之资财,诸条多不同良人,即非同流家口之例。"参见《唐律疏议》,刘俊文点校,法律出版社1999年版,第367页。

〔3〕《唐律疏议》断狱"辄引制敕断罪"条原文:"诸制敕断罪,临时处分,不为永格者,不得引为后比。若辄引,致罪有出入者,以故失论。"参见《唐律疏议》,刘俊文点校,法律出版社1999年版,第603页。

〔4〕《唐律疏议》名例"除免比徒"条"注"原文:"谓以轻罪诬人及出入之类,故制此比。"参见《唐律疏议》,刘俊文点校,法律出版社1999年版,第71页。

所云"比之会赦",〔1〕蛊毒已经造成,行为人即使自新也无济于事,相对于遇到赦免的具体处理,仍然要判处流刑。又如,《唐律疏议》斗讼"殴府主刺史县令祖父母"条"疏议"所云"比凡斗为轻","比凡斗为轻"意为,〔2〕凡殴相对于凡斗而言,犯罪较轻。

第五,测试,比试,检查,核对。此种义项较为罕见。例如,《唐律疏议》擅兴"拣点卫士征人不平"条"疏议"所云"临时比校不平者",〔3〕对于该条"疏议"前文所谓"之类",钱大群先生认为:"'之类',指年龄老少、技艺能否,临时测试不公平等情况,都在内。"〔4〕钱大群先生对该处"比"释为"测试",当为可取。又如,《唐律疏议》户婚"里正不觉脱漏增减"条"疏议"所云"掌案比户口",〔5〕里正的职责在于,掌管居民核对,汇集详情登记,编订户籍文书。因此,此处"比"意为检查、核对。

在上述"比"的各类义项中,最为引人关注的是其比照、比附之义(特别是"比例"的使用)。

关于"比附",《唐律疏议》共计出现六处。

首先,《唐律疏议》名例"犯罪共亡捕首"条问答部分所云"比附刑名",〔6〕该条律文意为,有关改加杖之流刑应减轻处罚的问题,律文并无明文规定,比照名例律,只能依加杖法之徒三年杖二百上减轻一等处罚,即处杖一百八十之刑。"比附"意为"比照"。

其次,《唐律疏议》贼盗"亲属为人杀私和"条问答部分所云"亦须比

---

〔1〕《唐律疏议》贼盗"造蓄蛊毒"条问答部分原文:"答曰:……蛊毒已成,自新难雪,比之会赦,仍并从流。"参见《唐律疏议》,刘俊文点校,法律出版社1999年版,第367页。

〔2〕《唐律疏议》斗讼"殴府主刺史县令祖父母"条"疏议"原文:"……凡殴亦徒一年,比凡斗为轻……"参见《唐律疏议》,刘俊文点校,法律出版社1999年版,第429页。

〔3〕《唐律疏议》擅兴"拣点卫士征人不平"条"疏议"原文:"'之类'者,谓老少、能否,临时比校不平者,皆是。"参见《唐律疏议》,刘俊文点校,法律出版社1999年版,第329页。

〔4〕钱大群撰:《唐律疏义新注》,南京师范大学出版社2007年版,第517页。

〔5〕《唐律疏议》户婚"里正不觉脱漏增减"条"疏议"原文:"里正之任,掌案比户口,收手实,造籍书……"参见《唐律疏议》,刘俊文点校,法律出版社1999年版,第254页。

〔6〕《唐律疏议》名例"犯罪共亡捕首"条问答部分原文:"答曰:……即加杖之流应减,在律殊无节文,比附刑名,止依徒减一等,加杖一百八十。"参见《唐律疏议》,刘俊文点校,法律出版社1999年版,第118页。

附论刑",〔1〕该条律文意为,如果奴婢、部曲接受财物私下与行为人一方和解,知道主人被杀却不报告官府,即使律文并无直接规制内容,也必须比照相关条文定罪处刑。

再次,《唐律疏议》贼盗"发冢"条问答部分所云"故通比附",〔2〕意为,与五刑相关的犯罪,条文有三千条(当然是虚指),犯罪情状已然很多,因此需要借助比附制度。这里的"比附"也是"比照"的含义。

复次,《唐律疏议》捕亡"不应得为"条"疏议"所云"无文可以比附",〔3〕该条律文意为,其中那些在律令中没有明确规定的犯罪,如果不能做到轻重相举,则就无条文可以比照适用。这里的"比附"也是"比照"之义。

另外,《唐律疏议》断狱"赦前断罪不当"条所云"不得引律比附入重",〔4〕该条律文意为,如果朝廷赦令对某些犯罪,应当从轻处罚,则不能重新引用律文比照适用从而给予行为人重罪处断,如果审判人员违反本规定,则对审判人员以故意入人罪或者过失入人罪定罪处刑。这里的"比附"仍然是"比照"之义。

最后,《唐律疏议》断狱"赦前断罪不当"条"疏议"所云"若比附入重",〔5〕该条律文意为,谋叛(未上道)虽是重罪,但是赦令对谋叛(未上道)这一罪行决定从轻处罚,既不得征引律文予以处断,也不得比照适用律文给予行为人重罪处断。这里的"比附"亦为"比照"之义。需要注意的是,《唐律疏议》断狱"赦前断罪不当"条律文与"疏议"相比,后者将前者"引律比附"明确界定为包括"引律科断"与"比附入重"两种情形。

---

〔1〕《唐律疏议》贼盗"亲属为人杀私和"条问答部分原文:"答曰:……其有受财私和,知杀不告,金科虽无节制,亦须比附论刑……"参见《唐律疏议》,刘俊文点校,法律出版社1999年版,第362页。

〔2〕《唐律疏议》贼盗"发冢"条问答部分原文:"答曰:五刑之属,条有三千,犯状既多,故通比附。"参见《唐律疏议》,刘俊文点校,法律出版社1999年版,第384页。

〔3〕《唐律疏议》捕亡"不应得为"条"疏议"原文:"……其有在律在令无有正条,若不轻重相明,无文可以比附……"参见《唐律疏议》,刘俊文点校,法律出版社1999年版,第3页。

〔4〕《唐律疏议》断狱"赦前断罪不当"条原文:"即赦书定罪名,合从轻者,又不得引律比附入重,违者各以故、失论。"参见《唐律疏议》,刘俊文点校,法律出版社1999年版,第608页。

〔5〕《唐律疏议》断狱"赦前断罪不当"条"疏议"原文:"……叛罪虽重,赦书定罪名合从轻,不得引律科断,若比附入重……"参见《唐律疏议》,刘俊文点校,法律出版社1999年版,第609页。

由上可见，《唐律疏议》"比附"一语前后共计出现六处。其中，正文一处，疏议二处，问答部分三处。

关于"比例"，前文已述，共计有三处。

首先，《唐律疏议》开篇"疏议"即云"比例即事表"，〔1〕钱大群先生将此处"比例"解释为"设置凡例"。〔2〕本书认为，将其解释为"比照法例"更为恰当。

其次，《唐律疏议》户婚"奴娶良人为妻"条"疏议"所云"即须比例科断"，〔3〕此处"比例"，即为"比照法例"之义。

再次，《唐律疏议》斗讼"教令人告事虚"条"疏议"云："……虽无正文，比例为允。"此处"比例"亦为"比照法例""比附法例"之义。

（二）唐代其他的"例"

吴建璠先生曾就唐代的"例"指出，"例"是以往办案的"成例"，也是一种"法规"，唐代允许"比照成例办案"。〔4〕吴先生认为唐"例"（成例）是比照成例办案，这意味着唐"例"是一种判例，不过，他又认为唐"例"也是一种法规。唐"例"具有判例与法规双重性质的观点，其实互相矛盾，毕竟判例与法规有别。吴先生的这一观点足可商榷。

《旧唐书·刑法志》载，永徽六年，高宗与于志宁等人有一番关于立法问题的对话，高宗指出"律通比附，条例太多"〔5〕，表明其认识到唐律存有比附之制，同时律文条文过多。这里的"条例"就是指唐律律文。于志宁等向高宗解释，过去律文条文更多，直至前隋，才定留五百条，现在虽然"条例太多"，但相对而言，已经"条章既少""极成省便"。

---

〔1〕《唐律疏议》开篇"疏议"原文："……但名因罪立，事由犯生，命名即刑应，比例即事表，故以《名例》为首篇……"参见《唐律疏议》，刘俊文点校，法律出版社1999年版，第561页。

〔2〕钱大群撰：《唐律疏义新注》，南京师范大学出版社2007年版，第3页。

〔3〕《唐律疏议》户婚"奴娶良人为妻"条"疏议"云："……若有为奴娶客女为妻者，律虽无文，即须比例科断……"参见《唐律疏议》，刘俊文点校，法律出版社1999年版，第293页。

〔4〕例，是过去办案的成例，唐代允许在法律无明文规定时比照成例办案，因此例也是一种法规。不过唐代不像后世那样重视例，特别是反对用例来破坏法律的明文规定。参见吴建璠：《唐代法规》，载《中国大百科全书·法学》，中国大百科全书出版社1984年版。

〔5〕永徽六年七月，上谓侍臣曰："律通比附，条例太多。"左仆射志宁等对："旧律多比附断事，乃稍难解。科条极众，数至三千。隋日再定，惟留五百。以事类相似者，比附科断。今日所停，即是参取隋律修易。条章既少。极成省便。"参见《旧唐书》卷五十，志第三十，刑法，中华书局2000年版，第1445页。

《通典》载，武后时期，发生徐敬业谋反案，其时韩纯孝也在谋反之列。当时徐有功担任司刑寺丞（大理寺丞）。推事使顾仲琰认为韩纯孝与徐敬业共同谋反，前者 "其身先死，家口合缘坐"，即 "家口籍没"。徐有功认为韩纯孝的家属不应当 "缘坐" "籍没"，理由是 "处斩在为身存"，而一旦 "身亡即无斩法"，现在却要将韩纯孝的家属 "没官"，实在 "未知据何条例"，其推理过程甚为缜密。此处 "条例" 即为法律之义。"未知据何条例" 意指 "不知道这么做的法律依据是什么"。武后最终同意按照徐有功的理解办理，"依有功所议，断放"。[1]

从唐代起，"例" 开始更多地现身政法领域。

《旧唐书·司空图传》载，司空舆担任安邑两池榷盐使、检校司封郎中之前，朝廷已经颁有《盐法条例》，只是由于法网不密，造成 "吏多犯禁"。司空舆灵活因应，制定 "新法十条" 以补《盐法条例》之不足，便利朝廷执法。[2]

这段史料表明，"条例" 已然是李唐王朝的法律形式之一。考虑到隋唐时期中国形成律令格式的律令制体系，"条例" 的法律地位应属较低。

唐代尚有 "法例"，《旧唐书·刑法志》载，高宗时期，赵仁本撰有《法例》三卷，颇得时人好评，但是高宗认为 "烦文不便"，无须 "更须作例"。《法例》最终 "遂废不用"。[3]

由于史料记载不详，后人难以肯定《法例》性质究竟为何。关于《法例》的创制，史籍记载前后不一，学界观点亦存在争议。

有观点认为是赵仁本的作品，例如日本学者池田温先生即认为，崔知悌

---

〔1〕《通典》，刑法七。

〔2〕司空图字表圣，本临淮人。曾祖遂，密令。祖象，水部郎中。父舆，精吏术。大中初，户部侍郎卢弘正领盐铁，奏舆为安邑两池榷盐使、检校司封郎中。先是，盐法疏阔，吏多犯禁；舆乃特定新法十条奏之，至今以为方便。入朝为司门员外郎，迁户部郎中，卒。参见《旧唐书》卷一百九十下，列传第一百四十下，中华书局 2000 年版，第 3458 页。

〔3〕先是详刑少卿赵仁本撰《法例》三卷，引以断狱，时议亦为折中。后高宗览之，以为烦文不便，因谓侍臣曰："律令格式，天下通规，非朕庸虚所能创制。并是武德之际，贞观已来，或取定宸衷，参详众议，条章备举，轨躅昭然，临事遵行，自不能尽。何为更须作例，致使触绪多疑。计此因循，非适今日，速宜改辙，不得更然。"自是，《法例》遂废不用。《旧唐书》卷五十，志第三十，刑法，中华书局 2000 年版，第 1445 页。

是《法例》的名义纂修者,赵仁本是《法例》的实际纂修者。[1]

有观点认为是崔知悌的作品,《旧唐书》卷四十六经籍志上乙部载有"《法例》二卷崔知悌等撰"一语。

也有观点认为双方各自独立创作《法例》:"高宗时,赵仁本撰《法例》二卷,又有崔知悌《法例》二卷,可以引用在案件审理上。"[2]这种观点可能源于《新唐书》卷四十八艺文志二乙部刑法载有"赵仁本《法例》二卷、崔知悌《法例》二卷"一语。

但是,根据史料文字,结合唐代法制建设实际,此处《法例》应当是赵仁本的个人作品,其很可能是将历代官司处断案件所产生的案件结集成书,纂为《法例》三卷。

因其早已亡佚,所以关于《法例》到底是一部什么样的作品的问题,今人已难以详考。日本文献《令集解》保存两条《法例》佚文。我们可通过《令集解》的佚文,对《法例》进行管窥,进而作出初步判定。

《令集解》卷九户令"造账籍"条载:当事人侔孩儿隐瞒真实年龄,户籍年龄十五岁,样貌判断十六岁。根据户籍,对其应当从赎;根据样貌,对其应当判处徒刑。司刑(刑部)认为,认定年龄应当以户籍为准,如果户籍"有欺隐",则根据样貌认定年龄。该案刑部(司刑)最终采样貌认定的方法。[3]

显然,根据唐代法制,课役根据样貌认定年龄,刑事犯罪则当根据户籍记载。[4]"律以定刑立制""令为课役生文",律令有别,前者规定犯罪,故

---

〔1〕 池田温:"唐代《法例》小考",载《第三届中国唐代文化学术研讨会论文集》,台湾政治大学中国文学系 1997 年编印。

〔2〕 陈灵海:《唐代刑部研究》,法律出版社 2010 年版,第 218 页。

〔3〕 法例云:侔孩儿籍年十五,貌案年十六。据籍便当赎条,从貌乃合徒役。州司有疑,令谳请报。司刑判,以籍为定,本谓实年,年有隐欺,准令许貌案[不]一定,刑役无依。未及改错之间,止得据案为定。

〔4〕 《唐律疏议》名例"称日年及众谋"条原文,"疏议曰:称人年处,即须依籍为定。假使貌高年小,或貌小年高,袭悉依籍书,不合准貌。籍既三年一造,非造籍之岁,通旧籍计之。问曰:依《户令》:'疑有奸欺,随状貌定。'若犯罪者年貌悬异,得依令貌定科罪以否?答曰:令为课役生文,律以定刑立制。惟刑是恤,貌即奸生。课役稍轻,故得临时貌定;刑名事重,止可依据籍书。律、令义疏,不可破律从令。或有状貌成人而作死罪,籍年七岁,不得即科;或籍年十六以上而犯死刑,验其形貌,不过七岁;如此事类,貌状共籍年悬隔者,犯流罪以上及除、免、官当者,申尚书省量定。须奏者,临时奏闻。"参见《唐律疏议》,刘俊文点校,法律出版社 1999 年版,第 152~153 页。

而须按户籍，后者规定赋役，故而可按样貌。因此，唐代法制对于犯罪问题与赋役问题，在认定年龄上采取两分法进行分别处理。而且，对于犯死罪的案件，尚须上奏朝廷裁决。刑部（司刑）最终"止得据案为定"的做法，与《唐律疏议》要求"止可依据籍书"的做法并不一致。由此可见，《法例》所载该案，乃是根据《唐律疏议》所不能一般解决的案件，即佯孩儿一案具有特殊性。

《令集解》卷十户令"嫁女"条载：隽州地方官府报告阿庞一案。郭当从阿庞叔父静一方娶得阿庞为妻，苏卿继而从阿庞弟弟戚处娶得阿庞为妻，郭当、苏卿两家发生冲突。叔父与兄弟，从服制看，都是期亲。根据唐令，在这种情况下，叔父担任主婚人，兄弟只有在伯叔具无的情况下才能主婚。隽州地方官府判决，阿庞归郭当为妻。苏卿不服，请求刑部（司刑）判定究竟谁有主婚权。刑部（司刑）判决，女子出嫁，令文已有明文规定；如果阿庞的叔父与弟弟同居共财，则应叔父主婚，弟弟不应主婚；如果其已别籍异财，各立门户，即使弟弟的辈分不如叔父，也能主婚。[1]该案是在唐代法制没有对此问题存在明文规定的情况下，司刑（刑部）依据自由裁量所作的判决，弥补、法律漏洞，总结了法律原则。

本书认为，从前述史籍记载以及现今仅存的两项案例来看，《法例》应当属原生例，而非派生例，即《法例》的内容不是对某些制定法的条文进行汇编，否则，其与唐代法制并不冲突，不会引发高宗的否定性评价。因此，《法例》极可能是赵仁本自己将司法审断活动中，具备援引、参考价值的案件汇纂成书。唐高宗虽然认为自己个人能力有限，但是推崇开国以来的法制建设成就，反对在"条章备举"之外"更须作例"。后《法例》废止，未能获得认可。

不过，史籍对于"法例"等记载仍然不绝如缕。

《旧唐书》卷四十三"职官二"载：

给事中掌陪侍左右，分判省事。凡国之大狱，三司详决，若刑名不当，轻重或失，则援法例退而裁之。

《旧唐书》卷四十四"职官三"载：

律学博士一人，（从八品下。太宗置。）助教一人，（从九品上。）学生五十人。博士掌教文武官八品以下及庶人子为生者。以律、令为业，格、式、法例亦兼习之。

可见，高宗之后，司法实践与官方教学仍然使用"法例"。无论是前文给事中"援法例退而裁之"，还是后文"法例亦兼习之"，都表明官方虽然废弃赵仁本所撰《法例》三卷，但是并不拒绝司法实践与官方教学仍然沿袭既定案例（判例）的做法。也就是说，作为复例的赵仁本作品《法例》虽然遭到废弃，但是官方并不拒绝将单例（一件件具体案例）作为教学素材乃至断案参考依据。[1]

高宗之后，例的实际地位一直在上升，虽然朝廷屡屡颁敕，试图予以禁止。[2]在行政奖赏领域，应当根据格、式来定，格"禁伪止邪"，式"轨物程式"，都可能对令进行补充、细化。有景龙敕强调，只有在格、式没有规定的情况下，才能比照"例"，而且以往制敕未言明自此以后作为"常式"，不得援引，即"例"乃一时之用，是皇帝的特旨，不具有反复适用性。

《唐律疏议》本身所载"例"字，含义颇多，但不含判例之义。虽然从立法角度来看，"例"字不含判例之义，但是，从司法实践来看，"例"字确实出现过判例之义。

唐代司法存在判例，武后时期的"王行感例"与"韩纯孝例"即为明证。

其一，"王行感例"。武后专权时期发生李思顺妖言案，臣僚对于此案如

---

〔1〕 给事中"援法例退而裁之"也可能是援名例律的规定而审断，这与晋代刘颂强调"依附名例断之"（《晋书·刑法志》）的主张可以说完全一致。"法例亦兼习之"的"法例"只能是案例而非名例，因其前文已经表明"以律、令为业"。既然以律为业，即已表明官方教学包含对唐律名例部分的教学。当然，"法例亦兼习之"的"法例"还有可能是"法"与"例"的合称。

〔2〕 "（中宗）景龙三年八月九日敕，应酬功赏，须依格式，格式无文，然始比例，其制敕不言自今以后永为常式者，不得攀引为例。"参见《唐会要》卷三九，定格令。

何处理，众说纷纭，右台中丞李嗣等人建议"请依王行感例"，对李思顺妖言案判处"流二千里"，以图"庶存画一"。〔1〕可见，李思顺妖言案所依"王行感例"，必然是以前朝廷曾经办理的一件刑案，作为此时李思顺妖言案的处理依据。"王行感例"是判例（单例）。

其二，"韩纯孝例"。徐敬业谋反，韩纯孝同在谋反之列。徐有功当时担任大理寺丞（司刑寺丞）。推事使顾仲琰认为韩纯孝与徐敬业共同谋反，前者"其身先死，家口合缘坐"，即"家口籍没"。徐有功认为韩纯孝的家属不应当"缘坐""籍没"，理由是"处斩在为身存，身亡即无斩法"，其推理过程甚为缜密。武后同意按照徐有功约理解办理，"依有功所议，断放"。徐有功所办理的韩纯孝案件，后来成为判例，"此后援例皆免没官者"达到三百多家。〔2〕

唐代诏敕，偶有"准例处分"一语，例如，唐玄宗开元二年五月诏敕，中书门下以及留守，疏决刑狱，对于那些"合决格杖者，决讫，准例处分"。但是，该诏敕仅仅确立一项司法原则，而非设立独立的法律规则。事实上，开元以来，"用例破条""用例破敕"的现象时有发生，玄宗对此屡下禁令："开元十四年九月三日敕，如闻用例破敕及令式，深非道理，自今以后，不得更然。"〔3〕天宝六年（747年）正月十三日敕，"朕承大道之训，务好生之德，于今约法已去极刑，议罪执文，犹存旧目。既措而不用，亦恶闻其名，自今已后，所断绞斩刑者，宜削除此条，仍令法官约近例详定处分"。〔4〕前引开元敕明确批评用例破敕及令式的行为大错特错，"深非道理"，并要求以后杜绝此行为再次发生。本书所引景龙敕与开元敕涉及的例，前者为政例，后者既可能为政例也可能为刑例，而天宝敕所言例乃刑例。无论如何，景龙敕、开元敕与天宝敕均表明，例在唐代的实际行用，即使在朝廷屡屡禁止的情况下，也屡见不鲜，朝廷对于用例的做法也可谓"前紧后弛"。

后来，唐"例"出现由"准列"向"定例"的转化，即以前朝廷允许"准例处分"，现在开始"据事定例"。唐宪宗元和十三年诏敕要求，刑事案件先交付大理寺、刑部审断，提出如何处理的司法意见，然后上奏皇帝，再

---

〔1〕《通典》刑法七。
〔2〕《通典》刑法七。
〔3〕《唐会要》卷三十九，定格令。
〔4〕《册府元龟》卷六百一十二，刑法部定律令第四。

交中书省的中书令、中书舍人等工作人员等"参酌",最终依据"事例"处理。[1]唐僖宗的诏敕强调,地方官员犯有诸罪,五年任期届满的,不负刑事责任,五年任期未满的,同现任官员的处断一样追收,"据事定例"。[2]

三、宋元时期的"例"

(一) 宋代的"例"

宋代"例"是重要的法律形式,编"例"是重要的法律编纂活动,尤其南宋"指挥自是成例"。[3]宋"例",就其数量、地位以及效力,似乎都超越当世敕、律。对于宋"例",人们可从不同角度进行划分。如果从称谓上区分,有条例、断例、则例等;如果从产生程序上区分,有特例、成例。

宋"例"问题比较复杂,所涉史料甚多,种类亦繁多。先从两宋最为重要的立法进行观察。北宋《刑统》名例"断罪本条别有制与例不同"条与《唐律疏议》之相应规定,几乎无别。[4]其中,所谓"与《例》不同者"之"《例》"意为"名例""法例",即法律原则、法律总则。南宋《庆元条法事类》刑狱"检断"条所谓"诸敕令无例者",[5]此处之"例"仍为"名例""法例"之义,即意指法律原则、法律总则。该"检断"条的含义是,各项敕令如果没有规定法律适用原则,应当遵守律文(名例部分)规定;如果律文(名例部分)没有规定或者规定之间相互参差各有不同,仍然遵守现行各项敕令。

---

[1] 元和十三年二月敕:旧制,刑宪皆大理寺、刑部详断、闻奏,然后至中书裁量。近多不至两司、中书,使自处置。今后先付法司,具轻重闻奏,下中书令、舍人等参酌,然后据事例裁断。参见《唐会要》卷五十五,第946页。

[2] 另有学者论述唐代法制史,提及"例程"。(参见陈灵海:《唐代刑部研究》,法律出版社2010年版,第206~207页,第217~218页。)但根据本书对《唐会要》的核实,或许应为"永式"之误。(参见以下典籍:《唐会要》卷二十四,朔望朝参;《唐会要》卷二十五,亲王及朝臣行立位;《唐会要》二十九,节日;《唐会要》卷三十九,定格令;《旧唐书》卷八,玄宗本纪上。)当然,不排除本书核实所用《唐会要》版本与论者所用有别,进而产生误会。总之,唐代究竟有无"例程",可能尚须进一步探讨。

[3] 《曲洧旧闻》卷二。

[4] 《宋刑统》名例"断罪本条别有制与例不同(举重明轻)"条原文:"诸本条别有制,与《例》不同者,依本条。即当条虽有罪名,所为重者,自从重。其本应重而犯时不知者,依凡论;本应轻者,听从本。"参见《宋刑统》,薛梅卿点校,法律出版社1999年版,第110页。

[5] 南宋《庆元条法事类》刑狱"检断"条原文:"诸敕令无例者,从律(谓如见血为伤,强者加二等,加者不加入死之类);律无例及例不同者,从敕令。"

宋代若干部"编敕"载有"总例"部分，例如《嘉祐编敕》《熙宁新修审官东院编敕》《熙宁五路义勇保甲敕》等，均附有"总例"。在论及"《庆历编敕》与《嘉祐编敕》皆附例"的观点时，戴建国先生指出"这些《总例》并非断例之'例'"，虽然其有《总例》之名目，《嘉祐编敕》"名篇而附《例》，先例以举凡"的编纂体例表明，《庆历编敕》与《嘉祐编敕》所附之"例"乃是指编敕之修纂凡例，并非断例之"例"[1]（"断例"之"例"是宋代重要的"例"）。吕志兴先生认为，"总例"也是法律原则或者是原则性规定，近似《庆元条法事类》"总法"一语之义。[2]本书认为，"总法""总例"具有双重性质，一方面是相关法律典籍的编纂体例、目录，一方面具有概括法律原则的作用。

宋"例"种类、形式颇多。最著名的有"条例""断例"和"则例"等。

宋代，"条例"作为法律用语频繁出现，不少法律典籍均以"条例"命名，例如《诸司库务岁计条例》《人吏功过条例》《国信条例》《六曹寺监条例》《客省条例》和《四方馆条例》等。各类史书亦多有记载，例如，宋真宗曾经下令要求礼部、贡院择取一直以来的既存诏敕之可普遍适用者，"编为条例"；[3]又如，宋神宗曾命俞充、李承等官员"编修《中书条例》"，[4]另外还命杜纯担任"检用条例官"；[5]再如，宋徽宗曾下令恢复神宗时期（元丰年间）法律制度，同时，"凡元祐条例悉毁之"。[6]由此看来，"条例"之义有二：第一，作为一种相对于律令更低一级的法律形式，例如《诸司库务岁计条例》《人吏功过条例》《国信条例》《六曹寺监条例》《客省条例》《四方馆条例》等，且均应属制定法范畴，此时"条例"一语乃是偏义复词，强调其是制定法、成文法的一种表现形式；第二，"条例"是"条"与"例"的合称，"条"是"条"，"例"是"例"。例如，神宗时期，曾有诏曰："其有法已该载而有司引用差互者，止申明旧条。条未备者，重修正；或条所不该载，而可以为法者，创立新条；法不能该者，著为例。其不可用者，去

---

〔1〕 戴建国：《宋代法制初探》，黑龙江人民出版社2000年版，第96页。

〔2〕 吕志兴：《宋代法律体系与中华法系》，四川大学出版社2009年版，第114页。

〔3〕 《续资治通鉴长编》卷七十七，"真宗大中祥符五年四月癸卯"，第1761页。

〔4〕 《续资治通鉴长编》卷二百一十一，"神宗熙宁三年五月庚子"条，第5122页。

〔5〕 《续资治通鉴长编》卷二百三十，"神宗熙宁五年二月丁卯"条，第5602页。

〔6〕 《宋史·刑法志》。

之。"这表明，"条""例"有别。法条没有规定但可以立法的，创立新"条"，法不适于规定的，创制为"例"。由此可见，"例"的地位低于"条"。徽宗大观年间的一则御笔，进一步说明"例"的地位不如"条"（法）。[1]其中，"敕令格式"修为"永制"，"定例，以备稽考"。"定例"不如"敕令格式"的地位高。而且，两朝对于其他"例"态度一致，神宗朝"其不可用者，去之"，徽宗朝"余应删去"，目的在于实现"官吏不得高下其手"。

钦宗时期，尚书右丞徐处仁上书皇帝，论及"条""例"和"条例"的关系。[2]徐处仁提到一方面"有条以条决之"，一方面"有例以例决之"，表明"条""例"有别，又称"无条例者酌情裁决"乃是意指没有"条"也没有"例"的情况下，才能"酌情裁决"，"条例"虽然合称，但两者仍然有别。

宋代"断例"的编纂非常频繁。而"断例"一语早在西晋即已出现，例如杜预曾经上书皇帝，提及"断例"一语。[3]杜预上书奏言"断例"，当指代法律、法律规定，"绳墨之断例"显然是泛指法律、法律规定而言。

南朝刘宋时期，亦有"断例"存焉。《宋书》曾有"不在断例"一语，[4]该段《宋书》文字所言"断例"并非具有名词性质，更非法律用语。此"断例"结合前文"依界土断"，"断"是处断、处理、裁决之义，"例"

---

[1] "宜令详定敕令所应于六曹已施行事为永制者修为敕令格式外，其出自特旨，或轻或重，非有司所决可以垂宪者，编为定例，以备稽考；余应删去，庶使官吏不得高下其手。"参见《宋会要辑稿》，刑法一，之二三，第6472页。

[2] 初，处仁为右丞，言："六曹长贰，皆异时执政之选，而部中事一无所可否，悉禀命朝廷。夫人才力不容顿异，岂有前不能决一职而后可共政者乎？乞诏自今尚书、侍郎不得辄以事诿上，有条以条决之，有例以例决之，无条例者酌情裁决；不能决，乃申尚书省。"会处仁以忧去，不果行，及当国，卒奏行之。参见《宋史·徐处仁传》。

[3] 与车骑将军贾充等定律令，既成，（杜）预为之注解，乃奏之曰："法者，盖绳墨之断例，非穷理尽性之书也。故文约而例直，听省而禁简。例直则易见，禁简难犯。易见则人知所避，难犯则几于刑厝。刑之本在于简直，故必审名分。审名分者，必忍小理。古之刑书，铭之钟鼎，铸之金石，所以远塞异端，使无淫巧也。今所注皆网罗法意，格之以名分。使用之者执名例以审趣舍，伸绳墨之直，去析薪之理也。"诏班于天下。参见《晋书》，卷三十四，列传第四，杜预传，中华书局2000年版，第669页。

[4] 先是山湖川泽，皆为豪强所专，小民薪采渔钓，皆责税直，于是禁断之。时民居未一，公表曰："臣闻先王制治，九土攸序，分境画疆，各安其所……"于是依界土断，唯徐、兖、青三州居晋陵郡，不在断例。诸流寓郡县，多被并省。参见《宋书》卷二，本纪第二，中华书局2000年版，第20~21页。

是范围、范畴之义，"断例"当理解为"处理的范围"，与法律无涉。

"断例"是两宋的法律形式之一，仅以北宋为例即有《刑名断例》《元丰断例》《熙宁法寺断例》《刑房断例》等，而南宋又有《绍兴编修刑名疑难断例》《乾道刑名断例》《开禧刑名断例》《乾道新编特旨断例》和《淳熙新编特旨断例》等。从名称可见，"断例"当属复例，即若干"例"案的合集。北宋，仁宗时期名臣范仲淹曾建议大理寺选取一名臣僚负责"慎重天下之法令"，同时择取过往"断例"与"旧案"，进行加工，取其精华，去其糟粕，对于可以继续适用的那些"断例"与"旧案"，"著为例册"。[1]"例册"表明最终成形的应当是"例"的合集，而其来源又恰恰是"断案"与"旧例"。仁宗还曾于庆历三年（1043年）下诏要求大理寺与刑部将既存"断狱"与"定夺公事"进行整理，"编为例"。"编为例"的来源有二："断狱"与"公事"。[2]神宗时期，张汝贤奏称"官制申明逐处例册"。[3]张汝贤的奏言提及"例册"，还提及"条"与"例"的关系，即"无条有例"（法律没有明文规定）与"虽有条而文意未名"（法律虽有明文规定但其意思需要进一步明确）是"例"产生的根源。哲宗时期，中书省元祐元年建议指派官员对于"续断例，及旧例策"，去粗取精，"编修成策"，以图施行。[4]这里"例策"当与"例册"同义，都是"例"的合集，即复例，而且，中书省的奏言还显示"例策"（"例册"）的来源有二："续断例"与"旧例策"。由此可见，新的"例策"既来源于"旧例策"（复列），也来源于"续断例"（当为单例）。

就"断例"的编修主体而言，从前述史迹可得一窥之见：仁宗时期，范仲淹建议大理寺选取一名官员负责（"兼领"）；哲宗时期，中书省仅仅建议"委官"编修。也就是说，编修"断例"由个别朝臣负责。这一局面在北宋

---

〔1〕《范文正公政府奏议》卷上，奏灾异后合行四事。

〔2〕《续资治通鉴长编》卷一百四十，"庆历三年三月戊辰"条。

〔3〕"按法之文而折中于理，谓有司之事。无条有例，或虽有条而文意未名，应用例以补之，皆在所司。可以常行，与法有碍，则为不应奏审可否之事，若陈乞差遣，自有定法。异时执政大臣本因碍法，遂有干请，画旨施行，所以称'特旨'，岂有司所专以为不应奏请之事？又官制申明逐处例册，候册定条目不用，即知有司所用之例，自可参杂。未知特旨碍法之事，能如此否？"参见《续资治通鉴长编》卷三百四十七，"神宗元丰七年七月甲寅"条，第8330页。

〔4〕刑房断例，嘉祐中宰臣富弼、韩琦编修，今二十余年。欲委官将续断例，及旧例策，一处看详，情理轻重去取，编修成策，取旨施行。参见《续资治通鉴长编》卷三百九十一，"哲宗元祐元年十一月"条。

中后期（崇宁四年）有所改变。[1]左司、右司所编纂的哲宗时期绍圣"申明""断例"与元符"申明""断例"颁行天下。"断例"的编修已经成为相关官方机关的职责所在。

"断例"是具成文法性质还是单纯是案例（接近判例）？王侃先生认为，"断例"是皇帝特旨，是皇帝个人意志的体现，不是法。[2]戴建国先生认为宋代"并不是简单的案例汇编"，[3]而"是一种判例"。[4]对于这个问题，需要深入探讨。

南宋，孝宗淳熙六年（1179年）七月一日，刑部郎中潘景珪指出"条令编类成册"，称为"断例"，建议朝廷应当将隆兴年间以来直至当时的"断过案状编类成册"[5]。由这段史料可见，"断例"既包括"条令"，也包括"见断案状""案状"，即既包括成文法内容，也包括案例（类似判例）。因此，新诞生的"断例"是一个条文与案例的混合体。

作为复例的"断例"是经过立法程序创制并颁行天下的，这一点不同于当世与后世人们多所批评的"例多藏胥吏之手"的"例"（单例）。作为单例的"例"造成宋代司法风气败坏，而作为复例的"断例"经过严格的立法程序，与其他法律形式从体系上是协调的。例如，北宋哲宗元祐元年曾经下诏要求，中书省制定断例，要经由"本省舍人""三省执政官"等环节的"看详""详定"。[6]又如，南宋孝宗淳熙六年曾经下诏要求，刑部长官制修断例必须坚持"轻重适中"的原则，否则"不许一概修入"。[7]宋代的"例"在编修而为"断例"的过程中，虽然未必尽然彻底抽象化为一般法律条文，但是也决非单纯的案例汇编，介于典型的成文法与典型的案例（判例）之间。

---

〔1〕（徽宗崇宁四年十月）甲申，以左右司所编绍圣、元符以来申明断例班天下，刑名例班刑部。参见《续资治通鉴》卷八十九，徽宗崇宁四年。

〔2〕王侃："宋例辨析"，载《法学研究》1996年第2期。

〔3〕戴建国：《宋代法制初探》，黑龙江人民出版社2000年版，第105页。

〔4〕戴建国：《宋代法制初探》，黑龙江人民出版社2000年版，第104页。

〔5〕朝廷钦恤用刑，以条令编类成册，目曰断例，可谓曲尽。昨有司删订止存留九百五十余件，与见断案状，其间情犯多有不同，难以比拟。乞下臣部，将隆兴以来断过案状编类成册，许行参用。庶几刑罚适用，无轻重之弊。参见《宋会要辑稿》刑法一，之五一。

〔6〕"中书省编修刑房断例，候编定付本省舍人看详讫，三省执政官详定取旨施行。"参见《宋会要辑稿》刑法一，之一四，第6468页。

〔7〕"刑部长贰选择元犯与所断条法相当体例，方许参酌编类，其有轻重未适中者，不许一概修入。"参见《宋会要辑稿》刑法一，之五一，第6487页。

则例,唐代已有,宋代亦有。其主要针对行政领域,属成文法范畴。

宋仁宗嘉祐四年(1059 年)正月,三司使张方平"上所编《驿券则例》",仁宗"赐名《嘉祐驿令》"。[1]仁宗对《驿券则例》赐名《嘉祐驿令》的史实,恰恰表明"则例"与"令"的性质相同,既属成文法,又属行政领域规范。自隋唐形成律令体制之后,两宋对此也基本予以继承,宋"令"仍然具有行政性质,规范国家制度。另外,该条史料也表明,"则例"可以与"令"地位等同。《嘉祐驿令》系依《枢密旧例》之《驿券则例》而成,除此之外,另有《嘉祐禄令》源自《内外文武官之本俸添支则例》。

哲宗元祐八年(1093 年)正月,户部曾言及"令内则例",[2]"令内则例"一语表明,相关"则例"载于"令"中,前者是后者内容的一部分。

宋代的则例相对而言,规模尚小,其在清代则规模甚巨。清代则例以《会典》为纲,以例为实施细则。

宋代的例从产生程序的角度可分为特例、成例。特例是皇帝特旨断狱或者特旨除授所形成的"例",是皇权针对特定事务的临时处置,乃"事有时宜,故人主权断"。[3]其中,特旨断狱之例属刑例,特旨除授之例属政例。特旨断狱之例,是皇帝针对特定刑狱案件,根据特定情况裁断而形成的例。特旨除授之例,是皇帝对于官僚、贵族根据特定因素的考量而超出常规所予以黜陟或者荫补所形成的例。特例属"不可行之例",不能获得普遍法源的地位,不能被引用。成例是以前裁断或者处理方案作为以后对待相关问题的依据。成例的产生必须经过"著为例",即经被皇帝批准的过程,才能上升为具有普遍法律效力的例,属"可行之例",有普遍法源的地位。

就颁行范围大小而言,宋代"断例"还可分为"颁于天下之例"和"刑部

---

[1] "初,内外文武官,下至吏卒,所给券皆未定,又或多少不同。遂下枢密院,取旧例下三司掌券司,会萃多少而纂集之,并取宣敕、令文专为驿券立文者,附益删改凡七十四条,上中下三卷,以颁行天下……"参见《续资治通鉴长编》卷一百八十九,"仁宗嘉祐四年正月壬寅"条,第 4548 页。

[2] "元祐元年二月五日敕:'官员差出所带人吏,如合支驱券,从本部契勘职名,依令内则例,不许陈乞别等则例,如违许劾奏。'自降朝旨,差官出外所带人吏,多乞优厚券俸,申请特旨。虽依上条劾奏,而朝廷特依已降指挥,不惟紊烦朝廷,而近降朝旨遂成空文。欲今后人吏、公人差出,虽有特旨不依常制,或特依已降指挥,别支驿券之人,并从本部只依本职名则例支给。从之。"参见《续资治通鉴长编》卷四百八十,"哲宗元祐八年正月丙申"条。

[3] 《资治通鉴》卷八十三。

大理寺检用之例"。前者大致相当于一般断例，后者大致相当于特旨刑狱之例。

宋"例"既来源于刑事审判，也来源于行政实践。以后者为例，不仅"中书每事必用例"，[1]而且政府做事施政，凡"有法所不载者"，则"必举例以行"。[2]最终导致神宗年间"五房吏操例在手"，且只"顾金钱惟意去取"的局面，六曹"或事与例等，辄加增损；或功状微小，辄引优例"，引例破法频繁发生。

史书记载，宋"例"包括判例。马寻"累判大理寺""明习法律"。襄州发生严重饥荒，有人结伙闯入富人之家掠夺粮仓之粮食，当地司法人员认定饥民犯有强盗之罪。马寻认为这些饥民的行为属紧急避险，与犯罪有本质区别。该案经上奏，涉案饥民得以自死罪减轻处罚。[3]该案"论著为例"，成为其他案件效仿的对象，同时表明，一起案件成为其他刑案的参考依据须以"奏"为前提，即地方官府奏案，而由朝廷定夺。

北宋前期，修例工作，或委诸六部负责，或详定敕令所兼修。大理寺、刑部并非立法工作的主要承担主体，即使偶有参与，亦须将草拟的立法文件送交详定编敕所审核。北宋后期，特设"中书刑房检例官"，这意味着中书省开始掌握修例大权，亦即掌握司法权的开始。元祐二年的三省进言，认为一方面"责有司以法守"，一方面"委之以引例"，这是"为职不专而奉法有二"，导致的结果就是一方面"乱上下之分"，一方面"长出入之弊"。三省建议选择"烛理明审"并且"深识义理"者二人，担任"中书刑房检例官"一职，令其"使议去取类例"，负责"例"的适用选择工作，以实现中书省对修例大权的控制。[4]

---

〔1〕（宋）赵善璙：《自警编》卷八。

〔2〕（宋）吴曾：《能改斋漫录》卷二。

〔3〕同时有马寻者，须城人。举《毛诗》学究，累判大理寺，以明习法律称。历提点两浙陕西刑狱、广东淮南转运使，知湖、抚、汝、襄、洪、宣、邓、滑八州。襄州饥，人或群入富家掠粟，狱吏鞫以强盗，（马）寻曰："此脱死尔，其情与强盗异。"奏得减死，论著为例。（马寻）终司农卿。"参见《宋史》卷三百，列传第五十九，马寻传，中华书局 2000 年版，第 8078 页。

〔4〕（元祐二年三月庚午）三省言："古者，道揆在上，法守在下。今，既责有司以守法，又委之以引例，则为职不专，而奉法有二。如此，则乱上下之分，长出入之弊。欲例之在有司者，收还中书。缘修例于法外别作轻重，尤难于创法，非深识义理善揣情法者，不能精也。今修例专委例吏人，恐未能充此任。欲择烛理明审者二人，充中书刑房检例官，使议去取类例，因令阅大理、刑部所上奏案，签贴差失，以告于执政……"（哲宗）从之。参见《续资治通鉴长编》卷三百九十六，"元祐二年三月庚午"条。

两宋时期，除直接以"例"为名的"例"之外，尚有"御批"与"指挥"等两种特殊的"例"。"御批"又称"御笔"，顾名思义，是皇帝亲自作的决断。因此，"御批"是"例"的一种。"御批"早在仁宗时期即有，时人将御笔"编类成书，以为后法"[1]。熙宁年间，神宗诏令对于违反御笔手诏的行为以"违制"之罪追究责任。[2]元丰五年，神宗编熙宁年间"中书御笔手诏"，[3]不断提高御笔的地位，超越正常的法律秩序，最终恶化司法，大开官吏徇私枉法之门。元丰八年，刚刚即位的哲宗下诏"无得用例破条"，旨在消弭旧弊，但情况只能愈演愈烈。徽宗崇宁元年下令"将前后所用例"，加以规整，"以类编修"，对于其与法条冲突者予以删削，[4]清理"例"文，避免与律令矛盾的"例"文继续行用。南宋绍兴二年，高宗一方面为恢复祖制，一方面为规范"御批"程序，要求即使"御批"出自皇帝本意也"必经三省密院"，即由三省或枢密院作为"御批"下发生效的必经程序，如果"御批"存在不当，"许卿奏禀，给舍缴驳"，还允许"有司申察"。[5]只不过实践中仍然会发生随意"御批"的情况。

"指挥"有两种，一种是作为特旨下发的"内批指挥"，一种是中央机关临时发布的指令。无论哪种"指挥"，一经出现，便对后来之事产生约束力。"指挥自是成例"，"指挥"也是"例"的一种。神宗熙宁元年即下诏指出"内批指挥""守为永式"的程序，即"内批指挥""俟次日复奏讫"，也就是说"内批指挥"产生后，须经一个第二日复奏的程序，然后当日公布中外，"即于当日行下文字"。[6]神宗朝的"指挥"得以确立一定的重要的法律地位。徽宗崇宁《诸路州县敕令格式》增设"一时指挥"，"指挥"成为编敕的一部分。宋室南渡以后，与"御批"同样获得发展、膨胀，"指挥"得以独立编修，据《宋会要》记载，仅绍兴年间，即有《盐法续降指挥》一百三十卷、《茶法续降指挥》八十八卷。

"引例破法"是两宋的一个普遍现象。北宋初年，司法实践基本遵循依律

[1]　（宋）王应麟：《玉海》卷六十四，广陵书社2003年版。
[2]　内降手诏作御笔手诏，违御笔以违制坐之。参见《九朝编年备要》卷二十七。
[3]　（宋）王应麟：《玉海》卷六十四，广陵书社2003年版。
[4]　《续通志》卷一百四十五。
[5]　《群书会元截江纲》卷十八。
[6]　《宋会要辑稿》刑法一，之三四。

处断的做法，以例为据的判决尚少。虽然当时对于特定疑难案件存在"上请"之制，但地方官员如若"上请"则可能面临实际的上峰"举驳"，给自己招来极大的政治风险，因此，地方官员规避"上请"之制，转采"移情就法"，即根据法律裁剪案情以使案情与法律规定相合，最终"不以上请"，架空"上请"的制度设计。熙宁年间，刑部建议"自今奏而不应奏者"予以非犯罪处理，"不科以罪"，即对相应"上请"行为实行出罪化，以此打消地方官员的政治顾虑。这一措施反而使情况向另外一个极端发展，即办案官员随意援引，贴例取旨。前文所引元祐二年三省进言"中书置刑房检例官"，以实现中书省对修例大权的控制，同时加强对于"例"的管理，但收效甚微。政和七年，徽宗下诏要求，除刑例能够在司法实践中继续行用外，禁绝政例的援引。次年，臣僚建议"法所不载"，才"用例以相参"，最终达成"事不失轻重"，肯定用例的必要性，但对于"有司临时高下其手"的现实，再次申明禁止"引例破条"。

宋代，无论是政例还是刑例，虽然屡次受到朝廷的明令节制，但终是"引例破法"，屡屡发生。特别是南宋，官方行事，"欲与则陈与例"，"与例"是给予之"例"，"欲夺则陈夺例"，"夺例"则为不给予之"例"，结果，"或与或夺在于其颊"，案件的判决走向要依赖办案人员的主观判断，由办案人员决断，最终"其患不可胜言"。[1]绍兴七年，左司员外郎楼炤指出"用例以破条"的行为，属于"甚非法守之义"，左正言辛次膺反对"一例既开"而"一法遂废"的现实局面，高宗甚感其言，下令重申办案须依法律，对于相关案件当事人及办案人员，一旦有"辄引例"的行为，官民皆要处刑，前者"徒一年"，后者"杖一百"。[2]即使如此严行处理，仍然不能禁绝"引例破法"的现象。更有甚者，出现"因例立法"这一僭越立法体制的行为。孝宗淳熙元年，龚茂良指出"用例破法者其害浅"，即司法领域"用例破法"的危害尚小（"浅"），而"因例立法者其害大"，即立法领域"因例立法"的危害却很大。[3]"因例立法"的危害已然明显超过"用例破法"。

（二）元代的"例"

对于元代法律形式，陈顾远先生认为，蒙元时期，朝廷"既不重律"，即

---

〔1〕《苕溪集》卷十二。
〔2〕《宋会要辑稿》刑法一，之五三。
〔3〕《皇宋中兴两朝圣政》卷五十三。

不重视律典的制定，"亦不重敕"，也不重视诏敕的颁行，而重视 "条格"，而 "条格" 实质与汉代决事比相同。[1]元代立国之初，受金的影响，曾长期行用《泰和律》。元代由蒙古民族建立，其游牧生活与宋、金等地的农耕生活或半农耕半游牧生活差异较大，这也在很大程度上影响了蒙古民族的立法进程。由于其立法方面较为落后，参考前代立法成果成为不可避免的现实。蒙元自身法制完备之前，曾长期施行金《泰和律》，甚至偶尔借鉴唐律。例如，至元四年发生的 "李和你赤状告樊兴" 案，[2]该案所引法律依据，乃是金代 "旧例"，而其笞杖刑罚数目也是汉人或汉化做法，绝非蒙古人的处置方式。

至元八年（1271 年）十一月，元代正式禁止行用《泰和律》，同时，其司法实践也不再参考前代 "旧例"。在本朝基本律典尚付阙如的情况下，皇帝的圣旨、中央机关的裁判，都能成为判案依据。

据学者统计，元代的 "例" 有 "原例""新例""常例""官例""杂例""事例""先例""等例""禀例""旧例""则例""定例""分例""通例""体例""断例""条例""格例" 和 "例" 等，共计十九种之多。[3]实际上，元代的 "例" 虽然名目繁多，但是其间互相代指的原因造成了名目实际存在重复。

例如，《元典章》以 "格例" 命名的有 "省部减繁格例""设立宪台格例" 和 "巡禁私盐格例" 三处。其中，"设立宪台格例" 又设 "行台体察等例""察司体察等例""禁治察司等例" 与 "廉访司合行条例"。由此可见，元代 "格例" 下分 "等例" 与 "条例"。这初步表明，元 "例" 虽然名称各

---

〔1〕 "降而至元，既不重律，亦不重敕，其所重者条格而已。据《明史·刑法志》云 '元制，所取行一时之例为条格'，则元之条格更全部为例矣。《元典章》及《新集至治条例》，既已条例为名，《元通制》中除诏令及条格外，并有断例 717 条。而条格并以格例是称，可知实质上之决事比，在元更为盛行，惟其名为例而已。" 参见陈顾远："汉之决事比及其源流"，载《复旦学报》1947 年第 3 期。

〔2〕 "至元四年五月二十一日，中都路总管府申：解到李和你赤状告樊兴，扯碎衣服殴打，公事。责得樊兴状招不合，为和你赤少欠兴钱，将和你赤马匹夺了，殴打，罪犯。法司拟 '旧例'：拳手殴人，不伤，笞四十；伤人，杖六十。后下手，理直者，减二等；他物，不伤者，杖六十。部拟 '旧例'：诸犯徒应役，而家无兼丁者，徒一年，加杖一百二十，不居作，一等加二十。若徒年限内，无兼丁者，总计应役日，及应加杖数，准折决放。" 参见《元典章》卷四十四，刑部，诸殴，拳手伤，殴人。

〔3〕 胡兴东："元代 '例' 考——以《元典章》为中心"，载《内蒙古师范大学学报（哲学社会科学版）》2010 年第 5 期。

异，但可能互相指代的可能性极大，例如"格例"与"条例"可能没有质的区别。当然，"格例"也有可能是"格"与"例"的并称。

又如，元代"分例"依然如同唐宋之"分例"，是指含行政、财税、官员待遇等级方面内容的法律形式。《元史》载顺帝诏，"诏谕：民间私租太重，以十分为率普减二分，永为定例。"可见，"分例"也可称为"定例"，"分例"与"定例"可以互相指代。

再如，"断例"仅仅被单称为"例"。《元史》载成宗"定改补钞罪例"，具体而言"杖一百有七，从者减二等"，如果再犯，"从者杖与首同，为首者流"。[1]实际上该"罪例"本质上属断例，具体设定具体量刑。

最后，"通例"又称"例"。延祐六年（1319年）丁庆一征婚一案，中书省明确指出依照皇庆二年"婚姻通例"处断，并强调"违者依例断罪"。[2]显然，"依例"之"例"，乃是"通例"。

元代的"断例"，可能既受宋的影响，又受金的影响。《金史》"李革传"载，李革拜为参知政事后，曾经奏请"凡断例敕条特旨"，如果"不为永格者"，则"不许引用"，而是"皆以律为正"。[3]李革所言"断例"当与宋代断例具有同等性质。其将"断例"与"敕条""特旨"并列，表明三者都是当时的法律形式。李革建议三者"奏断不为永格者，不许引用"与唐、宋的政法实践对于"不为永格"等法制败坏现象的排斥，可谓一脉相承。

元代由于其民族文化的影响，在法律上以判例和惯例为主。司法方面存在"断例"，即"断例则因事立法"，具体而言，"断一事而为一例"（《新元史·刑法志》）。行政方面的诏令事例被称为"条格"。由于断例、条格都是因事立法，经过日积月累，数目便不断增多，这种"每罚一辜，或断一事"以至于"有司引用"却"不能遍举"（苏天爵《乞续编通制》）的做法，显然不能适应治理中国这样一个领土广大、事务复杂的国家的需要。因此，至元英宗时，将能够适用的条格、断例汇编成册，合为《大元通制》。其中条格

---

〔1〕《元史》卷二十一，本纪第二十一，成宗四。

〔2〕《元典章》卷十八，户部四，婚姻，嫁娶，丁庆一争婚，第679页。

〔3〕"四年，拜参知政事。（李）革奏：'有司各以情见引用断例，牵合附会，实启倖门。乞凡断例敕条特旨奏断不为永格者，不许引用，皆以律为正。'诏从之……"参见《金史》卷九十九，列传第三十七，李革传。

是按照唐宋令典的体例进行编集，共二十七篇，[1]计一千一百五十一条。现存《通制条格》仅有其中十九篇。条格形式上似令典，但实际上主要是各种判例的汇编；断例是具有典型意义的刑事判例的汇编，编纂方式仿效宋代的断例，即按唐律十一篇的体例（不包括名例部分），共七百一十七条。这表明，元代"断例"深受宋代影响。另有令类，又称别类，是不属于条格的其他方面的判例，共五百七十七条。[2]

元代立法不遵循唐律体例，没有照搬唐宋律典，而是自成一体，"取所行一时之例为条格"。但是，元代法律的内容与唐宋法律总体上仍是一脉相承的，唐律的五刑、十恶、八议等都被列为《大元通制》的条目，许多篇目如名例、职制、户婚、捕亡等也是承袭唐律。在司法实践中，唐律条文仍然有效，官府断狱之际"每引为据"。另外，元代法律编纂，条格、令、敕、断例合璧，显然受到宋代编敕、条法等类的影响。所以，元代法律仍应属于中华法系。当然，元代立法也受到蒙古族重习惯法的传统的影响，特别重视判例法，断例的泛滥造成"有例可援，无法可守"的弊端，使猾吏得以售其奸。[3]

对于元代"断例"的性质，究竟是判例法还是成文法，抑或其他的法律形式，学界存在不同看法。黄时鉴先生认为，元代《大元通制》就是一部完整法典，其间"断例"属"成律"，并认为《大元通制》就其编纂体例而言，与唐、宋、金的立法存在"承袭"关系。[4]可见，黄时鉴先生认为元代"断例"是成文法。然而，殷啸虎先生不赞成这种观点，他认为"断例"是成文法与判例法的结合，《大元通制》借由法典形式对典型判例予以汇编，是一种折中的产物，元代"断例"无论从内容上看还是从法律形式上看，都是对宋代"断例"的继承和发展。[5]可见，殷啸虎先生认为，元代"断例"既有成文法的因素又有判例法的因素。

---

〔1〕　分别为《祭祀》《户令》《学令》《选举》《宫卫》《军防》《仪制》《衣服》《公式》《禄令》《仓库》《厩牧》《关市》《捕亡》《赏令》《医药》《田令》《赋役》《假宁》《狱官》《杂令》《僧道》《营缮》《河防》《服制》《站赤》和《榷货》。

〔2〕　郭建、姚荣涛、王志强：《中国法制史》，上海人民出版社2006年版，第105页。

〔3〕　郑秦："律文恒存　格敕损益——五代宋元的立法概况"，载《法学杂志》1984年第5期。

〔4〕　黄时鉴：《〈大元通制〉考辨》，载《中国社会科学》1987年第2期。

〔5〕　殷啸虎："论《大元通制》'断例'的性质及其影响——兼与黄时鉴先生商榷"，载《华东政法学院学报》1999年第1期。

本书认为，元代"断例"既不完全是成文法，也不完全是判例法，而是既有条文，又有案例，呈一种混合状态。

第一，就《大元通制》现存"条格"部分而言，从称谓上看虽应是法律条文，但其间亦夹杂案例，古代各种相近的法律形式之间存在互称的现象，作为"断例"，虽从称谓上看应是案例，但其间应当包含成文规定。

第二，元代与宋代相继，宋代"断例"都可能是"条"（成文规定）与"例"（案例）的混合模式，元代"断例"不太可能与此有天壤之别。

第三，不能先入为主地用今人的眼光看待古代法律形式，即不能完全用当代的法学理论框架、切割古人的法律实践。虽然当代中国的法律属成文法，但是不能认为古代的法律也一定具有高度抽象性。传统中国历代的律典具有高度抽象化色彩，但是作为辅助作用的其他法律形式其抽象程度相对较低，甚至呈现为直接将相关案例略加修改即作为成文规定颁行中外。当然，宋元两代"断例"即使含有案例因素，也不能否认其最终受制于皇权认可、批准这一史实。

对于元代法律实际，时人郑介夫曾经指出"有例可援，无法可守"的史实，造成"官吏因得并缘为欺"的局面，奸吏"旋行比拟"，数十年间，例文浩繁，"百姓莫知所避"。[1]"有例可援，无法可守"的事实表明，蒙古贵族拒绝接受高度成熟的汉法，造成法制混乱，不但"百官莫知所守"，而且"百姓莫知所避"。元代法制史作为中国法制史的一环，显示出历史的断裂，即其并没有沿着先前已经成熟的唐宋立法继续前行，当然也有继承的因素，例如"断例"这一法律形式，不仅刑事领域有"断例"，民事领域亦有"断例"。

元代的"例"能够直接作为法律渊源得以适用，例如，"丁松诉妹夫家

---

[1] "今天下所奉行者，有例可援，无法可守，官吏因得并缘为欺。内而省部，外而郡府，抄写格条，多至数十。间遇事有难决，则检寻旧例，或中无所载，则旋行比拟，是百官莫知所守也。民间自以耳目所得之敕旨、条令、杂采类编，刊行成秩，名曰《断例》《条章》，曰《官民要览》，家置一本，以为准绳。试阅二十年间之例，较之三十年前半不可用矣。更以十年间之例，较之二十年前又半不可用矣。是百姓莫知所避也。"参见《新元史》卷第一百九十三，列传第九十，郑介夫传，启明书局1962年版，第759～760页。

案"即直接适用了"例"。〔1〕息州民户丁松,诉妹妹定奴丈夫死后,守志不嫁而夫家亦不令归宗一案。显然,该案直接适用青儿夫死守志不嫁而夫家不愿归宗一案,其判决依据只有青儿守志案。

元代"例"的运用,还能够催生朝廷立法的创制。大德十一年(1307年)六月,淮西廉访司检刷到庐州路文案卷内载有六安县十六岁的类徐保强奸五岁幼女张凤哥一案,当地行省判决杖六十七,淮西廉访司对该案提出异议,"不见此断例",即认为没有法律依据。刑部审理,发现相关奸淫幼女案件判决差异甚大:至元五年(1268年)陕西军人郑忙古歹强奸王蜡梅一案,判处死刑;至元七年(1270年)春,京兆路白水县王解愁强奸李道道,判决杖一百零七;至元七年(1270年)冬,顺德路陈赛哥强奸田菊花,判处死刑。中书省责令刑部统一立法。后者对相关案件进行整理,提出方案,即如果犯有强奸十岁以下幼女之行为,即使幼女同意也以强奸论,处以死刑。〔2〕

元"例"总体上与宋"例"没有本质的区别。如果说有不同,则在于宋代除各种"例"外,还有《宋刑统》、各种编敕、各种条法事类,即存在律典(法典),而元代欠缺传统中国封建社会标准意义上的当世律典立法。《大元通制条格》不是传统的律典模式,尽管在对于其是否元代律典的问题上存在争议,但其与历代律典模式不同则是公论。本书认为,《大元通制条格》不是元代的朝廷创制的律典。如果从判例(判例法)的角度理解宋、元两代的法制建设,可见这样一种结论:宋代在律典制定法之外,其判例受到朝廷(皇权)的制约,即"著为例"或者"编例",是皇权认可的产物,而元代在

---

〔1〕 "至元七年八月,尚书省户部呈,南京路备,息州申:民户丁松告中统元年与毋主婚,将妹定奴聘与本州时小六长男歹儿为妻。至元二年女婿身故,有妹定奴守服四年,不令归宗,令男两儿或侄姚驴收纳为妻,其定奴不肯顺从。及先据河间路申:军户赵义妻阿刘女青儿等,守阕故夫崔犍儿丧服,有伯伯崔大令弟驴驹收纳,不令归宗。送法司检详得,旧例:汉儿、渤海不在接续有服弟兄之限。移准中书省咨议得,旧例:同类自相犯者,各从本俗法。其汉儿人不合指例,比及通行定夺以来,无令接续。若本妇人服阕,自愿守志,或欲归宗改嫁者,听〔之〕。咨请照验省府,除已札付户部,遍行各路出榜晓谕外,仰依上施行。"参见《元典章》卷十八,户部四,婚姻,不收继,汉儿人不得接续,第707~708页。

〔2〕 "今后若有强奸幼女者,谓十岁以下,虽和以同强,拟合依例处死,如官吏违例差断者,临事详情区处,如准所拟,遍行中外遵守相应,具呈照详。都省准拟除外,仰照验施行。"参见《元典章》卷四十五,刑部七,诸奸,强奸,强奸幼女处死,第1654~1655页。自此,中国刑法史出现强奸幼女罪。只是元代的幼女限于"十岁以下",当代的幼女限于"不满十四周岁"。另有资料显示,强奸幼女罪至迟在南宋即已出现。

没有律典的情况下，不仅存在判例，而且存在独立的判例法制度。

四、明清时期的"例"

（一）明清时期"例"的创制的基本概况

明代条例创制始于洪武年间，后来成祖永乐年间也曾制例。但因太祖、成祖性格因素，条例创制随意性比较大，往往因事生例。一方面，条例本身不够协调，与律抵牾；另一方面，奸吏任意轻重，乘机舞弊。仁宗、宣宗之后诸帝开始认识到这一现象的危害，开始强调律典的正统地位，而且历朝皇帝登基后都要宣布革除前代旧例。宪宗时期，朝臣要求制定《问刑条例》，兵科给事中祝澜、刑科给事中赵艮先后上疏，要求制定条例。宪宗对此均表赞同，但未实行。

孝宗即位，修定《问刑条例》已为多数朝臣认同，弘治五年（1492 年），应鸿胪寺少卿李鐩的奏请，命刑部尚书彭韶删定《问刑条例》。弘治十三年（1500 年），孝宗命刑部尚书白昂等九卿予以增订，将历年有关问刑方面的条例"经久可行者"二百九十七条议定，作为常法与《大明律》并行。至此，"补律而行"的《问刑条例》首次在集中修定后得以颁行，人称"弘治《问刑条例》"。孝宗修定《问刑条例》打破祖宗成法不可变的禁锢，开创明清律例并行之先河，在中国古代立法史上具有重要意义。后来，武宗正德年间（1506—1521 年）新增条例四十四条，世宗嘉靖二十八年（1549 年）重修《问刑条例》为二百四十九条，三十四年又增八十九条。嘉靖重修《问刑条例》巩固条例与律典并行的地位。神宗万历十三年（1585 年），明廷再次重修条例，计三百八十二条，后又增至三百八十五条。万历《问刑条例》的修定是明代最后一次大规模的集中修例活动，自此以后直至明亡，《问刑条例》再未变动。[1]

清代第一部综合性律典《大清律集解附例》完成于顺治四年（1647 年）。康熙三十四年至四十六年，清廷完成《刑部现行则例》分门并入律典的工作，但是最终并未颁行天下。雍正三年（1725 年），《大清律集解》修定完成，五年（1727 年）正式颁行。此次修律，将律典删、并、改、增，归纳为四百三

---

[1] 明人丘濬评价明初制例："事有律不载而具于令者，据其文而援以为证。有不得尽如法者，则引法与例取裁于上。"参见《大学衍义补》，定律令之制。

十六条；历年所附条例经删修之后尚存八百二十四条，并按原例、增例、钦定例三类分类编纂。乾隆五年（1740年），《大清律例》修定工作基本完成，经高宗御览后，"刊布中外，永远遵行"。至此，清代律典最终成型。

薛允升《读例存疑》揭示《大清律例》附"例"的两个来源：明代令文与明代例文。第一，清代例文有源于明令令文者，"此条系《明令》"之类的按语多有出现。此类按语多达二十四处，涉及明代令文二十条。《大明令》令文不过一百四十五条，而为清代例文沿袭的条款已经占十分之一强。第二，清代例文有源于明代例文者，"此条系前明《问刑条例》"之类的按语多达一百五十多处，已经占到明代《问刑条例》条文数量近一半的篇幅。[1]

（二）因"案"生"例"

官方往往以所发生的实际案列为素材，将其提炼，制定例文。因"案"生"例"的程序有二：官员附请定例与皇帝谕旨定例。前者是指例文的产生采自下而上的模式，由官员提出请求，皇帝批准。后者是指例文的产生采自上而下的模式，由皇帝谕旨要求制定例文。双方的区别仅在于例文的创制动议略有不同，而其最终都必须经过皇权的允准这一关。

例如，道光三年说帖，孙李氏求乞度日，同乡张仁杰、刘郑氏因外出求乞，将媳女小暖姐、小喜姐托付孙李氏寄领求乞。孙李氏原本就贫困不堪，遂与张五桂等人商定，将小暖姐、小喜姐卖与他人为婢。案发，当地巡抚以例无明文规定为由，请求刑部查办。刑部认为，拐卖子女之案，重点在于行为人的诱取行为。如果将受寄子女转卖的行为依照诱拐行为论以绞监候，则情轻法重；如果酌减处流，则又情重法轻。刑部最终认为，应当依照"诱拐子女被诱之人不知情拟绞监候例"量减，判处孙李氏"极边足四千里充军"，并就此制定新例。[2]

又如，道光二十四年说帖，韩思伏得知郑李氏与李添保有奸，遂入室调戏郑李氏，被郑李氏抓住撞击头部。韩思伏用手掌狠击郑李氏面部并大声喊叫，道破郑李氏与李添保的奸情，致使郑李氏因奸情败露出于羞愤自尽。山西省按察使认为韩思伏的行为属于图奸，与强奸有别，遂将该犯处以强奸妇

---

〔1〕 霍存福、张靖翊、冯学伟："以《大明令》为枢纽看中国古代律令制体系"，载《法制与社会发展》2011年第5期。

〔2〕 （清）祝庆祺等编：《刑案汇览三编》（一），北京古籍出版社2004年版，第711~722页。

女未成致令自尽流罪上减一等处徒。该省巡抚认为不妥,认为应在调戏本妇羞愤自尽绞监候例上减等,处流。由此案件,制定出"强奸犯奸妇女致令自尽流三千里"之例。[1]

再如,光绪六年通行事例,李金木因图财谋杀年仅五岁的小功服侄子。案发,刑部以例无治罪明文规定为由,从严问拟,处以斩监侯,上报光绪帝。光绪帝下旨,要求照平人谋杀加功律改为绞监候,解到即行处决,并要求刑部就此案件专门拟定例文。刑部认为,李金木图谋财物,竟然将小功服侄子害死,照平人拟以绞监候实属罪有应得。刑部建议制定新的例文:"功服以下尊长图财谋害卑幼,下手加功,照此次钦奉谕旨,按平人谋杀加功律问拟绞候;其不加功者,无功期亲,俱杖一百,流三千里……"[2]

以上三例均为官员附请定例。其中,李金木案"通行事例"形象地展示了因"案"生"例"的过程,至于其最终是否上升为例文反倒可以不予特别关注。但是,上述三例的史实确实表明,例文的产生往往与实际发生的案例有关,刑部等官方机构也往往据此而请求皇帝批准制定新的例文。至于皇帝谕旨定例,例如顺治十七年九月,刑部等衙门为遵旨再审事宜具题,奉旨:"据奏徐元善寇乱纵出,贼去遵法投监,情有可矜,着免流徒,杖一百发落。以后重囚有这等因变逸出,投归者,俱免死,照此例发落,永著为例。其自行越狱及看守通同贿纵者,虽投归,不在此例。钦此。"[3]顺治帝根据徐元善案,要求"投归者,俱免死",并"永著为例"。"著为例"是这类例文的显著标志。

(三)修例方式——以《大清律例》为例

清代修例主要有修改、修并、删除、增纂等四种方式。[4]从董康的记述来看,清代修例,其来源至少包括"通行"和"案例"。另外,时人制例,往往考虑服制等因素,其表达方式也就比律更为具体,时间既久,规范同一

---

[1] (清)祝庆祺等编:《刑案汇览三编》(二),北京古籍出版社2004年版,第1271~1272页。

[2] (清)祝庆祺等编:《刑案汇览三编》(四),北京古籍出版社2004年版,第607~608页。

[3] 《大清律例通考》卷五。

[4] "律之名义为祖宗所定,不容改易。而刑之重轻,宜适合于社会,不妨随时革易,故明律后,附有《问刑条例》,清律删去'问刑'二字,其间轻重,不受律文之缚,依向来制度,阅十年大修一次,五年小修一次,择期间内通行章程及判例之足兹援引者,分修改、修并、删除、增纂四类、比核辑为专例,附于律后。"参见董康:"中国修订法律之经过",载何勤华、魏琼编:《董康法学文集》,中国政法大学出版社2005年版,第460页。

类事务的例文之间不免发生冲突，甚至例文本身与律也会存在龃龉之处。故而需要定期修例。乾隆五年，《大清律例》修成，但乾隆元年即已确定条例定期修纂制度，"三年修例一次"，乾隆十一年改为"五年一修"，即"五年一小修""十年一大修"。[1]清代修例活动，由此形成定制。其中，所谓"小修"，就是官方将近年所颁条例汇集一起，方便查阅，相当于"法律汇编"；而所谓"大修"，就是官方将所有条例集中重新整理，"修改、修并、删除、增纂"，按照一定标准进行整合，嗣后颁行天下，中外知晓，相当于"法典编纂"。

第一，修改。

修改是指对于某些不合儒家的基本法律原则、不合时宜的条例进行修改，以期满足最高封建统治者的实际需要。

《大清律例·户律·仓库》"费用受寄财产"条附例原规定："亲属费用受寄财物并与凡人一体科罪，追物还主，不必论服制递减。""与凡人一体科罪"这一规定明显不符合西晋以来中国历代律典确立的"准五服以制罪"的法律儒家化原则，违反根据亲疏远近量刑定罪的原则。后来，雍正三年修例，即将该条修改为："亲属费用受寄财物，大功以上及外祖父母得相容隐之亲属，追物还主，不坐罪，小功减三等，缌麻减二等，无服之亲减一等，俱追物还主。"新例取消"与凡人一体科罪"的做法，代之以区分大功、小功、缌麻、无服之亲，不同情况不同处理，同时贯彻亲亲相隐原则。需要注意的是，某条例文的修改可能并非一次完成，各朝均有修改，当然，其总有修改定型之日，此称"改定"。

第二，修并。

修并就是将相关条文合并，使其成为一条新的例文，从而使《大清律例》所载例文更加简洁，更具针对性。修并的相关数条例文，既可能都是前明《问刑条例》已有并为清廷承袭的例文，也可能都是清廷自己制定的数条例文，还可能是将前明《问刑条例》固有条文与清廷所颁条文进行合并的规范成果。从另一个角度来看，修并是将某一例文移入另外某条律文之后，与某条例文合并，因此又称"移并"。

---

[1] 自乾隆元年，刑部奏准三年修例一次。十一年，内阁等衙门议改五年一修。参见《清史稿》，刑法一。

《大清律例·刑律·贼盗》"窃盗"条附例："窃盗抢夺掏摸等犯事到官，应将从前犯案次数，并计科罪。若遇恩赦，其从前所犯原案咸予赦除，免其并计，并免刺字，有犯仍以初犯论。如得免并计之后，再行犯窃，复遇恩赦后犯案到官，审系再犯、三犯，俱按照初次恩赦后所犯次数并计，照律科罪。若遇清理庶狱，恩旨免罪不免刺者，仍行并计，按照从前次数定拟。"该条例文修并于嘉庆六年（1801年），其修并之前身有二：一是康熙四十四年（1705年）刑部议覆贵州巡抚于准题准定例；一是乾隆三十六年（1771年）御史张敦均条奏定例。

与"修并"相近的还有"移改"，是指将某条例文移动至另一门某条律文之后，从而与应附属的律文关系更为紧密。例如，《大清律例·刑律·捕亡》"罪人拒捕"条所附例文规定："凡擅杀奸盗，及别项罪人案内余人，无论谋杀加功，及刃伤折伤以上，并凶器伤人，悉照共殴余人律，杖一百。正犯罪止拟徒者，余人杖八十。如有挟嫌妒奸谋故别情，乘机杀伤图泄私忿者，仍照谋故杀及刃伤、折伤、凶器伤人，各本律、本例问拟。"该条例文系乾隆四十五年（1780年）刑部议准定例，原附于"杀死奸夫"条后，道光八年（1828年）改定并移附"罪人拒捕"条后。

"修并""移并"伴随着不同例文的合并调整，"移改"仅是单纯改动特定例文的具体位置，不一定伴随合并调整。

第三，删除。

删除就是对那些不适应社会发展的例文予以删削、去除。删除能够在一定程度上克服例文数量不断膨胀的弊端。

《大清律例·礼律·祭祀》"禁止师巫邪术"条后曾经附例，对于西洋人在内地传习天主教的某些行为进行规制。[1]此条例文创于嘉庆十六年（1811年），当时中国虽然已经处于封建专制社会的末期，但是国力尚强，亦是主权

---

[1] 该条例文规定：西洋人有在内地传习天主教，私自刊刻经卷，倡立讲会，蛊惑多人，及旗民人等向西洋人转为传习，并私立名号，煽惑及众，确有实据，为首者，拟绞立决。其传教煽惑而人数不多，亦无名者，拟绞监候。仅止听从入教，不知悛改者，改法回城给大小伯克及力能管束之回子为奴。旗人销除旗档。如有妄布妖言，关系重大，或符咒蛊惑诱污妇女，并诳取病人目睛等情，仍各从其重者论。如能悔悟，赴官首明出教，及被获到官，情愿出教，当堂跨越十字木架，真心悔改者，概免治罪。若免罪后复习邪教，无论当堂愿跨十字木架与否，除犯该死罪外，俱先在犯事地方用重枷枷号三个月，满日再行发遣。严禁西洋人在内地置买产业，失察西洋人潜往境内并传教惑众之该管文武各官，交部议处。

国家，对于天主教的传播自然拥有管辖权。然而，随着鸦片战争的爆发以及西方列强对中国的侵略加剧，中国包括司法在内的主权开始沦落，同时，西方人士在中国传教也呈合法蔓延态势。同治九年（1870年），该条例被删除。

第四，增纂。

"增纂"就是在律文之外另行增加新规定，也称"续纂"。《大清律例·户律·婚姻》"嫁娶违律主婚媒人罪"条附例规定："凡绅衿庶民之家，如有将婢女不行婚配，致令孤寡者，照不应重律，杖八十。系民的决，绅衿依律纳赎，令其择配。"该条例定于雍正十三年（1735年），是对与婢女的婚配相关律文的补充规定。凡有对婢女不行婚配者，依照概括性禁律"不应得为"从重处罚。

明清修例特别是清代修例，往往一条例文历经多次变动，既经修改，又经移并，甚至最终被删除。这种情况所在多有。例如《大清律例·刑律·人命》"杀死奸夫"条所附条例规定："凡非应许捉奸之人，有杀伤者，各依谋故斗杀伤论。如为本夫本妇及有服亲属纠往捉奸，杀死奸夫暨图奸、强奸未成罪人者，无论是否登时，俱照擅杀罪人律拟绞监候。若止殴伤论，非折伤勿论，折伤以上，仍以斗伤定拟。"该条例文原系两条：一条系律后小注，雍正三年（1725年）改为条例，乾隆五年（1740年）、嘉庆十四年（1809年）、十五年（1810年）相继对此进行修改；一条系乾隆四十五年（1780年）刑部奏准定例。道光四年（1824年），清廷将上述两条改定为两条，其中一条就是前述"杀死奸夫"条所附条例，另一条移入罪人拒捕门。[1]

值得注意的是，某些例文历经多次修改，始终保持原状。因此，从某种角度看，"仍旧"也是一种修例方式，即一种不作为的修例方式。

（四）明清时期"例"的种类

明清两代，有三种最为常见的"例"：事例、则例和条例。[2]"例"的适用颇为频繁，以至于有人对清代的"例"的使用，发出如此感慨："清以例治

---

〔1〕　移入《大清律例·刑律·捕亡》"罪人拒捕"条的例文规定："凡擅杀奸盗，及别项罪人案内余人，无论谋杀加功，及刃伤折伤以上，并凶器伤人，悉照共殴余人律，杖一百。正犯罪止拟徒者，余人杖八十。如有挟嫌妒奸谋故别情，乘机杀伤图泄私忿者，仍照谋故杀及刃伤、折伤、凶器伤人，各本律、本例问拟。"

〔2〕　有学者指出："在明代例的体系中，以事例制定最多，变革最繁，围绕着事例的立法和执法活动也最为活跃。事例是条例编纂的基础，榜例中有关某一事项的定例或某一时弊的禁例实际上也属于事例的范畴。"参见杨一凡、刘笃才：《历代例考》，社会科学文献出版社2009年版，第219页。

天下。"〔1〕明清两代处理帝国日常政务的规章制度往往被称为"例",这与隋唐时期有所不同。隋唐时期是中国古代法制建设的巅峰时期,这个时代被称为律令制国家。欲了解明清"例"的性质,我们需要回溯隋唐时期甚至魏晋时期的行政领域法律制度,这一时期的法制变革影响深远。

魏晋时期,伴随着律令分野,律、令双方各自获得自身质的规定性,"律以正罪名,令以存事制"。随着律令体制在隋唐的最终确立,律用以"正刑定罪",令用以"设范立制",格用以"禁违正邪",式用以"轨物程事"。律令体制在五代、两宋均有发展,但是随着蒙古民族入主中原而有所间断。

明初,令这一法律形式曾经昙花一现。〔2〕《明太祖实录》卷二十八载:"(吴元年十二月)甲寅,律令成,命颁行之。"《大明令》卷首亦载,太祖洪武元年正月十八日下旨颁行《大明令》。这些史料表明,《大明令》是在至正二十四年(1364年)二月平定武昌之后开始修定的,吴元年十二月修定完毕,洪武元年正月正式颁行。《大明令》一百四十五条按照六部分类,有关吏部的令有二十四条,有关礼部的令有十七条,有关兵部的令有十一条,有关刑部的令有七十一条,有关工部的令有二条。〔3〕《大明令》的性质与前代有所不同,因为其不少条文具有律的刑事性质。有学者认为,这实际上混淆了历代以来形成的律令差别,是立法技术的倒退,其地位与作用既不能与前代令典相提并论,也不能与《大明律》等量齐观。"此后,在清代,令典的内容很多被吸收入条例"。由于出现会典的编纂,令作为一种法律形式退出中国法

---

〔1〕 邓之诚:《中华二千年史》卷五,中华书局1958年版,第531页。

〔2〕 《明史·刑法志》载:"明太祖平武昌,即议律令。吴元年冬十月命左丞相李善长为律令总裁官,参知政事杨宪、傅瓛,御史中丞刘基,翰林学士陶安等二十人为议律官,谕之曰:'法贵简当,使人易晓。若条绪繁多,或一事两端,可轻可重,吏得因缘为奸,非法意也。夫网密则水无大鱼,法密则国无全民。卿等悉心考究,日具刑名条目以上,吾亲酌议焉。'十二月书成,凡为令一百四十五条,律二百八十五条。又恐小民不能周知,命大理卿周桢等取所定律令,自礼乐、制度、钱粮、选法之处,凡民间所行事宜,累聚成篇,训释其义,颁之郡县,名曰《律令直解》。太祖览其书而喜曰:'吾民可以寡过矣。'"参见高潮、马建石主编:《中国历代刑法志注译》,吉林人民出版社1994年版,第846页。

〔3〕 明人丘濬评价:"洪武元年,辑为《大明令》,颁行天下,盖与汉高祖入关约法三章、唐高祖入京师约法十二条同一意也……律者,刑执法也;令者,法之意。法具则意寓于其中。草创之初,未暇详其曲折,故明示以其意所在令是也。平定之后,既以备其制度,故详载其法之所存是也。"参见《大学衍义补》,卷三。

律史的舞台。[1]然而,《正德大明会典》提及过"事例"的来源及称谓。"事例"既可能出自"朝廷所降",自上而下,也可能源于"臣下所奏",自下而上。如果出自"朝廷所降",则既可能称为"诏",也可能称为"敕";如果源于"臣下所奏",则既可称为"奏准",又可称为"议准",还可称为"奏定""议定"。[2]由此可见三点:首先,事例有来自朝廷所降者,冠以"诏""敕"之名;其次,事例有来自臣工者,名曰"奏准""议准""奏定"和"议定";再次,事例的诞生无论是采自上而下模式还是自下而上模式,都可总称为"令"。由此亦可得见,认为"令"在明代以后退出历史舞台的观念有失偏颇。"令"在明代以后仍然以"事例"等形式继续存在。

明清两代的"事例",是经皇帝批准且为相关部门及其属员所遵循的处理各项事务的具体例文。"事例"就其内容而言,实际上就是一个相对具体的具有一般性的行政案例。这些案例一方面经过一定的立法程序,经皇帝批准,上升为处理同类事务的法律准则,一方面又不如"则例"概括、抽象。"事例"的这些特征表明,"事例"经过概括、抽象的立法程序,能够一变而为"则例"。具体而言,明代"诏令"是"事例"的本源,如果将"事例"进一步条文化,则所生成的就是"条例"。而明代诏令包括三部分:普通诏令、各种单行令和令典之令。诏令经过编纂成为"事例",而"事例"经过进一步编纂成为《大明会典》。[3]"事例"介于诏令与《会典》之间,是一种过渡状态的法律形式,它相对于内容具体的诏令而言,有一定的抽象概括性,相对于具体规范的《会典》而言,还又仅是一种雏形,其规范性法律文件的性质并不明显。

"则例"早在唐代即已出现,在明清两代,是指经皇帝批准的各中央"部委"(具体衙门)制定的并为其官署及其属员所遵守的规章制度。但是,并非所有以"则例"为名的规范性法律文件都具有行政法规性质,例如前述《刑部现行则例》就属于刑事法规。或许可以这样理解《刑部现行则例》的性质:就六部则例的角度来看,《刑部现行则例》是刑部这一特定部门办理刑狱事务的规章准则,具有行政法规性质;就《刑部现行则例》本身来看,其规定的仍

---

〔1〕 郭建、姚荣涛、王志强:《中国法制史》,上海人民出版社2006年版,第93~94页。

〔2〕 "事例出朝廷所降,则书曰诏,曰敕。臣下所奏,则书曰奏准,曰议准,曰奏定,曰议定。或总书曰令。"参见《正德大明会典》,凡例。

〔3〕 万明:"明帝国的特性:以诏令为一心",载《学术月刊》2010年第6期。

然是有关刑法与刑罚内容。因此,《刑部现行则例》具有双重属性。毕竟,法律原本就是政治的一部分,而刑例也原本是政例非常特殊的一个组成部分。[1]

"事例" 与 "则例" 大体上同具有行政法规性质,其区别在于:第一, "则例" 较之 "事例" 而言,更为简约、抽象和概括;第二, "则例" 基本汇集了现行的法规,时效性强;第三,清代 "则例" 基本属于单行法规,往往独立存在, "事例" 则往往与当朝会典结为一体;第四,一般 "则例" 是比较纯粹的行政法规,而 "事例" 除具有行政法规性质外,还有融合了诸法性质。[2]

"条例" 是明清两代 "例" 的最为重要的内容。 "条例" 是与明清律典(《大明律》《大清律例》)相对应相匹配的刑事法规。就清代 "条例" 而言, "条例" 部分条文源于前明,多数创于本朝。薛允升认为,清代律文相对于明代律文,增加的条文多于删改的条文,而之所以删改也是因为相关条文 "不宜于时",而条例例文方面,删存保留的也就占四分之一到三分之一的比例,原因在于 "律有定而例无定"。[3]

"事例" 一旦被进一步抽象化、概括化,经过一定的立法程序,就能成为 "则例" "条例"。也就是说, "则例" "条例" 可能源自 "事例"。当然, "事例" "则例" "条例" 等,彼此之间并非泾渭分明,可能互有代指。例如,弘治五年,刑部尚书彭韶、鸿胪寺少卿李鐩奏请删定《问刑条例》,即曾指出 "著为事例"。[4]既然彭韶、李鐩将《问刑条例》也称为 "事例",那么,这里的 "事例" 与 "条例" 要么同义,要么表明 "条例" 源于 "事例"。

至于何时 "事" 与 "例" 组成 "事例"、 "则" 与 "例" 组成 "则例"、 "条" 与 "例" 组成 "条例",目前尚未发现确凿例证。但是,我们或许应当从 "事" "则" 和 "条" 本身考察。它们本身已然含有法律、规范的意思。

"事",《说文解字》曰: "事,职也。从史,之省声。"《说文解字》又

---

[1]　元代亦有 "则例",《通制条格》载有《工粮则例》《衣装则例》《抽分则例》等,而《至元杂令》则收有《笞杖则例》《诸杖大小则例》等。就后者而言,《笞杖则例》《诸杖大小则例》显然系属 "刑例"。

[2]　陈一容: "清'例'简论",载《福建论坛(人文社会科学版)》2007年第7期。

[3]　"窃查本朝之于明律,增注者多而删改者少,其删改者,皆不宜于时也。至于条例,则删存者不过十分之二三,盖以律有定而例无定故也。" 参见《虚直轩外集》卷五。

[4]　彭韶、李鐩指出: "刑书所载有限,天下之情无穷。故有情轻罪重,亦有情重罪轻,往往取自上裁,斟酌损益,著为事例。" 参见《明孝宗实录》卷六十五, "弘治五年七月壬午" 条。

曰:"史,记事者也,从又持中,中,正也。"《尚书·吕刑》言:"惟良折狱,罔非在中。"《左传·文公元年》言及:"举正于中,民则不惑。""中"意味着法律典籍或被认为是正确的行为规范。"史"与"中"同义,"事"与"史"同义。因此,"事"意味着法律规范或者起法律规范作用的行为准则。《左传·召公六年》言及:"昔先王议事以制,不为刑辟。"意即,过去先王讨论案例(判例、故事),然后作出决断,从不预设何为违法犯罪、如何制裁违法犯罪的法律。后人将"事"与"例"结合成"事例",理应强调其规范的意义。

"则",《说文解字》曰:"则,等画物也。""则"字"从刀、从贝",而"贝,古之物也"。"则"是使物品同质同值,便于识别价值等大小的"等画物",暗含平等、均一之义。《国语·鲁语上》:"毁则为贼。"违反法律的是贼。因此,"则"包括法律规范之义,与"例"组成"则例"仍然强调其法律规则之义。

"条",《战国策·秦策》言及:"科条既备,民多伪态。"此处"条"已含有条款、项目之义。后世《北齐律》以"科条简要"而著称。《旧唐书·刑法志》载于志宁等人回答高宗时曾称"科条极众"。[1]"条"具有法律规范的意义,其与"例"组成"条例",仍然含有法律规范的意义。《唐律疏议》"杂律"云:"诸篇罪名,各有条列",[2]即指唐律律条。宋仁宗时期,纠察刑狱刘敞指出:"朝廷旧法,不许用例破法,今顾于刑狱极谨、人命至重之际,而废条用例,此臣所不喻也。"[3]此处"条"与"例"被分别提出,表明两者有所区别,"条"指法律条文,"例"指事例、案例。《宋史·徐处仁传》载右丞相徐处仁曾论及"条""例"和"条例"的关系。[4]可见,"条"与"例"有别,"例"对"条"进行补充、补位,"无条例"虽将"条"与"例"并称,两者仍然存在不同。明清时期的"条例"已是偏义复词,侧重

---

〔1〕"永徽六年……左仆射志宁等对:'旧律多比附断事,乃稍难解。科条极众,数至三千……'"参见《旧唐书·刑法志》。

〔2〕《唐律疏议》,刘俊文点校,法律出版社1999年版,第516页。

〔3〕《续资治通鉴长编》卷一百九十,"仁宗嘉祐四年七月庚申"条。

〔4〕"初,处仁为右丞,言:'六曹长贰,皆异时执政之选,而部中事一无所可否,悉禀命朝廷。夫人才力不容顿异,岂有前不能决一职而后可共政者乎?乞诏自今尚书、侍郎不得辄以事诿上,有条以条决之,有例以例决之,无条例者酌情裁决;不能决,乃申尚书省。'会处仁以忧去,不果行,及当国,卒奏行之。"参见《宋史·徐处仁传》。

指制定法，而实际上，可以说"条例"已是单纯的成文法。

　　至于不同称谓的"例"是什么关系，本书的初步判断是，其各自产生之初可能确有所指，但是随着朝廷颁布"例"的场合逐渐增多，渐渐淡化了各种"例"之间的区别。例如，"条例"往往多为刑例，"则例"往往多为政例，但是，双方所指义项可能发生某种交叉。

　　首先，就康熙《刑部现行则例》而言，人们通常认为其属刑例，但是，《刑部现行则例》本身也是刑部的部门规章，包含行政方面的规定。因此，《刑部现行则例》具有双重性质，既是刑例，也是政例。就刑部的业务工作性质而言，《刑部现行则例》具有刑事性质，就刑部位列六部之一（属朝廷行政中枢之一部分）而言，《刑部现行则例》同其他五部"则例"一样，具有政例性质。

　　其次，即使考察其他部门的"则例"，其所创制的条文亦未必纯属政例而与刑例无涉。以同治四年校刊的"户部则例"为例，其卷三"户口"部分某些则例条款明显具有刑例性质，即从当代眼光看，具有刑法性质："一、各省山居棚民按户编册，责成地主并保长结报。广东省寮民给牌互相保结，责令寮长钤束，倘窝藏奸宄、容隐不报，查出治罪。其业主招佃及寮丁垦种官山，俱赴官报明案验，准其搭寮耕种。违者，招佃之山主照违令律治罪。垦种寮丁照盗耕田亩治罪。文武员弁，不经心约束，以致窝匪者，均查参究处。"[1]"一、盐场井□，另编排甲。所雇工人，随□户填注。即令约束，责成场员督查。如容留匪类□户，照牌头例治罪。场员参处。"[2]前条规定，对于违反则例要求的山主依照违令律追究刑事责任，对于违反则例的寮丁依照盗耕田亩追究刑事责任。"招佃之山主照违令律治罪"与"垦种寮丁照盗耕田亩治罪"等语，虽未列明"违令"与"盗耕田亩"的具体罪状，但是，从当今刑法的角度来看，这种罪状属于引证罪状，这种法定刑属于援引法定刑，这种刑事责任规范具有附属刑法性质。后条规定，盐场井□所雇工人，应当另编排甲，如有"容留匪类□户"的行为，构成窝藏、包庇，依照牌头例定罪处罚。显然，这种罪状亦属引证罪状，这种法定刑亦属援引法定刑，这种刑事责任规范亦具有附属刑法性质。由此可见，以"户部则例"为代表的各部则例并非

---

〔1〕《户部则例》卷三，户口，同治四年校刊，第274~275页。
〔2〕《户部则例》卷三，户口，同治四年校刊，第275页。

不含刑法规范(亦即并非没有刑例包含其间),而是几乎没有普通刑法规范(直接表明罪状定罪量刑),仅是包含附属刑法规范(属特别刑法规范)。因此,这种则例创制模式,也向人们表明,则例既包含政例,也包含刑例,政例与刑例不存在非此即彼、非黑即白、泾渭分明的界限。值得注意的是,从该户部则例目录部分,我们可以得见各种名称的"则例":"章程""禁例""事例""条款""款目""禁令""事宜""税则""赏例"和"分例"等。由此另见,"禁例""赏例"和"分例"等也是"则例"的一种。这再次证明,各种"例"彼此的界限并不完全清晰,不同的"例"名可能相互指代。[1]

不同的"例"名可能存在互相指代的现象,历代皆有。这种指代,既可是并列关系,也可是包含关系。

例如,元代江西地方政府汇编的《元典章》,以"格例"命名的有"省部减繁格例""设立宪台格例"和"巡禁私盐格例"三处。其中,"设立宪台格例"又设"行台体察等例""察司体察等例""禁治察司等例"与"廉访司合行条例"。由此可见,元代"格例"下分"等例"与"条例"。这初步表明,元"例"虽然名称各异,但是互相指代的可能性极大。《大元通制》载"断例"七百一十七条,多为"纂集世祖以来法制事例而已"。"事例"也称"断例"。

又如,明孝宗弘治五年,刑部尚书彭韶、鸿胪寺少卿李鐩奏请删定《问刑条例》,指出"斟酌损益,著为事例",收集"奏准事例分类编集",最终希望"事例有定,情罪无遗"。[2]彭韶、李鐩等人此段奏言,三度提及"事例",该"事例"显然意指《问刑条例》。

再如,清代五朝会典,康熙、雍正两朝会典,将"则例"附于正文条文之后,乾隆朝将会典与"则例"分开,各自独立编纂,另又编纂《大清会典则例》,而嘉庆朝则将"则例"改称"事例",光绪朝沿用嘉庆会典体例。可见,"则例"与"事例"可以互称。而且,清代"则例"发达,是行政机关

---

[1] 不仅如此,上述《户部则例》目录所存诸项"例"与前文元代"例"的繁多还表明,"例"在不同位阶上并用,即同一部以"例"为名的法律文件内部,其不同的组成部分也会以不同的"例"相称,即"例"可分为"一级例"与"二级例"。

[2] 彭韶、李鐩指出:"刑书所载有限,天下之情无穷。故有情轻罪重,亦有情重罪轻,往往取自上裁,斟酌损益,著为事例。盖此例行于在京法司者多,而在外者少,故在外问刑多至轻重失宜;宜选属官,汇萃前后奏准事例分类编集,会官裁定成编,通行内外,与大明律并用,庶事例有定,情罪无遗。"参见《明孝宗实录》卷六十五,"弘治五年七月壬午"条。

的工作规定，除以六部"则例"为首的各种"则例"外，其他中央国家机关也有则例，例如《理藩院则例》《太常寺则例》和《国子监则例》等，甚至某些机关的工作规定不以"则例"为名但实为"则例"，例如《祭祀条规》《武英殿聚珍版程式》和《兵部职方司简明章程》等，此处"条规""程式"和"章程"是"则例"的别称。

清例对律所起的补充作用，充分体现了"例"在清代法律体系中的重要地位。对此，清人从不同角度阐发了看法。例如，傅贵全认为之所以"国家政刑赏罚见于制度者，谓之例"，端在于"其可为法于天下后世"。又如，白元峰指出，"律"是"例"的"宗"，双方是经传关系，即"律为经"，同时"例为传"，"例"的作用在于"详注律文"。[1]"例"通过对律未涉及之处进行弥补，确立一系列重要的法律原则和法律制度，发挥重要作用。不过也有时人批评"例"的作用。袁枚即认为"律"才是"万世之法"，而"例"不过是"一时之事"，前者"有伦有要"，后者"发于仓促，难据为准"。[2]袁枚进一步指出"例"的弊端，即不可避免的"牵合影射"嫌疑，以及"聪强之官，不能省记"的现实，最终造成司法不公，"惟吏是循"。[3]清人郭麐则指出"例"对于吏胥的意义，一方面"泥于例，则官府吏胥之文移"，一方面"不知例，则乡农村学究之论说"。[4]

（五）明清时期"条例"的性质

对于明清时期的"条例"性质如何，学界存有不同观点。有学者将明清时期的"条例"与普通法系的判例（判例法）相等同；也有学者认为，"条例"属于一种混合法；另有学者认为，"条例"属于成文法。本书认为，明清时期的

---

〔1〕"律是为例之宗，有律为经而例为传者。""设例以详注律文之义。"参见《琴堂必读》卷下，论习幕。

〔2〕"律者，万世之法也；例者，一时之事也。万世之法，有伦有要，无所喜怒于其间；一时之事，则人君有宽严之不同，卿相有仁刻之互异，且狃于爱憎，发于仓促，难据为准。"参见《小仓山房文集》，答金震方问律例书。

〔3〕"若夫例者，引彼物以肖此物，援甲事以配乙事也，其能无牵合影射之虞乎？律虽繁，一童子可诵而习。至于例，则朝例未刊，暮例复下，千条万端，藏诸故府，聪强之官，不能省记。一旦援引，惟吏是循。或同一事而轻重殊；或均一罪也而先后异；或转语以抑扬之，或深文以周内之。往往引律者多公，引例者多私，引律者直引其词，引例者曲为之证。"参见《小仓山房文集》答金震方问律例书。

〔4〕（清）郭麐撰："金石例补"，载（清）朱记荣辑：《金石全例外一种》，北京图书馆出版社2008年版。

"条例" 具备成文法 (制定法) 的特征, 其性质属于成文法 (制定法)。[1]

"条例" 不是判例 (判例法)。中国古籍并未从法律意义的角度使用 "判例" 一语。"判例" 一语最早见于《抱朴子》。[2]今人所称 "判例", 乃是近代中国自西方输入的概念。据学者考证, 清末各种英汉词典均未出现 "判例" 一语, "precedent" 一词的译法诸多, 但未见 "判例" 之译项, 该语作为汉语概念可能源自日本。19 世纪末, 日语开始出现 "判决例" 一语, 甚至用 "判决例" 指代清代 "成案" 制度; 20 世纪初, "判决例" 一语渐渐被 "判例" 一语取代, 且后者用法日趋广泛。与此同时, 因日本学者参与了中国清末法律改革, 所以可能将上述术语带入了国内。[3]

将传统中国法律实践所曾出现的某些具体做法比作判例 (判例法), 很可能会面临难以对接的困境, 导致古今词语的错位。[4]为了研究工作的方便展开, 在欧美强势文化的影响和背景下, 暂用 "判例" 一语指代中国法律发展史上出现的某些法律现象, 殊属可行。"这种方法的优点是由于运用我们熟悉的概念进行论述, 对过去的法概念比较容易理解。但这只是一个方面, 另一方面不可否认的是, 法概念在不同程度上都要受到各自时代的社会、文化、经济体制、法体系等各种因素的制约" (中村正人语)。我们可以将西方的判例 (判例法) 作为认识问题的坐标原点, 借此准确定位我们中国法律发展史上的判例, 进而根据坐标的距离、差异, 不断校准我们对于自身的认知, 并探寻中西之间彼此的差异。[5]

判例与判例法之间存在一定差别, 虽然表述近似, 究属不同事物。判例就其本质而言是案例, 其本身并不具有法律拘束力。判例法是一种法律运作模式, 一种法律制度, 主要是指源于英美法系, 以遵循先例、程序优先于实体

[1] 马凤春: "论明清时期条例的性质", 载《理论界》2010 年第 8 期。

[2] "今五礼混挠, 杂饰纷错, 枝分叶散, 重出互见, 更相贯涉。旧儒寻案, 犹多所滞, 驳难渐广异同无已, 殊理兼说, 岁增月长, 自非至精, 莫不惑闷。踌躇歧路之衢, 悉劳群疑之薮, 煎神沥思, 考校判例, 尝有穷年, 竟不豁了。" 参见《抱朴子》第三十一卷, 省烦。

[3] 王志强: "中国法律史叙事中的'判例'", 载《中国社会科学》2010 年第 5 期。

[4] 刘笃才: "中国古代判例考论", 载《中国社会科学》2007 年第 4 期。

[5] 王志强先生指出: "历史研究在某种意义上都具有比较的意义, 因为在此过程中常常必须借助当下的概念来描述和理解从前。对于中国而言尤其如此, 因为文化的断隔和重塑, 传统的概念和内容都必须以现代的话语加以解说, 才能够使人理解。" 参见王志强: "中英先例制度的历史比较", 载《法学研究》2008 年第 3 期。

等为基本特征的法律制度。两者截然不同。然而，判例法的形成有赖于判例的产生。后者本身虽然仅仅限于一种事实，但如经过一定的实践（如被援引），则往往具备法律渊源的性质，亦即，判例法的形成与运作是一个动态的过程。

就人类历史而言，判例和判例法的实践具有普遍性，但是，这仅仅限于人类社会早期，而后来一直坚持这种判例和判例法实践的恰恰是盎格鲁—萨克森民族。如果准备探讨传统中国法是否曾经实行过判例法制度，则先要理清西方判例法的本质。

英国 "遵循先例" 原则的形成与发展，并非一蹴而就，其实际上经历了一段非常漫长的发展过程，直至 1850 年代前后才最终确立形成。由此可见，久负盛名的英国判例法绝非天生，亦不具有夸张的悠久历史，而是有一个漫长的演变轨迹。而在此前，判例的法律拘束力对于司法人员而言并非具有强制性，司法人员仍然可以不依据判例而自己自由地进行裁判。因此，先例实际上仅具备影响力，并不具备绝对的强制力。在历经数百年的司法审判实践中，为了增强法律的稳定性，法学作品特别是判例集的汇编层出不穷，由此 "遵循先例原则" 才逐渐得以形成。〔1〕

遵循先例原则主要是指遵守判决理由。需要指出的是，遵循先例原则在司法实践中的具体运用并不容易，而是需要借助 "区别技术"——从与具体事实相互交织的各项判例中寻找法律适用规则。而发现和确定法律适用规则的关键在于如何区别判例组成要素的 "判决理由（Ratio Decidendi）" 与 "附带意见（Obiter Dicta）"。其中，判决理由是作出判决的依据与核心，其内容主要包括两项：甲，判决中关系重大的事实；乙，根据重大事实所提出的法律上的判断。因此，判决理由是使判例具有法律拘束力的重要部分。另外，附带意见是指对该判决而言不一定必需具备的法律理由与声明，一般是指对某一种可能性作出的法律上的推论。附带意见没有法律约束力，仅具有说服力。〔2〕尤为重要的是，"判决理由" 的法律拘束力，是就后来所发生的相同或类似案件而言，并非针对本案。

如果借用判例（判例法）等概念来描述中国法律发展史上的某些具体法

---

〔1〕 叶秋华："论英国法制传统的形成与英国法体系的确立"，载南京师范大学法制现代化研究中心编：《法制现代化研究》（第六卷），南京师范大学出版社 2000 年版。

〔2〕 叶秋华："论英国法制传统的形成与英国法体系的确立"，载南京师范大学法制现代化研究中心编：《法制现代化研究》（第六卷），南京师范大学出版社 2000 年版。

律实践，人们可能比较容易接受。但是，判例在中国法律发展史上始终处于次要地位，占据主要地位的一直是制定法（成文法）。

判例法明显有别于成文法。明清时期的"条例"不是判例（明清时期的法律实践也不是判例法），"条例"经较为严密的立法程序而创制产生，具有成文法性质。以明代《问刑条例》为例，其产生过程须经过以下三个方面的立法程序：第一，"奉诏查议"，即臣僚奉皇帝之命准备立法工作，类似当代社会立法过程中的法案草拟，由刑部、都察院与大理寺等三法司，根据诏旨精神，着手提交修例草案。第二，"奉旨会议"，即奉皇帝之命，汇集相关官员一起开会，类似当代立法活动中的审议法案，刑部、都察院与大理寺等，会同各部官员、通政使司官员，"将前项条例查照明白，再加议处停当，理合开陈具奏，伏候命下之日刊行。内外问刑衙门，问拟罪因，悉照此例施行，永为遵守等因，开坐具题"。第三，修改颁布，类似现代立法的表决程序和法案公布。[1]

判例法的本质在于审判人员造法。显然，明清两代的"条例"完全是遵循当朝律典的创制而产生。当时，朝廷虽然并不存在基于权力划分而产生的立法代议机关、行政执行机关和司法审判机关，并且还具有司法行政混一的机关结构，但是还是大体设置有与当代意义的机关主体相对应的机构。法司奏言、臣僚会议等，实际上具备了立法代议机关的作用，帝王的最终批准（认可）也如同当代国家元首（总统或者国家主席）签署使之生效。归根到底，帝王皇权牢牢掌握帝国的最终立法权。[2]

"条例"是否是判例法向成文法过渡的一种法律形态？郑秦先生将《现行则例》称为"中国特色的判例法"，[3]这种观点有其合理之处。

---

[1] 苏亦工：《明清律典与条例》，中国政法大学出版社2000年版，第192~193页。

[2] 王志强先生指出："中国古代具有悠久的制定法传统，但参考前例裁断案件的现象不绝如缕。这是成文法有限性与客观案件复杂性之间的紧张关系所带来的必然结果。""……在皇权不断加强的情势之下，皇帝不可能将创法之权如此轻易地随意假手于人。"参见王志强："中英先例制度的历史比较"，载《法学研究》2008年第3期。

[3] 郑秦先生认为："康熙《现行则例》的成立，几乎取代了《大清律集解附例》（顺治律例）的地位，这是判例法的胜利，还是一部新'法典'的诞生？如果将《现行则例》作为判例法看待，其特征最明显不过的是保留有具体的案例……如果说《现行则例》具有判例法的性质，那么这也是一种中国特色的判例法。在这里，中国特色的判例还不只是形形色色的案例汇集，更重要的是将典型案例奏准成为普通适用的法条，条例、则例的产生就是如此，每一条例的背后都会有一个生动的案件或事例。"参见郑秦："康熙《现行则例》：从判例法到法典化的回归"，载《现代法学》1995年第2期。

首先，在封建专制时代的传统中国，帝王始终牢牢掌握帝国的最终立法权，其不可能将权力下放，也不可能假手他人进行立法。各种形式的立法文件，其生效必须以帝王批准（认可）为前提。帝王是立法活动主体的一部分，并且是最为关键的那部分。故而，以康熙《刑部现行则例》为代表的各种"条例"是经过立法活动产生的。于是，明清两代"条例"就具备由立法代议机关创制成文法的特征。而前文已述，判例法的本质在于审判人员造法，这在封建专制时代的传统中国显然是不可能的，这就排除明清两代所立"条例"单纯属于判例法的可能。

其次，郑秦先生所言"已发的个案"属于"典型的判例"，其最终"成了可引用的法条"[1]，这一观点并不能直接说明康熙《刑部现行则例》已经属于具有"中国特色的判例法"。此中原因在于，当相关案例本身载入《刑部现行则例》时，该案例即已成为立法的一部分，而不再是关于案例的简单描述。从另外一个角度进行观察，我们看到康熙《刑部现行则例》行文语言的抽象性和概括性程度均较低，不过并不能因此否认其含有成文法因素。因为，任何一个社会的成文立法，都会经历一个具体到抽象的过程。不能因为立法条文本身缺乏高度抽象性，就否认其所含有的成文法因素。另外，法律文本既然载有具体案例，那么该案例就具备相应的法律效力，具备拘束力。这与前文所述西方判例法的"判决理由"针对后案具有拘束力的事实不符。[2]

姚旸先生认为，清代刑事条例的性质倾向于"法律规则"，兼具成文法与普通法的特点，但不能将其随意划入任何一类中。[3]。这种观点颇具道理。从当代法理角度进行分析可知，"法律规则"不可能独立于法律规范之外存在，因为"法律规则"需要借助"法律规范"加以体现。只不过，对于包括

---

〔1〕 郑秦："康熙《现行则例》：从判例法到法典法的回归"，载《现代法学》1995年第2期。

〔2〕 对此问题，苏亦工先生指出："理解了英美判例法的特征，我们再来衡量明清时代的条例，包括康熙《现行则例》，就会发现，尽管有些条例包含有生动、具体的案情，但仍然属于文本的体系，是供法官在审断案件时直接引证的文本依据而非归纳法律原则的出发点。"参见苏亦工：《明清律典与条例》，中国政法大学出版社2000年版，第214页。

〔3〕 姚旸先生认为"清代刑事条例兼有成文法与普通法的某些特点，但不可将其归入两者中的任一种，为清代法律中的例贴上现代法源形式的标签，这本身就是毫无意义的，笔者更倾向于将这类条例称为'法律规则'，以更纯粹客观的角度对其进行考查"。参见姚旸："清代刑案律例发展的内因浅析"，载《历史档案》2007年第2期。

清代法律在内的传统法律，不能完全用近代以来舶自西方的法学理论生硬地进行一一对应，否则将造成"削足适履"的尴尬境地且不易使问题获得更好的澄清。虽然历来对人命极为重视，但古代中国没有人权概念。当时的律法并未规定臣民的权利义务，更不可能规定国家机关特别是皇帝的行为准则。传统法律不具有双向的权利义务——臣民享有什么样的权利就承担什么样的义务，而是单向性的义务指示——臣民该做什么以及不做什么将遭受什么样的不利后果。皇权是不受法律条文的明文制约的。[1] 寺田浩明先生认为"成文法从根本上讲不过就是统治机构内以官吏作为控制对象的内部规范，或者说是官吏执行职务的准则、王者治理天下的工具"。[2] "在制度的整体上看，清代的成文法并不具有西洋意义上法的概念所包含的'为人民和统治者所共有的社会规范'这一性质，即并不是一方面要求人民直接以此作为自己的行为准则，另一方面又能援用来进行权利主张的法。"[3]古代中国的人民不是执法的主体，而是执法的客体。官员的执法，也不是臣民权利义务的实现，而是依照皇权，根据规章制度办事。至于作为办事依据的律法具体表现形式则不是问题的关键，关键是有这样的依据。既然如此，那么作为办事依据的律法可以有不同的表现形式，例如具有相对高度抽象性的律典，又如具有相对较低抽象性的各种各样的"例"，其间包括抽象性很差的"例"，这会使人认为传统法律采取"混合法"模式。但是事实上，不管是律典还是"例"，甚至其他的所谓法律形式，都是朝廷的办事依据，都是实现皇权的凭依，其抽象度高低则非问题的关键。中国古代的法制就其本质而言，乃是一种刑赏制度，是帝王御人（臣民）之术的器物。[4]

---

〔1〕　滋贺秀三先生曾就中国法文化指出："……这里所谓的法正是'官僚制的法'，是官僚机关的内部规则，是以皇帝的意志为唯一源泉并作为制约官僚的手段而建立的法。这种法并不是即将被问罪的当事者可以对其存在和解释的妥当性进行争议的法。"〔日〕滋贺秀三："中国法文化的考察——以诉讼的形态为素材"，王亚新译，载王亚新、梁治平编：《明清时期的民事审判与民间契约》，法律出版社 1998 年版，第 12 页。

〔2〕　〔日〕寺田浩明："日本的清代司法制度研究与对'法'的理解"，王亚新译，载王亚新、梁治平编：《明清时期的民事审判与民间契约》，法律出版社 1998 年版，第 120 页。

〔3〕　〔日〕寺田浩明："日本的清代司法制度研究与对'法'的理解"，王亚新译，载王亚新、梁治平编：《明清时期的民事审判与民间契约》，法律出版社 1998 年版，第 120 页。

〔4〕　赵旭："论北宋法律制度中'例'的发展"，载《北方论丛》2004 年第 1 期。

清代刑事条例（"条例"、刑部现行则例等），就是这些"法律规则"的载体。借用近代以来舶自西方的法学术语描述传统中国法的法律现象，这一做法并不完全合适。但是，近代以来关于学术语汇的话语权本身就舶自西方。况且，假如没有这些舶来的语汇，我们可能在很多领域的学术研究上，无法开口，无从置喙。假如不应"为清代法律中的例贴上现代法源形式的标签"的话，那么，我们就应当具有属于自身的表达方法。在这一表达方法暂时缺乏的眼下，不妨仍然借用已经约定俗成的术语描绘我们自身的历史（当然依旧是西方起主导作用的话语体系）。我们可以在平面坐标图上，以源自西方的近现代法学用语作为基点，由此判断我们的方位，进而在这种背景下准确认知自己，同时把握中西差异。

综上所述，明清两代的"条例"，其属性更多地还是接近成文法。因为，"条例"的创制在根本上受制于皇权。将其看作"判例法向成文法的过渡形态"也是从表面观察的结论，具有一定道理，但并不准确。以明清时期的条例管窥传统法律，可以发现，传统法律是"官僚机关的内部规则"（滋贺秀三语），是"王者治理天下的工具"（寺田浩明语）。

（六）明清时期律例关系的评价

自汉代中期以来，律"制"日益简约，律"义"日益深邃，律的体系日益规范，其篇目数量和条文数量总体呈减少趋势。其间，律"义"的日益深邃，也推动了律的体例更为完善，条文更加规范。[1]薛允升认为"律与经相辅而行"。[2]包括唐格、宋敕、明清例在内的一切法律形式，均属于变通的法律形式，丝毫不影响律的稳定性。

对于律例关系，清人王明德曾言："……定例新例，虽云本朝所特重，然其因时变通，随事致宜，又皆不外正律及名例为权衡。夫非例律并行不悖，律非例不行，例非正律不著之的据，是岂愚之独为好异以欺世，而为是聒聒，以眩众听为耶？知此，则知前贤所以定乎例之义矣。知例之所以为例，不愈知律之所为律也乎？"[3]这一评价自然适用于明清时期的律例关系。

---

〔1〕 马小红："中华法系中'礼''律'关系之辨正——质疑中国法律史研究中的某些'定论'"，载《法学研究》2014年第1期。

〔2〕 （清）薛允升：《唐明律合编》，法律出版社2001年版，例言。

〔3〕 （清）王明德：《读律佩觿》，法律出版社2001年版，第25页。

从当代 "普通法—特别法" 的关系角度来看，律是普通法，例是特别法。[1]根据特别法优先于普通法适用的原则，当特别法的具体规定不同于普通法时，应当适用 "例"，而非 '律'。这不能说明例废置律，而仅仅说明其优先适用性。从 "基本法—补充法" 的角度来看，律是补充法，例是基本法。例对某些犯罪的构成要件有着特别的要求，"古人认为罚必当罪，各种情况，各种身份，特别是服制，必须加以区别，而定罪名，力求确切不移，情罪相当……但情伪无穷，而法典中的律文不足以包罗万象，恐法外遗奸，或情罪不当，因此针对不同情况而有例"，[2]这种要求往往超出了律的规制，要求比律详尽的法律形式，对犯罪的构成要件也有着特别的需求，"例" 作为基本法会满足这些要求。而当某些犯罪的构成要件达不到相关例文的要求时，律文作为补充法予以补位，加以规制。律与例较为和谐地并存，共同成为帝国法网的有机组成部分。

即使当代社会也不能完全避免律例冲突的法律现象。现行《中华人民共和国刑法》第一百零一条即有规定。[3]《刑法》是普通法，其他特别刑法（单行刑法、附属刑法）是特别法。当出现法条竞合现象时，其他特别刑法优先于《刑法》得到适用。当代的法制实践尚且如此，身为立法技术较今日落后的古人更不会例外。虽然古人没有 "普通法（补充法）""特别法（基本法）" 这些概念、术语，但不代表他们没有与之相应的意识、观念。"例以补律" 即是以例为特别法的表现，"有例则置其律" 表明作为特别法的例优先于律文得到适用，"与律义相合" 就是例不能违背律的基本原则的准则。

《清史稿》将清代律例关系评述为 "有例不用律，律既多成虚文"，并将

〔1〕 关于律例之间 "普通法—特别法" 的关系，织田万先生曾经指出："……律与例皆出自圣旨敕定，故两者均为表示统治者之意思。至其效力，无有差等，其理固然。然则，两者之间，近世所谓普通法、特别法之差别关系，不俟吾言而自明矣。" 参见［日］织田万撰：《清国行政法》，李秀清、王沛点校，中国政法大学出版社 2003 年版，第 58 页。另外，胡兴东先生从比类司法的角度出发看待"法无正条"的法律适用问题，他认为，"法有正条" 时，类型化的行为模式跟待判案件之间行为类型存在 "重、体、合" 的关系时，直接适用 "正条" 判决，"法无正条" 时，待判案件跟法律规范之间只存在某些类似，则有规范选择适用问题。参见胡兴东："比、类和比类——中国古代司法思维之研究"，载《北方法学》2011 年第 6 期。
〔2〕 瞿同祖："清律的继承和变化"，载《历史研究》1980 年第 4 期。
〔3〕 《刑法》第 101 条规定："本法总则适用于其他有刑罚规定的法律，但是其他法律有特别规定的除外。"

清例比附为宋敕。[1]当代学界亦有学者赞同这种评述。[2]但是，人们对于清代律例关系（包括清例）的评价，既有其全面、正确的一面，也有其片面、错误的一面。

首先，宋敕与清例都是灵活、变通的法律形式在各自时代的具体表现。宋初"律敕并行"，断案的依据在于律文，"律所不该"，即律文缺乏相应规定，才能"以敕令格式定之"，用敕令格式作为断案依据。将清代定例比附为宋敕的观点，有其道理。宋代律敕关系完全同于清代的律例关系，宋敕和清例都是个案考量的立法产物，都属于成文立法。就宋代律敕关系而言，律是普通法（补充法），敕是特别法（基本法）。清例与宋敕一脉相承，都是灵活、变通的法律形式在历史中的表现。

其次，"有例不用律，律既多成虚文"，这种评述认为用例废律，夸大律文与例文的冲突，其实这并不符合清代实际律例关系。因为，律不被引用并不表明其丧失法律效力，没有被引用的法律条文只是因为缺乏适用的机会，需要等待一定条件予以"激活"。况且相当多的律文并不附例，这种情况下只能适用律文，因此律文根本不可能成为"虚文"。而且，是否"有例不用律，律既多成虚文"需要从立法和司法两个角度来加以观察、考量。

第一，从立法的角度看，清代律的地位高于例，因为王朝的威严只能用律来进行表征。例仅起辅助作用，既然起辅助作用，则不可能"越位"，也不可能使得"律既多成虚文"。律是满清统治者标榜自己统治正统与合法的强有力手段，而且对于清廷统治者而言，其需要借助律文宣示"主权"，哪怕这种利用律文律典的行为仅仅是一种表面文章。因此，律文成为清廷统治者的不二选择，是其政治法统的最重要的载体。

第二，从司法的角度看，清代的例得到适用的机会往往多于律，这恰恰表明二者之间的关系是特别法（基本法）与普通法（补充法）的关系。例是

---

[1] "盖清代定例，一如宋时之编敕，有例不用律，律既多成虚文。而例遂愈滋繁碎，其间前后抵触，或律外加重，或因例破律，或一事设一例，或一省一地方专一例，甚且因此例而生彼例，不惟与他部则例参差，即一例分载各门者，亦不无歧义。辗转纠纷，易滋高下。"参见高潮、马建石主编：《中国历代刑法志注译》，吉林人民出版社1994年版，第1010页。

[2] 例如，有学者认为"清朝例地位的提高和'有例不用律'法律适用原则的确立，使作为国家大法、常法的律的效力降低到了历史的最低点，相当多的律文沦为具文……这就使得原本就不足为常法的例的适用，为贪官污吏徇私枉法、上下其手、故意出入人罪留下了很大的空间"。参见赫晓惠："试析大清律中例的地位和作用"，载《新乡师范高等专科学校学报》2001年第2期。

作为特别法（基本法）优先得到适用，例的优先适用并不能说明律文当然地不被适用，更不能说明“律既多成虚文”。律仍然存在，仍然具有效力，只是在某些场合下让位于例来发挥效力，而之所以是“让位”，是因其具有法律效力。除这些场合外，律当然地发挥自己的法律效力，无须其他因素介入即可对社会加以调整。这深刻地说明律是普通法，律是补充法（在例文存在的时候让位于后者发挥效力，在例文不存在的时候独立发挥效力）。

再次，律不可能从根本上被例取代，因为例以律为存在前提，没有律的存在，也就没有例存在的必要和基础、前提。

其一，就其本身文字表述来看，相当数量的例本身并无独立意义。从当代法理学的角度看，一项法律规范需要具备假定、处理、制裁三要素方才成立。而清代某些例文是没有具体的“制裁”部分的。例如，部分例文在“制裁”部分规定“依律治罪”“依律问发”“照本律定拟”或者“照律收赎”。[1]借用当代的刑法理论进行描述的话，这些规定实际上属于援引法定刑或者附属刑法。如果没有被援引的对象（相关律文之法定刑），特定例文即丧失其法律规制的意义，正所谓“皮之不存，毛将焉附”。另外，还有些例文的“制裁”部分规定得更为具体，例如“照……律分别治罪（拟……）”，这种规定的援引性、附属性更为明显。因此，这些例文，都是以相关律文作为其有效存在的前提的。

其二，有些律文并不附例。这些不附例的律文当然只能独自承担适用的功能，因为无例可援。例如，同治年间《大清律例》律文四百三十六条，附例一千八百九十二条。其中，各条律文所附例文数量参差不齐，多者数十条，少者三两条，另有大量律文并不附例。在不附例的情况下，起作用的当然只能是律文本身，例文都不存在，当然更根本不可能取代律文而得到适用。这些并不附例的律文更为重要地说明，明清时期法制的运作，可以无例，不可无律。

另外，有学者认为，清代的例的作用甚至超过了律，同时认同律为普通法、例为特别法。[2]本书认为，论者将律理解为普通法、例理解为特别法的

〔1〕 吕丽：“例以辅律 非以代律——谈《清史稿·刑法志》律例关系之说的片面性”，载《法制与社会发展》2002年第6期。

〔2〕 夏红永：“清代的律、例、令初考”，载《池州师专学报》2006年第6期。

观点是可取的，但是其认为例的作用超过律的观点则是值得商榷的。因为，律是一代王朝的"治国章法"，象征统治的正当性、合法性，是"祖宗崇拜"的重要载体，这些都是例所无法比拟的。另外，律是稳定的法律形式，例是变通的法律形式，尽管例作为特别法在某些情况下获得优先于作为普通法的律的适用，但是这仅能说明其优先适用性，而非表明其地位最高，其最为重要。而有些学者认为清代"律"的地位降到历史的最低位置的观点，[1]更是对清代律例关系的误读。

诚然，个别律文在一定情况下存在成为具文的可能性，但是我们需要具体分析这些条文成为具文的原因。成为具文的律文分别有暂时性和永久性两种，其实际情况相当复杂。具体如下。

第一，有的律文属于暂时性成为具文。例如，那些因时、因地制宜的条例变通律文即是明证。这类条例在特定的时间、特定的地域取代律文，犹如当代法律体系中的特别法，在特定的时空条件下发挥效力，原有律文"冻结""休眠"，中止效力。但是一旦时空条件发生改变，例文即失去效力，律文重新恢复适用。以《大清律例·刑律》"劫囚"条所附条例之二为例，此条例文说得很明确，"若数年后，此风稍息"，则"请旨仍复旧律遵行"，恢复过往的做法，也就是说，"此风稍息"是该条例文停止适用、律文重获适用的条件，而"官司差人捕获罪人，有聚众中途打夺，殴差致死"是例文适用所针对的具体情形。[2]

第二，有的律文属于永久性成为具文。"有的律文因而不再有效，等于废除。清代法律有相当多的变化，有些变化相当重要，例如，祖父母，父母许令子孙分财异居者听。姑舅两姨姊妹为婚，等等。"[3]在此类情况下，例文取代律文获得适用，律文成为具文，但是这些律文也并非自始至终属于具

〔1〕 赫晓惠："试析大清律中例的地位和作用"，载《新乡师范高等专科学校学报》2001年第2期。

〔2〕《大清律例·刑律》"劫囚"条所附条例之二规定："官司差人捕获罪人，有聚众中途打夺，殴差致死，为首者不论曾否下手，拟斩立决。为从下手，致命伤重致死者，绞决。帮殴有伤者，不论他物、金刃、拟绞监候。随同拒捕，未经殴人成伤之犯，改发极边，足四千里充军。其伤差未至死者，首犯仍照律拟绞监候。但经聚众夺犯，虽未伤人，首犯亦照因而伤人律，从重拟绞。为从之犯，仍照律坐罪。若数年后，此风稍息，请旨仍复旧律遵行。"参见胡星桥、邓又天主编：《读例存疑点注》，中国人民公安大学出版社1994年版，第443页。

〔3〕 瞿同祖："清律的继承和变化"，载《历史研究》1980年第4期。

文，它们曾经具有法律效力，也发挥过规制作用，统治者创制它们的时候，是期待它们能发挥调整社会、碉保社稷的作用的。然而，毕竟这样的律文在整部《大清律例》中，属于极少数。而且，统治者并未将它们从律典中删除，而是将其与其他条文一同作为王朝的象征予以保留。这种保留还是具有一定功用的。所以，认为"律既多成虚文"的观点过于夸张，并不符合史实。

（七）关于清代"通行"

清代在律例、成案之外，尚有"通行"。关于"通行"的性质，学界众说纷纭。

第一种观点认为"通行"属制定法。沈家本先生指出："律者，一成不易者也；例者，因事制宜者也。于律例之外而有通行，又以补律例之所未尽也。"[1]沈家本先生认为"通行"同于律例，属制定法，即派生例。王锺翰先生在沈家本先生观点的基础上，进一步指出："律者，一成不易者也；例者，因事制宜者也。于律例之外而有通行，即所谓《章程》者，又以补律例之所未尽也。"[2]其观点与沈家本先生观点无甚根本区别，仅是将"通行"进一步限定理解为"章程"。同时，郑秦先生认为："如果需要，刑部可以颁布'奏准通行'的条例。这种'刑部通行'的条例，虽尚未正式编入律例，或不宜正式编入律例，但因其'通行'而不失其法律效力。"[3]他所提及的"刑部通行"并未言明是否只有刑部有权创制"通行"而其他部门无权创制"通行"。"'奏准通行'的条例"一语表明郑秦先生认为"通行"属制定法（派生例），还表明刑部虽为创制主体，但须经过皇帝批准（"奏准"）。郑秦先生进一步指出："成案指未经刑部通行的案例，是条例的另一种重要补充形式。乾隆律既以'比引律条'入律，正式宣布'余可例推'，这就不可避免的要运用'成案'。所谓成案，就是案例，已经判决生效的案例，很类似英美法系的判例。成案与刑部通行条例有区别，但互不排斥。刑部通行是具有概括效力的法律条文，是没有正式编定的条例，而成案作为具体案件的记录没

---

〔1〕（清）沈家本：《历代刑法考》，中华书局 1985 年版，第 2220 页。

〔2〕王锺翰："清代则例及其与政法关系之研究"，载王锺翰：《清史补考》，辽宁大学出版社 2004 年版，第 83 页。

〔3〕郑秦："乾隆五年律考——律例定型与运行中的条例"，载郑秦：《清代法律制度研究》，中国政法大学出版社 2000 年版，第 64 页。

有概括性。通行条例是刑部制定的'官法',而成案则不限朝野都可以编辑刊行。"[1]郑秦先生明确"刑部通行是具有概括效力的法律条文",且将"通行"与"条例"并称连用。从郑秦先生的论述来看,"刑部通行"并非单纯地将司法判决案例奏请皇帝批准而颁布全国,而是对司法判决案例进行抽象概括,将其以制定法的面目创制出来。

第二种观点认为"通行"属判例法。日本学者织田万先生认为:"则成案之为通行案者,在其实质,则与条例则例同,准许引用。其未通行案,则徒为判决例,不准引用。"[2]在其看来,不得引用未经通行之案(案例);通行之案,准许引用,实质与条例同。因此,织田万先生认为"通行"是判例法(即本书所言原生例),其表现形式为成案(案例),但是经过通行允许引用,即官方赋予成案可以适用的法律效力。需要注意的是,未经通行之成案仅仅是单纯的案例(判决例),即本书所比喻的"标量",不能作为判案依据。织田万先生所谓"成案之为通行案者,在其实质,则与条例则例同",其着眼点不在于成案与条例、则例的外在表现形式,而是强调在"准许引用"即作为法律适用依据、法律渊源这个意义上,通行之成案与条例、则例同。而寺田浩明先生借滋贺秀三先生之口表达其对于"通行"的性质认识:"滋贺氏的研究阐明,皇帝如想将某个裁决(某个量刑的轻重)应用到以后的同样的犯罪时,就会在表示此案具体处理内容的谕尾写明'嗣后如遇此等案件,均照此案办理。将此传谕知之''嗣后以……为例'。接到这样的指示后,记载着此次案件内容和处置的文书就会被制作并发放给全国的审判担当部门,这叫做'通行'。此后,官员们在处理同样的案件时就有义务跳过已有的律例文本而引用通行。而且每隔几年,这些'通行'就会被整理总结为条文公布。这实际上就是附载于律的'条例'的来历。"[3]"通行"就是"记载着此次案件内容和处置的文书",显然是以案例的形式呈现并被赋予了法律援

---

〔1〕 郑秦:"乾隆五年律考——律例定型与运行中的条例",载郑秦:《清代法律制度研究》,中国政法大学出版社 2000 年版,第 66~67 页。

〔2〕 [日]织田万:《清国行政法》,李秀清、王沛点校,中国政法大学出版社 2003 年版,第 74 页。

〔3〕 [日]寺田浩明:"清代刑事审判中律例作用的再考察——关于实定法的'非规则'形态",曹阳译,载张世明、步德茂、娜鹤雅主编:《世界学者论中国传统法律文化(1644—1911)》,法律出版社 2009 年版,第 90 页。

引效力。[1]

第三种观点认为“通行”介乎制定法与判例法两者之间。这是一种折中观点。例如，美国学者 D·布迪和 C·莫里斯认为：“如果刑部认为某些成案或者皇帝针对某些成案而发布的诏令具有特别的重要性，就可以将其定为‘通行’。被定为‘通行’的成案或诏令，在全国各级司法机构都具有法律上的指导意义。‘通行’中的一小部分将被律例馆在修订《大清律例》时，作为新例编入法典（律例馆每五年左右修订《大清律例》一次）。”[2]在他们看来，“通行”源于成案和皇帝诏令，即成案和皇帝诏令均可由刑部定为“通行”，用以指导各地司法机关的办案实践。同时，从他们的观点中，我们可知，“通行”的创制主体是刑部，其并未言明“通行”是否经皇帝允准，即在“通行”的创制主体上与何勤华先生等学者有观点区别。[3]

以上均是近代以来学界的“通行”论述及见解。考察历史情境，刑部曾经认为：“各直隶省通行，系律例内所未备载，或因时制宜，或随地立法，或钦奉谕旨，或奏定章程，均宜遵照办理者也。”[4]由此看来，“通行”既是“因时制宜”“随地立法”的产物，也是“钦奉谕旨”“奏定章程”的结果，即自上而下的皇帝旨意和自下而上的臣工条奏都是“通行”的来源。由此可见，“通行”并非仅限于章程，故王锺翰先生的观点有失偏颇。“通行”是对律例的补充，“系律例内所未备载”，其来源众多，是官方“均宜遵照办理”的断案依据。

---

〔1〕 另外，何勤华先生指出：“成案有广狭两义。狭义的成案是在律例无规定时比照其他律例条文而形成，并经皇帝批准后通行全国。而广义的成案，则指以前各级司法机关（主要是刑部）做出的判例。其中，有些经秋审定下的命案，虽然没有被定为‘通行’，但因为其判决都已经皇帝过目认可，故事实上也常常为各级审判机关所适用。”参见何勤华：“清代法律渊源考”，载《中国社会科学》2001 年第 2 期。何勤华先生是在阐述其对成案的理解时，顺带指出“通行”的性质的。他认为，“通行”是被皇帝批准的成案，即“通行”属判例法，在这一点上与织田万先生观点相同，而且何勤华先生明确认为“通行”经皇帝批准而得到全国范围内的适用。

〔2〕 ［美］D·布迪、C·莫里斯：《中华帝国的法律》，朱勇译，江苏人民出版社 2004 年版，第112 页。

〔3〕 另外，胡震先生认为，清代“通行”既不同于“例”，也不同于“成案”，还不同于“章程”，是清代一种独立的法律形式，作为律、例的补充。参见胡震：“清代‘通行’考论”，载《比较法研究》2010 年第 5 期。此外，高进先生也认为清代“通行”是律例“重要的补充形式”，是“清代司法文书的重要表现形式”，但未就“通行”的性质进行具体界定。参见高进：“清代司法文书‘通行’功效考”，载《兰台世界》2011 年第 13 期。

〔4〕 转引自（清）祝庆祺等编：《刑案汇览三编》，北京古籍出版社 2004 年版，第5~6 页。

据《钦定户部则例》载："……查先经吏部会臣等衙门议覆原任贵州巡抚周人骥条奏——各部院衙门未纂例案繁多请敕编辑成书刊刻通行以便遵守——当经臣部奏准将有关成例案件拣派司员参校，分门别类逐一编辑成书，于乾隆四十一年告竣颁发……应嗣后每届五年续纂一次等。因计自乾隆四十一年至道光元年先后十次纂辑成书，颁发各直省在案。"[1]这段文字说明三个问题：第一，"通行"的制定主体不限于刑部，户部亦可（同理可推知吏、礼、兵、工等部亦有"通行"）颁行，且须"经臣部奏准"，即皇帝批准。第二，"通行"的草拟主体在于各部院，但是须经皇帝批准（"臣部奏准"），因此，"通行"的最终创制主体仍在于皇帝，这恰恰说明专制时代的立法权最终由皇权独占。第三，从周人骥条奏"各部院衙门未纂例案繁多请敕编辑成书刊刻通行以便遵守"来看，"未纂例案"既包括成文的"例"，也包括不成文的"案"，而"编辑成书刊刻通行以便遵守"即意味着最终以"通行"表现出来的成果既有成文之"例"也有不成文之"案"。

另据《沈家本未刻书集纂》"刑案删存"卷二江苏司同治九年"议覆御史条陈清厘例案"载："臣部历来成案暨一切新定章程，尚不致俨然与例相背，且新章一出，旧例已成虚设，中外不复引用。"[2]作为"通行"的"章程"能够代例而发挥法律效力，后者"虚设"。又载："其远年成案，并近年所定章程，曾经奏准通行者，另立簿册照钞存案，以备引用，毋得稍有遗漏偏差。至并未通行各案，一概不许引用，以杜弊混。"[3]这里非常明显地将"成案"与"章程"并列为"通行"来源，且强调"并未通行各案，一概不许引用"，表明"通行"的表现形式，既有表现为案例的"成案"，又有表现为制定法的"章程"，因此，"通行"既有原生之例，又有派生之例。

由上可见，"通行"既有本书主张的原生例，又有本书主张的派生例。因此，对于清代"通行"，采用折中的观点为宜。

另外，从《大清律例》本身也可找到有关"通行"的规定。《大清律例》

---

[1] 转引自苏亦工：《明清律典与条例》，中国政法大学出版社 2000 年版，第 204 页。

[2]（清）沈家本撰，刘海年、韩延龙等整理：《沈家本未刻书集纂》，中国社会科学出版社 1996 年版，第 958 页。

[3]（清）沈家本撰，刘海年、韩延龙等整理：《沈家本未刻书集纂》，中国社会科学出版社 1996 年版，第 958 页。

"断罪引律令"条〔1〕所附条例之四（乾隆五年创制）〔2〕规定：成案如若未经通行著为定例，禁止适用，否则，官司承担法律责任；如果督抚审理案件发现某些成案可以作为判案依据，需要上报刑部由后者"著为定例"。成案是单纯的案件，朝廷禁止援引单纯成案。成案成为法律依据须经"通行著为定例"。这里的"通行"是动词，其产物"定例"是名词，其实也就是作为名词的"通行"的另一种表述。而且，这条例文还告诉我们：第一，"通行"是由皇权将某些成案著为定例，即清代存在判例法意义上的判例；第二，著为定例的"通行"，其来源并非一概限于成案，因为该条例文解决的是成案的适用问题而未提及皇帝诏令是否能够"通行"，因此不能排除诏令成为"通行"的可能性（这一点已为前文刑部解释所证实）。

需要注意的是：第一，"通行"有别于条例、则例，其主要原因在于后者的制定程序往往要经过臣工条奏、皇帝议准等严格程序，而"通行"则制定程序相对简单得多。这正是"通行"作为有清一代更为灵活、变通的法律形式的集中表现。"通行"的最终结局，既有可能上升为条例、则例，载入律典、会典，也有可能因为种种政治因素的考量而维持"通行"现状。第二，"定例"一语，不仅可以指代"通行"，也可以指代"条例"，前引《大清律例》有关"通行"之例言明"凡属成案，未经通行著为定例，一概严禁"，这意味着"通行"可以称为"定例"，但不能排除"定例"一语同时可以指代"条例"等例的可能性。例如，直隶司咸丰九年对"戊午科场案"应拟罪名奏言有云："查定例各条，倘已成未成同一罪名，例文内应有'无论已成未成'等字样。如无此等字样，未成者即不能与已成者同论。援引例文简括，不能逐条详悉载明。""不能逐条详悉载明"的"定例各条"显然是指已经纂入《大清律例》的各条例文，因此，这里的"定例"仅指"条例"等例，而非"通行"。

---

〔1〕《大清律例》"断罪引律令"条规定："凡官司断罪，皆须具引律例，违者，（如不具引）笞三十；若（律有）数事共一条，（官司）止引所犯（本）罪者，听。（所犯之罪，止合一事，听其摘引一事以断之。）其特旨断罪，临时处治，不为定律者，不得引比为律。若辄引比致断罪有出入者，以故失论。（故行引比者，以故出入人全罪及所增减坐之，失于引比者，以失出入人罪减等坐之。）"参见《大清律例》，田涛、郑秦点校，法律出版社1999年版，第595页。

〔2〕"除正律、正例而外，凡属成案，未经通行著为定例，一概严禁，毋得混行牵引，致罪有出入。如督抚办理案件，果有与旧案相合，可援为例者，许于本内声明，刑部详加查核，附请著为定例。"参见《大清律例》，田涛、郑秦点校，法律出版社1999年版，第596页。

或许这样给"通行"下一定义较为适宜:"通行"是清代律典(会典)、条例(则例)等常见法律形式之外,由各部院草拟,经由皇帝批准,下发全国适用的一种重要法律形式,其既可能表现为抽象的成文规则,也可能表现为具体的案例,是一种混合形态的法律形式。

为什么会有比条例、则例更为灵活、变通的"通行"这种法律形式的存在?本书认为,这须从清代的具体立法去加以考察。事实上,不仅清代,之前历代的统治者都有"崇古"情结,恪守"祖宗之法",对于先帝制定的典籍不敢轻易改易,而只能通过其他变通的方式采取措施,以因应时局的需要。就清代而言,其一代律典经由世祖《大清律集解附例》而为世宗《大清律集解》,最终成熟于高宗《大清律例》。乾隆五年,《大清律例》修成,而其元年即已确定条例的定期修纂制度,乾隆十一年,又由内阁等部门商议将三年一修延长为五年一修,从此五年一小修,十年一大修。"自乾隆元年,刑部奏准三年修例一次。十一年,内阁等衙门议改五年一修。"〔1〕清代修例由此实现常态化与规范化,形成一套完备的制度。除刑部之外的其他五部,对于各自则例的修订也有类似的规定。"钦定吏部则例奏疏云:'各部则例,每十年奏请纂修。'钦定户部则例云:'嗣定五年一修,如刑部律例馆之例。'是其编纂泐有定期,而各部非必尽一。虽然,中经多故,斯举亦非实行。同治十二年纂修吏部则例奏疏云:'查臣部自道光十九年,奏明续修别例。至二十三年修竣以后,迄今三十年之久。'然则其不遵依定期甚明。而近数十年来,此业益付诸等闲,蹉跎不举,又众所共见矣。"〔2〕六部基本上俱有自己的修例定制,只是后来未能严格恪守。

不过,清廷修例也不一定拘泥于"五年一小修,十年一大修"等定制。例如,咸丰八年爆发"戊午科场案",这一案件一直延续至同治初年方获基本解决。其间,皇帝与朝臣多有主张。咸丰九年七月十七日上谕有言:"至科场律例,本有专条。刑部所拟程庭桂等罪名,俱不在科场例内,辄将向办各案以已成未成比拟,实属不合。著传旨申饬。科场一案,前后所降谕旨,著即

---

〔1〕《清史稿》刑法一。
〔2〕梁启超:"论中国成文法之编纂沿革得失",载范忠信选编:《梁启超法学文集》,中国政法大学出版社2004年版,第167页。

补入礼刑二部则例，永远遵行。不必俟修纂时续入等因。钦此。"〔1〕咸丰帝的上谕明确指出，因“戊午科场案"所颁谕旨，立即补入礼部、刑部两部则例，无须等待法定修例时间到来再行纂入。可见，清廷修例的时间还是比较灵活的。

另外，虽然乾隆十一年之后，修例成为朝廷制度化、定期化行为，同时也存在前述“灵活”修例的实例，但是，立法的滞后性会给朝廷政法实践带来严峻的挑战，即有时候某些事项无法等待所谓的“五年一小修，十年一大修”，也可能无法通过“灵活”修例加以解决，于是，原本仰赖修例的事项如何解决还须借助“通行”的协助。例如，乾隆年间颁有“三流道里表”“五军道里表”，规定军流犯人去向。后来太平天国起义，两广、云贵四省军流犯人已经“截留在监者”多人，奏准改为新疆种地，后又通行将“例内发往新疆”的军流犯人“改发极边足四千里充军”，扩大军流去向，不限于新疆，即“通行”对当时的律例规定。〔2〕另外，有些事项属于朝廷勉为其难者，朝廷只能被迫去做，而不能通过修例加以明确规定，只有通过“通行”姑且认可，正所谓做得（制定“通行”对现实加以承认）说不得（不能对修例改律堂而皇之地承认），这显示满清统治者的左支右绌与无奈。例如，道光年间，林则徐虎门禁烟引发中英第一次鸦片战争，中国战败导致鸦片大量流入而白银大量流出。朝廷颁布有关“洋药”（鸦片）的六条“通行”，即准许在纳税之后经营鸦片生意。同治九年修例，并未将该六条“通行”正式续纂为例。朝廷允许鸦片生意，但在正式律典之内不予加载认可鸦片贸易合法化的条例，透露出统治者的难言之隐。彰显皇权统治正统的律典不能对这种伤风败俗的事项予以认可，只能容忍其“通行”。〔3〕无论“通行”产生的背景如何，它都在律例之外，对当朝的基本法律形式予以有效补充，或灵活处理某些亟待改变律例规定的事宜，或结合时局规避道义谴责与政治风险。

律、例、通行，三者相互配合，共同成为清代的法律形式，完善封建法

---

〔1〕（清）沈家本撰，刘海年、韩延龙等整理：《沈家本未刻书集纂》，中国社会科学出版社1996年版，第952页。

〔2〕郑秦："乾隆五年律考——律例定型与运行中的条例"，载郑秦：《清代法律制度研究》，中国政法大学出版社2000年版，第64~65页。

〔3〕郑秦："乾隆五年律考——律例定型与运行中的条例"，载郑秦：《清代法律制度研究》，中国政法大学出版社2000年版，第65~66页。

网。刑部直隶司同治二年"议驳守城章程":"查律载:'守边将帅被贼攻围城寨,不行固守而辄弃去,因而失陷者,斩监候。'又例载:'盗贼生发攻围,不行固守而辄弃去,除专城武职照本律拟斩监候外,其守土州县照守边将帅失陷城寨律拟斩监候。'又,咸丰三年奏定章程:'嗣后遇有失守城池之案,如果实系兵饷充足之区,不克婴城固守,先期逃散者,即援照岳州失守城案,将专城武职及守土州县,均按例拟以斩监候,请旨即行正法'等因,通行在案……自应按照律例及臣部奏定章程分别办理……"〔1〕具体而言,《大清律例》兵律"主将不固守"条规定:"凡守边将帅,被贼攻围城寨,不行固守而辄弃去,及(平时)守备不设,为贼所掩袭,因(此弃守、无备)而失陷城寨者,斩(监候)。若(官兵)与贼临境,其望高巡哨致人,失于飞报,以致陷城损军者,亦斩(监候)。若(主将懈于守备及哨望失于飞报,不曾陷城失军,止)被贼侵入境内掳掠人民者,杖一百,发边远充军。其官军临阵先退及围困敌城而逃者,斩(监候)。"本条律文最终形成于顺治三年。〔2〕而刑部直隶司同治二年"议驳守城章程"所言"例载"乃是咸丰三年刑部议覆前任兵部尚书升任大学士桂良等条奏定例:"凡失守城池之案,如系兵饷充足,不行固守,一闻贼警,弃城先逃者,将专城武职及守土州县均按本例拟斩监候,请旨即行正法;同城知府亦从重拟斩监候。捕盗官及统辖兼辖各官,仍照例分别办理。傥非兵饷充足,弃城先逃,仍按本例科断。"〔3〕由此可见,律文对于"守边将帅"的弃城不战行为,规定"斩监候";例文对于"守土州县"补充规定照前者"斩监候";咸丰三年"通行"进一步强调"兵饷充足"的地区,其"专城武职"及"守边将帅"如果弃城逃散,均"拟以斩监候,请旨即行正法"。例补充律所未载之处,"通行"则进一步完善律例未尽之所。

学者还指出,在"通行"之外,另有更为灵活的法律形式。"在'通行'之下,还有一种名为'遵行'的案例。'遵行'只在刑部所属各清吏司发布,

---

〔1〕(清)沈家本撰,刘海年、韩延龙等整理:《沈家本未刻书集纂》,中国社会科学出版社1996年版,第976~977页。

〔2〕胡星桥、邓又天主编:《读例存疑点注》,中国人民公安大学1994年版,第332页。

〔3〕胡星桥、邓又天主编:《读例存疑点注》,中国人民公安大学1994年版,第334页。

供各清吏司审断案件时参阅，不直接发往刑部以外的各司法机构。"〔1〕查"刑案汇览凡例"之五载："通行自乾隆元年起，至道光十三年止，除业经纂定条例，引用已久，无须查看原案者不录外……又内有遵行一项系部中通传各司遵办，并不通行外省"。〔2〕"遵行"有别于"通行"。"通行"由部院草拟，上奏皇帝批准，然后下发全国一体适用。"遵行"是部内各司办案规则，仅适用于部内，而不下发全国适用。

事实上，早在清代之前，即已存在这种留中供国家机关适用的法律形式，例如唐代留司格、宋代"不须颁降天下"的断例等。

例如，唐代较为有名的灵活法律形式格，分为散颁格与留司格。散颁格颁行天下，留司格留中适用。留司格实为太宗所创，以"安人宁国"为价值取向，〔3〕后高宗永徽年间正式出现留司格之名。根据《唐会要》卷三"定格令"所载，有关"曹司常务""本司行用"的格即为留司格。其实，顾名思义即可知道留司格是指留在相关国家机关内部适用的格，不行用天下。既然掌握在相关国家机关手中适用，相对行用天下的散颁格而言，其势必更为灵活。〔4〕

又如，宋代"断例"，既有颁行天下者，亦有仅颁布大理寺、刑部行用者。〔5〕例如哲宗元符二年（1099 年）修成《元符刑名断例》，臣僚奏言"不须颁降""不可颁降"和"颁降"，〔6〕即表明有的断例"不须颁降天下"，而仅"颁降刑部、大理寺"两最高司法机关"检用施行"。既然断例存在颁降"天下"与颁降"寺部"之别，那么后者实际上是更为灵活的法律形式。

以唐代的格、宋代的断例为例，将其划分出更为灵活的法律形式，有别

---

〔1〕 ［美］D·布迪、C·莫里斯：《中华帝国的法律》，朱勇译，江苏人民出版社 2004 年版，第112 页。

〔2〕 （清）祝庆祺等编：《刑案汇览三编》，北京古籍出版社 2004 年版，第 3 页。

〔3〕 《贞观政要》卷八，务农。

〔4〕 马小红教授指出："留司格的确立 减少了皇帝对法律的干涉渠道，便于法律的正常实施，同时也便于国家机关行政制度的进一步完善，这也是唐初期'贞观之治'的重要原因之一。"参见马小红："'格'的演变及其意义"，载《北京大学学报（哲学社会科学版）》1987 年第 3 期。

〔5〕 戴建国：《宋代刑法史研究》，上海人民出版社 2007 年版，第 98 页。

〔6〕 臣僚奏言"其命官将校，依条须合奏案，不须颁降天下，并诸色人断例内不可颁降者，并编为《刑名断例》，共二百六十八件，颁降刑部、大理寺检用施行"。参见《续资治通鉴长编》卷五〇八，元符二年四月辛巳。

于清代的"通行"。清代的"通行"与清代的"例"不在一个层级（效力等级不同），"例"相对而言较为稳定，"通行"是对"例"的补充，"例"是正式的，"通行"的正式性不如"例"强。而唐代的散颁格与留司格、宋代的颁行天下的断例与颁行寺部的断例之间，处于同一层级，只是适用范围有所不同。如果从留用中央机关的角度看，将此种法律形式视为更为灵活的法律形式似无不可。即使这样，我们也可看到，在传统中国法普遍存在稳定的律典的同时，不但存在灵活、变通的法律形式，而且在这种灵活、变通的法律形式之外，还存在更为灵活、变通的法律形式。这是古人在处理政法事务时的智慧。

第二节 历代"例"的产生原因

一、执经达权的思想

中国封建社会的正统统治思想乃是儒家思想。其中，儒家经权思想对于当世的立法与司法实践产生着重要影响。

"经"代表原则性，"权"代表灵活性。由此可见，"执经达权"乃在于强调人们在做事时，要处理好原则性和灵活性之间的关系。这一立场主张为人处事，既要掌握原则，又要懂得变通，还要抛弃不合时宜的行事方式。孔子、孟子对于经权思想均有详细论述。汉代的公羊学派提出过"反经合道"的主张、命题，既肯定"权"变所具有的背反"经"的性质，又为"权"变设置底限范围，使之保持于合理限度之内。汉武帝时期，曾集公羊学派大成的大儒董仲舒开"春秋决狱"之先河，使各种诉讼案件得到公正合理的裁断，开创"引经决狱"的先河，长久影响后来的司法实践。曹魏、两晋时期，朝廷立法实践开始着手将儒家经义大量注入律内，由此律典的儒家化得以顺利进行。律典儒家化的过程一方面是道德法律化的过程，另一方面也是法律道德化的过程。而直到国家再次统一，唐代实行"礼法合一"，才基本结束"引经决狱"的司法实践和律典儒家化的过程。但是，"执经达权"的思维与做法则始终未变。后世，宋明理学与明清两代的知识分子在前人的基础上，更进一步地论辩经权思想，并且有所推进。

经权思想，对于传统中国社会的法律实践，影响颇深。稳定的律典和各种各样变通、灵活的法律形式之间的关系，其本质就是"执经达权"思想的集中体现。每当作为封建国家"常经"的律典难以应对变迁的社会时，变通、灵活的法律形式便适时登上历史的舞台，汉代的科、唐代的格与格后敕、宋代的编敕、明清两代的"例"，均是灵活、变通的法律形式。[1]

在"执经达权"思想的影响下，传统中国社会不但出现灵活的法律形式，而且还进一步出现"律例合体"这一法典编纂体例。中唐，宣宗年间的《大中刑律统类》，影响五代及赵宋王朝；宋在《显德刑统》的基础上，进一步演变出"敕令格式""条法事类"等法律形式；至明代，由于朝廷处理某些重大、疑难、复杂案件而形成《问刑条例》，最终，《问刑条例》附于律后，实现律例合编；满清肇立基业，立即继承明代律例合编的立法方式，并继续有所发展完善。"明朝最初在明律外，编'问刑条例'（1500年），作用很像宋朝的'编敕'与律并行，后来和律文合刊（1585年），则更像后周的'刑统'。清朝处处师学明朝，甚至于先单行'现行则例'（1679年），后来再律例合刊（1689年），在这一个步骤上，也完全和明朝一样，真是有意思！至于存律变例，以求'宽严之用，因乎其时'，原来未尝不是善法，可是一经成了固定制定之后，主其事者，认为故常，而'修'例变成了'增'例，于是有了修例之'名'，而反失去了修例之'实'，真使人不能不兴'有治人，无治法'之叹了。"[2]

封建末世明清两代的例，进一步将"执经达权"发挥得淋漓尽致。据《明史》记载，"律"是"万世之常法"，而"例"是"一时之旨意"。[3]

"执经达权"思想，就其本质而言，是一种实用主义的价值观。而实用主义的价值观，完全适应中国两千多年封建专制社会的小农经济的价值观，且同小农经济条件下的政治统治，也完全适应。对于实用主义的哲学思想，历朝各代学者皆有论述。汉代，王充崇真实，疾虚妄，见用实事。唐代，韩愈以儒学的实用价值为利器，反对佛教。宋明时期，不论程朱理学，还是陆王心学，都强调经验主义。明代，实学经世致用。清代，朴学更加强调经验理

---

〔1〕 马凤春："传统中国法的创制与运行"，载《政法论丛》2009年第3期。

〔2〕 徐道邻："中国历代律令名称考"，载刁荣华主编：《中国法学论著选集》，汉林出版社1976年版。

〔3〕 《明史·刑法志》。

性。[1]以上这些思想，势必影响它们那个时代的法律创制和运行。由于这些哲学思想前后相续，一脉相承，因此，法律的创制与运行，就其本质而言，并未发生根本变化，无非在不同时期略有微小区别而已。[2]

二、祖宗之法的观念

古人对于先人的制度和做法有着强烈的崇古情结，即当世的政法实践往往因循先人。例如，商代就有"不孝不友"的犯罪规定，后世王朝统治者均标榜"以孝治天下"，汉代法律规定对"王杖主"的保护，至北齐，律典明确将"不孝"列为"重罪十条"第八条，隋唐更是将"不孝"列为"十恶"第七恶，宋、明、清均因循之。这是崇古尊祖情结作用于古人所引发的历代相沿的现象。此外，古人的言行动辄引经据典，从前人的实践中为自己搜寻行为根据。比如，古人对待死刑，尚且"撤乐减膳"，唐太宗创设死刑复奏制度，"不啖酒肉"，停止饮酒食荤，要求"内教坊及太常并宜停教"，停止相应娱乐活动。[3]遵循并沿袭祖制，也是后人孝道的体现。《论语》认为"三年无改于父之道"就是"孝"，[4]而《尚书》也认为"监于先王成宪"，永远不会发生过错。[5]这些都是古人"孝"观念的体现。

崇古尊古的情结体现在立法实践上，即是前文已述的统治者要宣示当朝统治的正统性。其间，"定一代之制"乃是历朝各代开国者的宏愿。明太祖朱元璋洪武年间颁行《大明律》就要求"子孙守之"，如果"群臣有稍议更改"，就"以变乱祖制"追究责任。清高宗乾隆五年修成《大清律例》，要求"刊布中外，永远遵行"。明清两代的律典各自颁行之后，从后世帝王的角度来看，当世统治者是怀着崇敬祖宗、尊奉前人的态度来行事的。"祖宗之法"不可变更。然而社会情势却不断向前发展。法典的僵化滞后，不能满足统治者的实际需要。统治者逐渐地，只有通过"例"这种灵活、变通的法律形式，

---

[1] 谢天：《清代条例研究》，安徽大学 2007 年硕士学位论文，第 21~22 页。

[2] 马凤春："传统中国法的创制与运行"，载《政法论丛》2009 年第 3 期。

[3] "……太宗以古者断狱，必讯于三槐九棘之官，乃诏大辟罪，中书、门下五品以上及尚书等议之……又古者行刑，君为撤乐减膳。朕今庭无常设之乐，莫知何撤，然对食即不啖酒肉。内教坊及太常宜停教。"参见《旧唐书·刑法志》。

[4] "三年无改于父之道，可谓孝矣"。参见《论语·学而》。

[5] "监于先王成宪，其永无愆"。参见《尚书·商书·说命下》。

对律文不断加以变通，实现统治秩序的稳定。[1]

需要提及的是，历代对于立法活动的繁简，始终存有不同看法，而主流的立法思想仍然认为律典应当疏简，即立法并非越严密就越好。例如，老子即曾指出"法令滋彰，盗贼多有"，[2]即认为统治者立法愈严密，社会秩序则愈乱。老子进一步指出，如果人们遵循天道，反而可以"天网恢恢，疏而不失"。[3]另外，秦的法律"繁于秋荼"，而"网密于凝脂"，[4]以至于秦代二世而亡。汉高祖刘邦刚刚攻入咸阳，就虚心接受亡秦的教训，"与父老约，法三章耳"，[5]大规模废除秦代所施行的那些苛法酷法。由此可见，"约法省禁"的立法思想，源远流长，历史悠久，其来有自。后世立法多以简约为要。曹魏"新律"十八篇（条数不详），西晋《泰始律》六百二十条，《北齐律》九百四十九条，唐律五百条（一说五百零二条），《宋建隆重详定刑统》五百零二条，《大明律》四百六十条，《大清律例》四百三十六条。历代立法，总体呈科条简要、立法技术不断发展进步的特点。

在疏简宽约的立法模式和纷繁复杂的司法实践之间，必然发生"表达与实践"两相背离的情形。最终，法有限而情伪无穷，以至于简约疏阔的律典，无法适应复杂的社会生活。然而，古代中国社会虽无"权利"之谓，却有"名分"之称。毕竟民间冲突实属客观存在，类似当今纷争解决机制（诉讼或者仲裁），仍然存在。可是，当世律典立法规定的几乎都是绝对的法定刑。这种对于法定刑的配置模式，其特点在于僵硬（虽然确定），缺乏灵活性，也缺乏近代以来法典立法的抽象性、灵活性。而且，在很多情况下，司法官更是可能难以找到适当的律文资源予以适用。前文已述，历代王朝的统治者又往往尊崇"祖宗之法"。律典一旦制定颁行，则很少通过修改立法的方式予以变动，而是借由其他灵活、变通途径，在律典的适用过程中，弥补当朝律典僵

---

[1] 苏亦工先生指出："从理论上说，专制时代的皇帝应是立法的全权主体，但是受中国古代的祖先崇拜和儒家'孝'的观念左右，中国古代的开国皇帝往往享有更大的立法权，他所创制的法律有时甚至会构成对本王朝以后的各个皇帝的约束力量。换句话说，嗣位皇帝的主权是不完整的，已经被他的祖先分割掉了一部分。"参见苏亦工：《明清律典与条例》，中国政法大学出版社 2000 年版，第 190~191 页。

[2] 《老子》，五十七章。

[3] 《老子》，七十三章。

[4] 《盐铁论·刑德》。

[5] 《汉书·高帝纪》。

化所带来的缺憾。统治者一方面在立法方面通过运用编敕修例，对律典本身进行实质变动、融通、增补，另一方面在司法实践中从情理的角度予以考量，运用衡平的技术，从而缓解律典和社会现实双方之间的矛盾。[1]

第三节　"例"的生命力与"省例"的出现

一、"例"的生命力

无论是作为原生例还是作为派生例，"例"作为一种法律形式在传统中国法的中后期均显现出强大的韧性。明清两代除律典外，其他法律形式几乎均以"例"为名，甚至地方官府在获得朝廷首肯的情况下颁行各式各样的"省例"。"例"的生命力何以如此顽强，并在专制社会中后期异军突起？可能有如下几个原因。

首先，这一现象与儒家经学文化的产生发展有关。"例"最初发轫于经学领域而非律学领域。因此，对于"例"的探讨认知应当结合秦汉两代的经学研究，尤其是春秋义例学。经学诞生于西汉，本义是泛指各家各派理论要义的学问，但在汉武帝独尊儒术后特指研究儒家经典、解释字面含义、阐明所含义理的学问。《春秋》乃儒家五经之一，旨在记载当时重大历史事件，宣扬王道思想。而春秋义例学之"例"是指孔子处理某一类事务时所坚持的共同准则，"义"则是这一共同规则的深层次内涵，是对"例"的概括。[2]因此，"例"或者"条例"的最初发源，与经学有密切关系，直至后来，"例""条例"等称谓才渐渐由经学领域而入法律领域。"例"字所能指代的事物颇多，既能指代法律规则（"国律有例"），也能指代规律常识（"算法有例"），还能指代通义体例（例如凡例）。以历代律典往往皆有的"名例律"为例，"名者，五刑之刑名"，"例者，五刑之体例"。"名例律"既然能统帅全律，必然

---

〔1〕　马凤春："传统中国法的创制与运行"，载《政法论丛》2009年第3期。

〔2〕　晚清学者康有为在《春秋董氏学》中指出："国律有例，算法有例，礼有升降例。乐有宫商谱，诗有声调谱，亦其例也。若著书，其例犹繁。而他书之例，但体裁所系，于本书宗旨尚不相蒙，唯《春秋》体微难知，舍例不可通晓。"康有为的意思是，不但国家法律有"例"，而且数学运算有"例"，即使礼、乐、诗等也有"例"，另外，写书立著也离不开"例"。对于写书立著而言，"例"是凡例，即发凡起例，以说明该书内容及其编纂体例。参见康有为：《春秋董氏学》，中华书局1990年版，第26页。

跟经学对法律（律学）的影响有关。自唐开始，特别是两宋以后，随着各种各样"例"的出现，"例"这一法律形式占据帝制时代传统中国法近乎半壁江山，同时不断分化并趋于规范，至明清时期逐渐成熟、定型，并对后世留下深刻的影响和启迪。

其次，中国历史上历朝各代均曾出现林林总总的法律形式及其名称。仅从秦代开始统计，秦代有各种"律""令""封诊式"和"法律答问"等；后来，汉承秦制，发展出"决事比""死罪决事比""辞讼比""春秋决狱""经义决狱""科"和"品约"等；魏晋三国两晋南北朝时期，律令逐渐分野并趋于定型，新的法律形式仍然不断产生，例如"麟趾格""大统式"等；唐代，"格""格后敕"等法律形式相继出现，以律令格式为代表的律令制国家法律体系最终形成；五代时期，在基本沿袭唐代法律形式的基础上，又有"编敕"的产生，深刻影响两宋时期的法律形式；宋代，刑统、断例、条法事类相继问世，伴随以对唐代以来的律令格式进行改革，部分法律形式已经与前代迥然有别。宋代是中国封建历史上具有划时代意义的一个时期，反映到法律形式上来看，表现为其种类达到顶峰。一方面，宋代皇帝是中国历代王朝最为重视法制建设的统治者；另一方面，这个历史时期出现的法律形式也最容易纠缠不清。伴随着发达的封建商品经济，"例"在沉寂中爆发，在法制史的舞台上活跃起来。元代，中国法律形式发生自隋唐以来的一段较为短暂的特殊时期，继之而起的明清两代继续完善"例"这一法律形式。在对"例"不断进行成文化的基础上，逐步实现律例合编、例典合编。纵观历史，汉科、唐格、宋敕相继登台，相继谢幕，未能延续下来。而深受宋元影响的明例竟然为清人所接受并使"例"在封建末世达到前无古人的程度，这与清初统治者的法制建设举措有关。满洲人入关初年，"详译明律，参以国制"，仿《大明律》而相继制定《大清律集解附例》《大清律集解》和《大清律例》，清代除在律典的制定过程中直接承受前明影响外，其修例也概莫能外。清代修例在继承明代修例基础上，又有所发展。满洲人入主中原不同于蒙古人入主中原之处在于，满洲人的生活方式介于游牧与农耕之间，而蒙古人的生活方式几乎纯粹属于游牧，大大有别于中原的农耕生活方式和文化模式。因而，满洲人对于中原具有天然的适应性，能够接受中原儒家文化并获得内地人民的认可。蒙古人将帝国的臣民划分四等，人为制造隔阂且以"客居中国"的心理统治中原，在法律文化上注定不能像后世满洲人那样颇有建树。

落后的满洲人受到先进的中原文化的吸引，加之谦虚好学，在法律文化上，学习汉人的做法并发扬光大，最终促使"例"不断发展、定型、成熟，使传统中国法沿着"律典—条例""会典—则例"这两条线索发展开来。

传统中国法充满灵活、变通的法律形式，而自两宋以来，"例"作为一种法律形式频频现身中国法制史。历代不同的灵活、变通的法律形式有力地补强当朝律典（基本法律）的作用。中国人有着"崇古""崇祖"的情结，这或许是历代律典鲜受修改，而其他法律形式涌现的一个重要原因。究其根本，这一切缘于中国人"孝"的观念。[1]绍兴二十九年（1159年），南宋臣僚黄祖辞建议，对于"旧来条法"（即已经不用的旧法）"立为参附"（即作为重要参考），"参照施行"，仍然不完全拒绝其适用。对此问题，宋高宗赵构曾对臣僚发出"祖宗成宪，不可废也"的指示，[2]高宗认为"修法"亦要"与祖宗法意不相违背"，显示其对旧法的重视，同时表明其"崇祖"的情结。

古今中外学者对于中国人"祖宗之法不可改"的孝观念，有着精彩的评议。

浅井虎夫先生认为古代中国"法典所规定者，非必现行法也"。"盖中国法典率，以理想之法典为目的，苟认为良法，虽非现制，亦必采入法典之中。李东阳《进正德会典表》所谓'今之善者，虽寝亦书'是也。此外，记载过去之事例，或以虽非现行法而留备参考；或以祖宗成例不可易，而死法亦敬谨保存者，则《清律》其适例也。又如，《唐律疏议》关于应科死刑之罪及其执行方法，皆有详细之规定；而在当时，实未尝实行。盖法典所规定，与实际相异。如此，故知历代法典，所规定者非尽为现行法也。"[3]

梁启超先生指出："然则以今日而适用前古之法律，其鸿沟似仍不甚相远。虽然，今之法律非他，唐律之旧也。唐律非他，汉律之旧也。汉律非他，李悝之旧也。夫李悝距今则二千余年矣。唐之距今则亦千余年矣。即曰社会进步淹滞，亦安有千余年前之法律，适用于前年余后，而犹能运用自如者？

---

〔1〕《尚书·商书·说命下》云："监于先王成宪，其永无愆。"《论语·学而》云："三年无改于父之道，可谓孝矣。"

〔2〕 高宗（赵构）称："祖宗成宪，不可废也，存之以备照用，甚当。但今所修法，须与祖宗法意不相违背。仍谕与详定官。"参见（宋）李心传：《建炎以来系年要录》卷一百八十一，上海古籍出版社1992年版，第3册，第557页。

〔3〕［日］浅井虎夫：《中国法典编纂沿革史》，陈重民译，李孝猛点校，中国政法大学出版社2007年版，第269页。

而试以今律校唐律，其间所损益者能有几何也！"〔1〕当代适用前代法律，没有太大的历史鸿沟，当代的法律源自唐代，当代的法律相对于唐代，损益不会太大。"我国社会进步之淹滞，其原因虽不一端，而受博物院中法典之障碍，实其重要原因之一，无可疑也。要之我法典之腐旧，与社会之麻木，两者递相为因，递相为果，而前代编纂法典之人，固有不断把尸其咎者矣。"〔2〕中国社会进步受到阻碍，很大原因在于立法上的固步自封，陈腐落后，法律与社会相互影响，共同导致社会前进的窒碍。

美国学者马伯良先生认为："一个明显的答案可能是：中国人并没有继续使用这些法律；律条是作为一个死亡了的过去的神圣遗物而继续存在的，实践中被使用的是其他法律形式。"〔3〕美国学者意识到，某些法律条文是作为"神圣遗物"而存在，实际上起作用的另有其他法律条文或者法律形式。

"同姓不婚"是传统中国法的婚姻要件，西周时期将其发扬光大，作为礼制予以确认、发展。"同姓不婚"既有生物遗传角度的考量，又有地缘政治视野的专注，"厚远附别"。后世一直奉此圭臬。《唐律疏议》户婚"同姓为婚"条针对"同姓为婚"的情形规定处罚措施。〔4〕"同姓"为"同宗共姓"，这是限制解释，因为，唐代的中国姓氏林立，即使同一姓氏，其起源往往亦有数支，远非西周时期的周人等部族所比。但是，明清时期律典中，该条依然存在，当事人"各杖六十"，仍须"离异"。〔5〕

在祖宗之法不可变的观念支配下，统治者只能通过各式各样灵活变通的

---

〔1〕 梁启超："论中国成文法编制之沿革得失"，载范忠信选编：《梁启超法学文集》，中国政法大学出版社 2004 年版，第 178 页。

〔2〕 梁启超："论中国成文法编制之沿革得失"，载范忠信选编：《梁启超法学文集》，中国政法大学出版社 2004 年版，第 179 页。

〔3〕 [美] 马伯良："《唐律》与后世的律：连续性的根基"，载高道蕴、高鸿钧、贺卫方编：《美国学者论中国法律传统》，清华大学出版社 2004 年版，第 289 页。

〔4〕《唐律疏议》户婚"同姓为婚"条规定："诸同姓为婚者，各徒二年。缌麻以上，以奸论。"参见《唐律疏议》，刘俊文点校，法律出版社 1999 年版，第 285 页。

〔5〕《大明律》户婚"同姓为婚"条原文："凡同姓为婚者，各杖六十，离异。"参见《大明律》，怀效锋点校，法律出版社 1999 年版，第 62 页。《大清律例》户婚"同姓为婚"条原文："凡同姓为婚者，（主婚与男女，）各杖六十，离异。（妇女归宗，财礼入官。）"参见《大清律例》，田涛、郑秦点校，法律出版社 1999 年版，第 208 页。对此，瞿同祖先生指出："从《刑案汇览》中我们可以发现许多妻与夫同姓的例子，更重要的是法律采取的不干涉主义。法律自法律，人民自人民的情形。没有一个个案是单纯为同姓不婚而涉讼的，即因其他案件而被发现，问官对此也不加追问，并不强其离异。"参见瞿同祖：《中国法律与中国社会》，中华书局 2003 年版，第 99 页。

法律形式对自身基本律典等进行调节。由于历代律典的法定刑配置为绝对确定的法定刑，缺乏灵活性，不能留给司法官自由裁量的余地，同时需要考虑礼的因素，所以，以"例"为代表的历代灵活变通的法律形式在律典与社会现实之间架起一座调节阀门，而其间的活动变量就是"礼"。"礼"抚平律典与社会现实之间的龃龉，而"例"是这种抚平工作的载体。当然，"例"如何由经学领域演变至律学领域固然需要学界继续关注并研究。此外，已有学者关注法律形式之外的其他因素对法律形式的影响，例如古代官制与法律形式之间的伴生关系与消长现象。朱腾先生认为："官制的流变会对古代法的制定或运行产生影响，所以对前者的深入理解实际上是对后者的全面探讨的一个组成部分。"[1]不仅律令关系需要借助对官制的研究，而且律例关系同样需要对官制的关注。学界不仅需要"以职官制度为连接点来辐射某一断代之法律秩序"，[2]而且需要以之连接整个中国法律通史。

二、"省例"的出现

清代出现大量"省例"。这是一种地方立法。在中央集权居于主导的中国古代社会，地方立法虽然罕见，但是很早就已经开始萌芽。例如，《唐律疏议》即有对京师特别保护的规定，而在某些地方，贯彻执行朝廷规定的地方立法已然出现，例如《水部式》这部中央立法就在西部地区得以细化贯彻执行。[3]而大规模地方立法始于宋代，当时适用于京师的《敕令格式》修纂先后达四部之多，适用于地方路州县的七部，另有针对紧要地区的特别立法四部。《宋史·刑法志》载：仁宗时期，一路、一州、一县敕多达近三千三百条。当时最为著名的地方立法莫过于"盗贼重法""重法地法"。明清时期，随着"例"的发展演变，由地方官制定的省例开始大量出现。例如《江苏省例》《治浙成规》《福建省例》《广东省例》《西江政要》和《晋政辑要》等。[4]中央立法与地方省例的关系是，定例（中央立法）"随时斟酌轻重"，

---

〔1〕 朱腾："也论先秦时代的司寇"，载《法学家》2015年第2期。

〔2〕 朱腾："也论先秦时代的司寇"，载《法学家》2015年第2期。

〔3〕 例如《沙州敦煌县行用水细则》。

〔4〕 以上内容参见王志强："清代的地方法规"，载王志强：《法律多元视角下的清代国家法》，北京大学出版社2003年版；又参见郭建、姚荣涛、王志强：《中国法制史》，上海人民出版社2000年版，第133~137页。

弥补律文空白，省例（地方立法）"推广定例之所未备"，为"定例"进行补充。

从地方立法的演变可知，古代地方官员起初是将自己对朝廷律法的理解以告示禁约的形式公布，作为治理地方的器物，同时朝廷亦有零零星星针对某些地方的特别规定。后来发展到明清特别是清代，随着"例"的发展，原先由地方官员作为个人行为所发布的告示禁约也汇入"例"的洪流。这种变化既表明立法技术的进一步醇熟，也表明立法权力的分层雏形的显现。当然，这种权力分层并非朝廷刻意而为，仅是默许。由于朝廷的律文是官方（皇权）治民的工具，故而各地省例也是地方官治民的工具，绝非实现地方自治的工具。地方官员即使感觉到一定的利益诉求，也无法从根本上背离中央立法，而只能作极为有限的补充、变通。

不容否认的是，地方"省例"的立法也会考虑当地的特殊环境特点。例如，《福建省例》表明地方官员充分考虑福建当地特点——福建"山海岩疆"，毕竟海防问题由来已久，且该省沿岸素为海盗倭寇用来登陆侵袭地方人民。

在高度集权的体制下，地方官员所制定的各项省例不可能针对重要原则性内容或者根本性问题，仅在局部意义上对国家大法缝缝补补，而中央朝廷对这种行为也是持默许态度。作为地方官员治民的一种手段，省例仅能作为中央立法的补充，当然，也是一种创新举措，但地方对中央的分权仅在极小范围内。因此，"省例"与中央立法文件的关系，可以分为三类：第一，"省例"对中央立法文件简单重申、强调；第二，"省例"以中央立法文件为基础制定实施细则；第三，"省例"针对中央立法文件未能规制的部分主动进行补位，填补中央立法文件的空白。

从清代省例，我们可以看到今天地方立法的最初影像。研究省例，有助于当今地方立法的完善。

第四章

"例"对当代法制建设的影响

第一节 传统中国法的两个问题

一、传统中国法是否"以刑为主"

学界对于传统中国法是否"以刑为主"存在争议。长久以来，占主流的学者观点认为传统中国法"以刑为主"。这种观点不仅许多法史学者赞同，某些部门法的研究学者亦表示赞同。直至最近，仍有学者发表文章，就中国古代法的特点在于"以刑为主"进行论证。[1]当然，也有学者指出，无论从哪个角度分析，都难以令人得出古代中国法"以刑为主"这一结论，"礼"的发达是古代中国法的真正特点，[2]另有学者从动态的角度入手，分析认为"以刑为主"这种观点没有认识到自唐代起中国行政法律日益占据主导地位的史实，仅注重历代律典的研究。[3]

持古代中国法具有"以刑为主"的特点的观点，始自英国十九世纪著名法学家梅茵的《古代法》。梅茵认为，在人类的习惯法时期，各地法律差异无多，但进入"法典时代"之后，西方法律开始展现其优越性，体现在其民事法律从内容到形式均完善发达。他认为，中国的民事法律并不具备西方法律那样的形式与体例。当然，梅茵这一观点有失偏颇，显示出中西文化的隔阂，

---

[1] 周丽丽："中国古代法'以刑为主'特点原因分析"，载《河南省政法管理干部学院学报》2009年第4期。该学者主要从王朝更替方式、集权专制体制、政治经济地理封闭性等三个角度加以分析。

[2] 马小红："'以刑为主'还是'以礼为主'"，载《法制日报》2007年12月2日第14版；马小红："'以刑为主'还是'以礼为主'——中国传统法的反思"，载《中国司法》2008年第1期。

[3] 艾永明："中华法系并非'以刑为主'"，载《中国法学》2004年第1期。

也就不可避免对古代中国法存在曲解的成分。

如果就形而下的制度而言，传统中国法具有"以刑为主"的特点；但是对传统中国法的指导思想进行概括时，却会得出"德主刑辅"的结论。这样一来，"德主刑辅"的法律思想特点与"以刑为主"的法律制度特点并不吻合，但很多人却在无意间似乎同时接受这两个特征。原因在于今人对"法"的理解与古人对"法"的理解完全是两种不同的概念。

我们今天所谈的"法"是深受近代舶来的西方法学理论影响的"法"。其中，既包括作为法律制度的"法"，也包括作为法律指导思想、法的核心价值、法的精神的"法"。因此，当今人们谈论的"法"，包括思想与制度两个方面，而且是两个方面的统一体。但是，"法"字在中国古代更多的是指制度方面，而非精神、思想方面。如果我们沿着时间的长河上溯，就会发现，中国人最早称"法"为"刑"，这是夏商与西周时期人们予以"法"的称谓，《禹刑》《汤刑》《九刑》恰是三代的明证。后来，人们将"刑"改称"法"，这是春秋战国时期人们的立场。例如《被庐之法》《茆门法》《仆区法》《法经》等，是这个时期法律的代表。后来商鞅变法，改"法"为"律"，从此中国的法律由"法"而改称"律"。这一称谓方式一直延续至清末修律，才逐渐又从"律"转为称"法"。而体现或者代表古代中国法律精神的那些内容，并非称为"法"，而是"礼"。人们在认识传统中国法时往往发生的"以刑为主"与"德主刑辅"并用的观点，恰恰在于没有将"礼"作为中国古代法律的一部分，而仅是生硬地套用今天的"法"去对应于古代中国的"法"。[1]今天的"法"字既包括思想又包括制度，而古代的"法"仅指制度而不包括思想，古今"法"实不能相互对应。对于这个问题，清末学界名流严复先生就曾指出，西文"法"字，其对应的中文包括"理""礼""法"和"制"四个方面，同时提醒人们"学者审之"。遗憾的是，人们还是忽略严复先生所指出的问题，往往犯下望文生义的错误。

传统中国法并非"以刑为主"。首先，可从宏观的角度（即古代中国全部法律内容）入手分析。

---

[1] 古代中国法既有"刑"的一面，更有"礼"的一面。实际上，至迟自西周以至清末，当权者都有关于两者关系的立场。例如，西周"明德慎罚"，汉代"德主刑辅"，唐代"德本刑用"，明清"明刑弼教"，甚至清末变法修律期间还发生过"礼法之争"。

　　"以刑为主"这种观点之所以长盛不衰，其原因可能与古代中国法的起源问题有关。古代中国法的起源有二："刑起于兵"与"礼起于祭祀"。古代中国社会是政治早熟的社会，虽然其经济不甚发达，但是发达的奴隶制国家却早早兴起。作为政治制度一部分的法律制度，也是早熟，而"刑起于兵"可以说是这个问题的体现。"刑起于兵"的这一事实，也使得先秦时期的人们对法律称为"刑"。而今人在进行古今对照时，在望文生义机械对照的情况下，将今天的"刑法"与古代的"刑"进行对应，而忽视"起于祭祀"的"礼"也属法的范畴，而误认为"以刑为主"是传统中国法的一个特点。

　　中国古代的"礼"对防卫社会采取"预防为主"的态度。"礼禁于未然"，而"刑禁于已然"，于是"出礼则入刑"。夏商以至西周时期的"礼"，其最高境界在于达成"刑错不用"，即用教化手段就能解纷，"刑"是无奈之下的不得已才采取的措施。东周时期儒家主张弘扬"礼义"，坚持"以理服人"，法家主张加强"刑罚"，坚持"以力服人"；前者旨在以"伦理道德"实现"王道"，后者打算以"法律制度"达成"霸道"。法家的思想曾经在战国时期占据上风以至秦代，而秦代也是中国封建社会唯一坚持法家思想治国的朝代。自汉代起特别是武帝在董仲舒的辅佐下，朝廷"罢黜百家"，同时"独尊儒术"，其"春秋决狱"拉开中国封建法律儒家化进程的序幕。法家的思想虽然遭到唾弃，但是其已经建立的制度与某些主张，仍然获得保留，以至于后世封建社会的政法治理手段被称为"外儒内法"。因此，考察古代中国的法，必须同时注重考察"礼"的作用，其起着比"刑""法"和"律"更为重要的作用。而且，即便孤立地看"刑"所起的作用，也应注意到"刑"背后起作用的仍然是"礼"的思想。中国封建法律的儒家化就是一个纳礼入法的过程，在绝大多数历史时期，"刑""法"和"律"的灵魂恰恰就是"礼"。另外，在成文法律调整不到的地方，仍然由"礼"进行调整。只不过，今人受到成文法律的影响，往往忽视古代中国某些不成文的"礼"的法律作用。因此，传统中国法并非"以刑为主"，而是"以礼为主"。

　　如果中国古代法制"以刑为主"，则与人们对中国法律思想史"德主刑辅""德本刑用"的认识发生矛盾。[1]应当说，由于中国文明的政治早熟，

---

　　〔1〕 马小红教授在给中国人民大学法学院研究生讲授中国法律史时，反复强调这一问题并悉心解释，启发后进。本书深受影响，特此致谢。

其经济发展相对落后，反映在法律领域即表现为刑法、刑罚特别发达。由于生产力的极端不发达，统治者对于人民的惩罚，往往极为残酷，肉刑、耻辱刑、财产刑成为常用的刑罚种类。而且，无论是刑事领域、民事领域还是政治领域，统治者几乎毫无例外地动用刑罚予以制裁，以此维护自己统治的稳定。自李悝《法经》以至清末修律，刑事立法极为发达，可谓"一枝独秀"。由于人们往往误读、歪曲当代"刑法"与古代"刑法"概念之间的巨大差异，以至于认为中国古代法律只有或者主要由刑法构成。时至今日，这种误读、误会、误解不仅发生在各个部门法领域，也发生于法律史专业内部。

传统中国法并非"以刑为主"亦可从微观的角度（即以法律编纂的表现形式为中心）入手分析。

古代中国的"律"在先秦时期即已有之。远的姑且不论，仅以云梦秦简为例，就可发现当时的"律"有多种，其时，另有"令"的存在。但是，"律"与"令"早期没有本质区别，即"律"可规定刑事内容，"令"也可规定刑事内容，而且，两者均可规定非刑事内容。秦汉时期，同样律令无别。当然，在律、令之外，还有其他的法律形式存在，例如，秦有课、程等，汉有科、比等。这些法律形式不仅规定刑事问题，还规定行政、民事问题。这一格局直至魏晋时期"律令分野"才告结束。从此，"律以正罪名"，"令以存事制"。[1]而"律"外不再有"律"，同时，"令"内也几乎没有刑事规定。

另外，律令分野于魏晋时期完成，作为两种正式的法律形式不仅在编纂形式上分别独立，而且在内容和规范性质上也完成了独立。这意味着，一方面，律主要为刑事法规，令主要为制度性法规。"律以正罪名，令以存事制"。[2]另一方面，中国古代法律开始有律、令两种法律形式的划分，开始形成后世所称的律令法体系。与律典并行的还有行政方面的令典，例如，西晋即编有《晋令》。可见，传统中国法法典的编纂，并非仅有刑事方面。

伴随着隋唐的相继兴起，传统中国法的编纂达到中国古代的顶峰，它以《唐律疏议》的诞生为标志，而隋唐时期中国的法律体系以律令格式为中心。日本著名学者中田薰先生，将东亚地区所发展起来的独立法律体系称为"律

---

[1] "律"真正统一成为某种法律形式的统称是在曹魏时期。魏明帝太和三年颁行《魏律》十八篇，史称曹魏"新律"，该律典对秦汉以来旧律进行了大规模改革，将所有的"律"（刑事条款）统一规定到同一部律典中，从此，历代封建王朝开始只有一部统一的"律"（律典）。

[2] 《太平御览》卷六百三十八。

令法系",即是受隋唐时期中国法律体系的影响。以唐代为例,律用以"正刑定罪",令用以"设范立制",格用以"禁违正邪",式用以"轨物程事"。律、令的功能基本同于魏晋时期确立的内涵。而式是令的实施细则,格则是律令式的补充追加法。显然,令与式都是行政领域的法律规范,双方存在重叠规制的现象。隋唐时期定型的"律令法系"并非固定不变,而是处于不断的变动中。中唐以降,中国社会变化加剧。三省制逐渐向中书门下体制方向转化,"差遣制"逐渐成为行政主体,而这种制度却是排斥原有的三省六部体制的。政治制度的这种变化,投影在法律制度领域,即表现为有些律令格式已经无法实施。[1]统治者开始运用新的法律形式适应这种社会剧变。虽然宋代依然存在律令格式,但此时的格式已经大大不同于隋唐时期。两宋时期,令的数量大规模膨胀,一方面源于行政内容的丰富繁杂,一方面吸收部分"式",同时"格"不再是律令式的追加法,而逐渐演变为令的实施细则,取代前代式的角色,而式则由令的实施细则产生两个变化:一部分式入令成为令文(这导致令的膨胀),一部分蜕变为单纯的公文程式。

此外,中国历史上还形成了具有行政法性质的会典。唐玄宗开元十年(722年)命朝臣以国家行政体制,仿西周《周官》依官职分类体例,编纂《唐六典》,开元二十六年完成,分三十卷,内容载有唐代国家机关各方面的规定,有学者将其称为中国历史上第一部较为系统的行政法典(学界更倾向于将《唐六典》看作一部官方政书而非行政法典)。论者进而指出,《唐六典》集秦汉以来行政立法之大成,将具有行政性质的立法规定进行汇集,与律令格式并行,从此,具有单纯行政性质的法律规范与律典分道扬镳,甚至与礼制相脱离。这种举措为后世明清仿效。明清两代的会典,其内容和结构皆以《唐六典》为蓝本,最终形成会典与律典并立,行政法与刑事法并存的立法格局,显示封建帝制时代立法技术的进一步成熟。《大明会典》编纂始于英宗正统年间,孝宗弘治十五年(1502年)成书,凡一百八十卷,但未颁行,后武、世、神宗三朝相继重修颁行。《大明会典》汇集明代法令典章,如《诸司执掌》《皇朝祖训》《大诰》《大明令》《洪武礼制》等内容,具法规大全之性质。《大清会典》号称"五朝会典",包括圣祖康熙帝、世宗雍正帝、高宗乾隆帝、仁宗嘉庆帝与德宗光绪帝五朝的"会典"。目前,对于前述唐、

---

〔1〕 戴建国:《唐宋变革时期的法律与社会》,上海古籍出版社2010年版,第12页。

明、清三代的"六典""会典"是否具备法律性质的问题,学界尚存争议,有肯定说、否定说和折中说。无论如何,不可否认的是,既然在传统中国法中,礼在律之外同时起着法的作用,那么作为从礼制之中分化出来的历代会典纵然没有遵循律典的创制程序,也不能否认其具有法的实际效力。具体而言,《大清会典》自乾隆年间起,除《乾隆会典》《嘉庆会典》和《光绪会典》外,尚有乾隆、嘉庆和光绪三朝的《会典事例》,且《会典事例》的编纂规模远远大于会典本身,而事例与则例乃是具有法律效力的灵活、变通的法律形式。

由上可见,历代的法律编纂技术不断进步,并非"以刑为主",而是行政立法不断成熟。或许,在古代社会的早期,中国法典的编纂存在过短暂的"以刑为主"的时期,但是绝大多数王朝同时伴随着行政立法,例如,晋代《令典》,唐宋令、格、式,明清则例、事例、会典。甚至明清时期的会典编纂内容包括当朝律典,这恰恰说明,刑制作为法律制度原本就是政治、行政制度的一部分,恰恰说明古人行政立法技术的娴熟与高明。

当然,否认"以刑为主"是传统中国法的特点并不当然否定刑事立法的重要性与律典的地位。毕竟,中国的刑事立法的成文化走在行政立法的前面,或者说其最初的立法技术要更成熟,故而留给后人更深印象的也是刑事立法成果。特别是自《法经》而下至《大清现行刑律》,几乎从未间断,而行政立法、行政法典的编纂则未有如此醒目不间断的沿革史。[1]

二、传统中国法是否存在判例法

中国典籍"判例"一语最早见于《抱朴子》。[2]《抱朴子》的作者葛洪,字稚川,两晋时期文学家,丹阳句容人。《抱朴子》一书,分内外两篇,乃道教经典,总结战国以来神仙家的理论,确立道教神仙理论体系,又继承魏伯阳炼丹理论,集魏晋炼丹术之大成,是研究两晋以前道教史的宝贵材料。可

---

〔1〕 刑事法律编纂技术发达的事实,可能会影响学者判断传统中国法特点的视野,进而得出传统中国法的特点为"以刑为主"的判断。本书虽然在很大程度上借助刑事领域的立法成果进行探讨论证,但是否认"以刑为主"这一传统中国法特征的判断,明确承认传统中国法行政立法成果卓著。

〔2〕 "今五礼混挠,杂饰纷错,枝分叶散,重出互见,更相舛涉。旧儒寻案,犹多所滞,驳难渐广异同无已,殊理兼说,岁增月长,自非至精,莫不惑闷。踌躇歧路之衢,悉劳群疑之薮,煎神沥思,考校判例,尝有穷年,竟不豁了。"参见《抱朴子》第三十一卷,省烦。

见，《抱朴子》一书"判例"一语与法律问题似乎并无多大关联。

今人所称"判例"，乃是近代中国自西方输入的概念。据学者考证，清末各种英汉词典均未出现"判例"一语，"precedent"一词的译法诸多，但未见"判例"之译项，该语作为汉语概念可能源自日本，19世纪末，日语开始出现"判决例"一语，甚至用"判决例"指代清代"成案"制度，20世纪初，"判决例"一语渐渐让位于"判例"一语，且后者用处日趋广泛，与此同时，日本学者参与中国清末法律改革，可能将上述术语引入中国。[1]

《中国大百科全书》认为"判例"是作为"审理同类案件的法律依据"的"判决"和"裁定"，并且"法院可以援引"。[2]从这个定义看，中国历代确实存在判例。但是历代中国的判例始终未能取得与制定法比肩的地位，始终处于从属角色。

秦代"廷行事"不必然是判例，只是具有"比"的技术因素。汉代"决事比"不仅包括司法领域的判例，还包括行政领域的惯常做法，因此"决事比"不能与判例等量齐观（前者广于后者）。唐代的"法例"存在多义，赵仁本的《法例》实际上是个人作品，由于受到高宗的拒斥而充其量具有参考价值（仅具说服力而不具拘束力），官方所援"法例"或者所兼习"律令法例"，既可能是唐律"名例"，也可能是法与例的总称（当然也不排除判例的可能）。

当然，历代也存在不少判例。例如，本书前述汉代"腹诽之比""轻侮之比"和"人婢清助赵邯郸城"等案均为判例。清代"成案"也一度发挥判例的作用。

古代中国存在判例是确定无疑的，只是各个时代的判例数量不一。中国古代是否存在判例法？判例法与判例是两个不同的概念。判例是具有法律效力能够成为未来判案基准的案例。判例法是一种法律制度，即在处理后案时依照前案所确立的原则、精神、标准来作处理。判例法有别于制定法，前者是"法官造法"，后者是最高统治者立法。就中国历代所出现的判例而言，除元代由于没有统一的成文法典而存在最为接近西方的判例法外，其余历代均受皇权的制约（元代虽未必受皇帝的允准，但仍然受其他中央官署的制约）。

---

〔1〕 王志强："中国法律史叙事中的'判例'"，载《中国社会科学》2010年第5期。
〔2〕 《中国大百科全书·法学卷》，中国大百科全书出版社1984年版，第87页。

从整个中国历代的判例趋势看，是没有西式判例法的，即古代中国确实有判例实践而无西方式判例法实践。因为历代的判例不是"法官造法"，而是最终要受到皇权（行政权）的约束。当然，如果站在另外一个角度，将中国法律发展史上所存在的各种判例实践称为中国特色的判例法，也未尝不可。[1]

古代中国判例的出现往往与皇权加强对司法的控制有关，而这一控制即表现为奏谳或者奏案制度。

《汉书·刑法志》载汉高帝七年谳疑狱诏。[2]对于疑狱，有的办案人员不敢贸然下判，对于有罪的人长久不予论罪，对于无罪的人实行超期羁押。高帝刘邦要求，县道官办理案件有疑问者，将案件上报二千石官，由后者进行处理。如果二千石官也不能作出决断，则上交廷尉处理。廷尉如果不能作出决断，则上奏皇帝，同时将"所当比律令"附于奏疏一并报上。[3]

1983年，湖北江陵张家山汉墓二四七号出土《奏谳书》，其所收案例时间为高帝七年至高帝十一年，恰好大致处于高帝七年谳疑狱诏颁布之后。据此可以推断，《奏谳书》是证明汉初确立奏谳制度的宝贵物证。虽然《奏谳书》大部分案例无法令人信服地认为是判例，但是毕竟有"人婢清助赵邯郸城"这一标准的判例做法。故而汉初奏谳制度确立之后确实是存在判例实践的。至于其他案例，否认其判例性质并不能同时否定奏谳制度的存在。[4]后来，景帝五年诏称，依照法律条文判案，如果并不能令人满意，即允许办案官员奏谳。[5]

---

〔1〕 本部分内容深受武树臣教授多部作品的影响与启发，特此致谢！武树臣："中国古代法律样式的理论诠释"，载《中国社会科学》1997年第1期；武树臣："中国'混合法'引论"，载《河北法学》2010年第2期；武树臣："中华法系的原生形态、发展轨迹和基本特征"，载《法学杂志》2012年第1期。

〔2〕 "狱之疑者，吏或不敢决，有罪者久而不论，无罪者久系不决。自今以来，县道官狱疑者，各谳所属二千石官，二千石官以其罪名当报之。所不能决者，皆移廷尉，廷尉亦当报之。廷尉所不能决，谨具为奏，傅所当比律令以闻。"参见《汉书·刑法志》。

〔3〕 关于"所当比律令"之"当"如何理解，学者有两种观点。一种观点认为，"当"意为应当，因而"比"意为比附（动词）。例如，《太平御览》载董仲舒对"子误殴父案"的观点："甲非律所谓殴父，不当坐。"显然，"不当坐"乃不应当定罪处罚之义。一种观点认为，"当"意为处断，因而"比"意为"比"（决事比，名词）。例如，《汉书》"张释之传"载张释之对"犯跸案"的处断态度："此人犯跸，当罚金。"而汉文帝指责张释之"廷尉乃当之罚金"。由上可见，对于"所当比律令"无论作何理解，均不妨碍对高帝七年诏确立奏谳制度的认定。

〔4〕 《奏谳书》所载其他案例仍然可能是当时审判人员的重要办案参考。

〔5〕 景帝诏称："诸疑狱若虽文致于法而于人心不厌者辄谳之。"参见《汉书·景帝纪》。

唐高宗时期，祥刑少卿赵仁本曾撰三卷《法例》作为办案参考。[1]高宗虽然认为自己个人能力有限，但是推崇开国以来的法制建设成就，反对于"条章备举"之外"更须作例"。《法例》废止，未能获得认可。

同时，《唐律疏议》断狱"辄引制敕断罪"条，强调对于滥引敕文断罪的以故出入人罪或者失出入人罪追究刑事责任。[2]凡以制敕特旨断罪，属临时处置措施，如果该制敕没有修成具有普遍适用性的"永格"，则不能作为以后处理相关案件的比附对象。"可见，在唐代，在无律令格式正文的情况下，可以适用类推或援引经过国家审核批准的判例。当时的判例适用已经进一步规范化了。"[3]作为中华法系最高代表的唐律，结束自汉初启幕的法律儒家化过程，借助种种具体刑法制度，建成一套严密的法律体系。另外，唐代虽有死刑奏报制度，但是前述高宗对于赵仁本《法例》的立场表明，皇权对于判例是持拒斥态度的。也就是说，唐代没有像汉代那样建立较为宽松的奏谳制度，而是强调"制敕断罪临时处分"，除非制定为"永格"，否则"不得引为后比"。

宋代确立"奏案"制度，对于"情重法轻""情轻法重"的案件，可以上奏请示。奏案是将"轻重法轻""情轻法重""事有疑虑"和"理可矜悯"的案件，逐级上奏取旨的司法程序。[4]奏案制度确立之后，判例增加。当时，地方官员上报案件，由中书查找以前办过的案例，"贴例取旨"，即将相关案例贴附呈送皇帝的案件报告，以供皇帝参考。于是，奏案渐渐使皇帝与法司裁断案件超越法律明文规定，而依据过往案例处断。因此，宋代奏案制度造成判例的实际运用。

---

〔1〕 "……先是祥刑少卿赵仁本撰《法例》三卷，引以为断，时议亦为折衷。后高宗览之，以为烦文不便，因谓侍臣曰：'律令格式，天下通规，非朕庸虚所能创制。并是武德之际，贞观已来，或取定宸衷，参详众议，条章备举，轨躅昭然，临事遵行，自不能尽。何为更须作例，致使触绪多疑。计此因循，非适今日，速宜改辙，不得更然。'自是，《法例》遂废不用。"参见《旧唐书·刑法志》。

〔2〕 《唐律疏议》断狱"辄引制敕断罪"条规定："诸制敕断罪，临时处分，不为永格者，不得引为后比。若辄引，致罪有出入者，以故失论。"参见《唐律疏议》，刘俊文点校，法律出版社1999年版，第603页。

〔3〕 武树臣等：《中国传统法律文化》，北京大学出版社1994年版，第422页。

〔4〕 元祐元年闰二月，给事中范纯仁言："四方奏谳，去年未改法以前，岁奏大辟凡二百六十四，死者止二十五人，所活垂及九分。自去年改法，至今未及百日，所奏案凡一百五十四，死者乃五十七人，所活才及六分已上……"参见（元）马端临撰：《文献通考》，刑考九。

以上史实表明,中国古代不同时期确实存在不同数量的判例。但是,中国历代"判例"始终处于辅助的地位(元代例外),占据主导地位的始终是成文法。

判例法不是立法者制定的法律,而是由司法者创制的法律,俗称"法官造法"。明清两代"例"是立法活动的产物,而皇权则始终把握着立法权。虽不存在基于分权理论所创立的机关,但官僚组织内部仍配有负有不同职责的组织机构。即便明清两代司法行政"混一",也不能否认其时"司法奏议"相当于议案提请审议,"臣工会议"相当于议会辩论表决,而皇帝钦准相当于国家元首签署法案使之公布生效。[1]

有学者将中国历代个人汇编案例故事的作品误认为判例集。例如,汪世荣先生将郑克《折狱龟鉴》、杨昱《牧鉴》、薛允升《读例存疑》作为古代判例的代表。[2]实际上,《折狱龟鉴》是案例集,荷兰汉学家高罗佩所撰《狄公案》曾将该书作为写作素材取用;《牧鉴》是破案故事或者官箴,有公案小说的意味;《读例存疑》是对清代条例的研究作品而非案例更非判例。判例集的本质是复例,从今天的立法技术观之,乃是法典编纂活动即立法工作的产物。私人著述的案例故事汇编甚至连法律汇编都算不上,因为法律汇编虽非立法行为,但属官方行为,何况历代这些案例故事汇编原本就不一定有法律适用的内容。

近代以来的中国人似乎存在极度不自信的一面,对于西方文明中存在的制度或者实物,动辄从自己的历史中寻找对应物以证明古已有之。至于法律领域,中国人似乎有一种"判例"情结,即努力钩稽典籍,力图从中发现"判例"中国人古已有之。这种情结夸大了"判例"在西方历史中的地位与作用。实际上,中西方之间有很多事物难以实现完全对应与准确对译。例如,在中国神话与传说中,"龙"是一种神异动物,具有蛇身、蜥腿、凤爪鹿角、

---

〔1〕 王志强先生指出:"中国古代具有悠久的制定法传统,但参考前例裁断案件的现象不绝如缕。这是成文法有限性与客观案件复杂性之间的紧张关系所带来的必然结果……在皇权不断加强的情势之下,皇帝不可能将创法之权如此轻易地随意假手于人。"参见王志强:"中英先例制度的历史比较",载《法学研究》2008年第3期。

〔2〕 汪世荣:"中国古代的判例研究:一个学术史的考察",载《中国法学》2006年第1期。另外,何勤华先生也持类似立场,参见何勤华:"宋代的判例法研究及其法学价值",载《华东政法学院学报》2000年第1期;何勤华:"明清案例汇编及其时代特征",载《上海社会科学院学术季刊》2000年第3期。

鱼鳞鱼尾，有虎须、额珠。封建社会时期，"龙"被神化，成为最高权位的象征，为帝王所专用。因此"龙"是东方特别是以中国为代表的东亚国家所特有的一种图腾。西方没有东方的"龙"，但有与之形象相似的一种传说动物，也被称为"龙"。然而，虽然英文一般将"龙"翻译为"dragon"，但是，欧美文化（西方文化）的"dragon"与中国文化（东方文化）的"龙"除在外表上存在些许相似之处外，其文化背景和内涵象征都存在极大差别，可谓天地悬殊。西方"龙"（"dragon"）在基督教以前，曾经一直是维京人、凯尔特人与撒克逊人的民族象征。自基督教时代起，《新约全书》启示录的西方"龙"饱含负面涵义，是一种恶兽，其与作为瑞兽的东方"龙"完全相反。在西方文化中，龙通常被视为邪恶的化身。故而，有学者指出，在东西方文化翻译活动中，应当将中国的"龙"翻译成"Chinese dragon"或者把"中国龙"翻译为发音与汉语接近的"loong"，以与西方的"dragon"进行一定区别。同样，在中国的史迹中寻找所谓"判例"的影子，同样需要面对概念之间不能对译的问题。又如，中国茶叶与西方咖啡之间的优劣，就无从谈起。这一对比可以用来比附比较法的研究中比较中西方法律的优劣。比较法研究有助于拓展学术视野，借鉴历史或者其他法域的经验，最终完善自我。不同类别的法（例如东方法与西方法）的形成必然有其自身的发展机理。难以简单地用"好坏""优劣"等下判。过多地强调中国历史上存在"判例"，容易导致判断标准的简化，以至于"在比较中失去自我"而变得非驴非马。[1]

"例"起初表现为单例、原生例，其后单例集聚成为复例（例如"比"编成"决事比"），原生例演化为派生例。而且，单纯的案例是否具有法律渊源作用需要根据统治者的态度决定，统治者认可的案例，可以成为判例，具有拘束力，统治者未认可的案例，虽不能成为判例，但仍能发挥说服力作用（即作为办案人员的重要参考）。成为复例的例文作为一个整体（汉代"决事比"、宋代"断例"、明代"问刑条例"等），在律典之外与律典并行，后来则"律例合编"，以至封建社会末世而不改。即使在"律例合编"的情况下，仍然有更为灵活、便宜的"通行"等法律形式发挥作用。变通之外复有变通，灵活之外复有灵活，便宜之外更为便宜。无论如何，"律例合编"达到封建社

---

[1] 马小红：《礼与法：法的历史连接》，北京大学出版社2005年版，第6~7页。

会立法水平的最高端，同时朝廷所制例文的抽象程度、概括程度也比早期的"决事比""法例"和"断例"等相对更高。也就是说，古代中国社会的"例"的抽象程度总体上呈越来越高之势，从前期的多为原生例向后期多为派生例过渡。[1]

"例"的产生与发展，最初主要出现在中央机构，地方官府并不具有立法权。但是，地方官员在体制默许的前提下发布告示、禁约等文件，起到法律规范的作用，久而久之，演变为"省例"（即使存在"省例"，告示、禁约等文件亦未退出历史舞台），从而使得中国法制史上的立法出现不同层级的划分，即中央立法与地方立法并立，这大大丰富了古代中国社会的法律渊源。

关于传统法律存在判例的问题，学界基本没有争论。但是传统法律是否存在判例法，则是见仁见智，完全取决于论者的不同立场与视角。如果将某些朝代的判例实践生搬硬套于近代以来的英美判例法，则无法实现有效对接，其结论自然是传统法律没有判例法。如果将某些朝代的判例实践界定为有别于英美判例法的具有"中国特色"的判例法，则又能成立，并易于为人所理解接受。因此，我国传统法律固然不存在严格的英美判例法，仍不妨承认中国历史上是存在判例法的，只是这种判例法与英美判例法等西方判例法存在极大区别，从根本上受皇权控制（元代属例外的判例法发达时期），且相对不占法律实践的主流，可谓中国特色的判例法。[2]

历史上不同时期的统治者对判例的态度有所不同，魏晋律令分野之前，中央政府对于判例的创制与作用发挥尚属放任态度。魏晋律典以至隋唐律典，由于律典完善，统治者对于判例是采拒斥态度的，唐高宗否定赵仁本《法例》即其典型适例。宋代以后，随着奏案制度的广泛实行，中央政府对于判例采取收入成文法律的做法。[3]统治者对待判例的排斥态度一直持续至清代，乾隆年间，朝廷对待"成案"的态度即其代表。不过，虽然说封建社会时期自

---

〔1〕 当然这一过程极为复杂，每个朝代的"例"可能以各种形式并存。例如唐代赵仁本的《法例》根据前文论述应是原生例（判例），但是《盐法条例》《进士明经条例》《吏曹条例》《举人条例》和《选人条例》等则极有可能是派生例。

〔2〕 本部分内容深受武树臣教授多部作品的影响与启发，特此致谢！武树臣："中国古代法律样式的理论诠释"，载《中国社会科学》1997 年第 1 期；武树臣："中国'混合法'引论"，载《河北法学》2010 年第 2 期；武树臣："中华法系的原生形态、发展轨迹和基本特征"，载《法学杂志》2012年第 1 期。

〔3〕 刘笃才："中国古代判例考论"，载《中国社会科学》2007 年第 4 期。

宋至清，统治者一直力图吸判例入成文法条。但是，判例的实践始终未能完全杜绝。毕竟，法律的成文规定属一般范畴，而灵活的判例则属特别范畴，成文法的规定由于其滞后性这一先天性缺陷，决定着其不可能穷尽天下所有的社会关系，判例的出现实乃必然。判例在古代中国法律实践中"或隐或现"，受到当朝统治者态度的影响，但无论如何，从未绝迹于史实，判例法要么发挥拘束力作用，要么发挥说服力作用。律文之外而有例文，例文之外而有判例，前者总是比后者稳定。清末学者皮锡瑞《经学通论》就曾指出，如果"例亦不能尽"的话，则"更须临时酌议"。

第二节　缜密的法律立法技术——以刑法领域为例

一、古代缜密的法律立法技术

"例"在中国古代发挥着灵活、变通的法源作用，其对王朝的基本法典进行补充，与后者一道发挥调整社会关系的作用。事实上，在"例"创制之外，当朝的基本法典本身就多处体现古人缜密的法律立法技术。中国古代处理司法案件，与当今有很大的相似之处，即都重视法律的规定，援法定罪。但是，依律断罪的做法，经历一个较为长期的确立过程。周代断罪即有罪刑法定主义与非罪刑法定主义之争。[1]伴随着东周初年郑晋等国开展的公开成文法运动，传统中国法"罪刑法定"开始萌芽，并同时逐渐发展成为较为系统的理论。[2]春秋时期的成文法运动，引起叔向与孔子的责备。但是，代表地主阶级的先进的成文法公布最终战胜"议事以制"的奴隶制秘密法。从此，历代定罪处罚，基本都有所本。沈家本先生可能是近代以来提出"律无正条不为罪"就是"罪刑法定"的第一人。

唐律"断罪不具引律令格式"条规定，对于相关法律条文，办案人员理当具体引用，否则治罪。[3]唐律"辄引制敕断罪"条，对于滥引敕文断罪的

---

〔1〕　戴炎辉编著：《唐律通论》，戴东雄、黄源盛校订，元照出版公司2010年版，第9页。

〔2〕　栗劲：《秦律通论》，山东人民出版社1985年版，第182页。

〔3〕　唐律"断罪不具引律令格式"条规定："诸断罪皆须具引律、令、格、式正文。违者笞三十。若数事共条，止引所犯者，听。"其后，疏议又曰："犯罪之人，皆有条制；断狱之法，须凭正文。若不具引，或致乖谬，违而不具引者，笞三十……"

惩治有所规定。[1]"断罪不具引律令格式"条并非从正面规定罪刑法定主义，而是指出不具引律令格式正文的法律后果，以强调官员办案必须有所归依。"辄引制敕断罪"条则从另一个角度指出，人主（皇帝）量情处分的情况是存在的，但是这种特事特办的案子如果没有上升为"永格"，不得作为后来办案的法律依据，否则须负"出入人罪"的法律责任。

需要指出的是，除上述"断罪不具引律令格式"条、"辄引制敕断罪"等条外，唐令还对法律的溯及力作出规定，两相结合，颇为类似当代刑法的罪刑法定主义与从旧兼从轻原则。唐令"狱官令""犯罪逢格改者"条即有类似规定。[2]对于犯罪未被官府发觉或者官府虽然发觉但未定谳的案件，如果遇到新的格文，新格比旧格（包括律）处刑若重，依照犯罪之时的格（包括律），新格比旧格（包括律）处刑若轻，依照新格（新格轻）。

此外，古人的罪刑法定，往往与制敕断罪、上请听裁等量情处分相结合。例如，唐律"辄引制敕断罪"所言"制敕断罪，量情处分"即显示这种特点。[3]总的来说，经过漫长的演变，唐宋时期，中国形成"罪刑法定与非法定和合"的特色。[4]

其实，不同时期的古人，多有从不同角度提出类似当今刑法罪刑法定的主张。西晋刘颂与唐代赵冬曦的主张可谓代表。

西晋廷尉刘颂，提出"律法断罪，皆当以法律令正文"的主张。[5]刘颂

---

〔1〕 唐律"辄引制敕断罪"条，对于监引敕文断罪的惩治有所规定。"诸制敕断罪，临时处分，不为永格者，不得引为后比。若辄引，致罪有出入者，以故失论。"其后，疏议又曰："事有时宜，故人主权断制敕，量情处分，不为永格者，不得引为后比。若有辄引，致罪有出入者，以故失论。谓故引有出入。各得下条故出入之罪；其失引者，亦准下条失出入罪论。"

〔2〕 唐令"狱官令""犯罪逢格改者"条规定："诸犯罪未发及已发未断决，逢格改者，若格重，听依犯时格；若格轻，听从轻法。"参见〔日〕仁井田陞：《唐令拾遗》，栗劲等编译，长春出版社 1989 版，第 709 页。

〔3〕 又如，宋徽宗大观二年（1108 年），御笔："近奏以六曹事修例为条，且法有一定之制，而事有无穷之变。苟事一为之法，则法不胜事。又其轻其重、其予其夺，或出于一时处断，概为定法则事归有司，而人主操柄失矣。"（参见《宋会要辑稿》，刑法一，之二三，第 6472 页。）徽宗当然希望臣僚依法行事，但担心如果案件均依律处断，则皇权就失去对之的制约，"人主操柄失矣"。他既想严防胥吏的舞弊，又想牢牢保有司法特权，维护"人主操柄"。

〔4〕 俞荣根："罪刑法定与非法定的和合"，载范忠信、陈景良主编：《中西法律文化》（第三卷），中国政法大学出版社 2003 年版。

〔5〕 具体而言，刘颂主张："又律法断罪，皆当以法律令正文，若无正文，依附名例断之，其正文名例所不及，皆勿论。法吏以上，所执不同，得为异议。如律之文，守法之官，唯当奉用律令。至

的意思是，处理刑事案件，应当依照"法律令正文"，没有正文，依照"名例"即断案通例处理。如果"法律令正文""名例"都不能解决，则"勿论"即无罪。刘颂要求"守法之官，唯当奉用律令"，对于"法律之内，所见不同"，可"得为异议"。

唐代赵冬曦，针对唐律科条简省"立夫一言而废其数百条"提出批评，指出其与之俱来的弊端在于"死生罔由乎法律"，而"轻重必因乎爱憎"，可谓间接提出罪刑法定的主张。[1] 赵冬曦认为，"轻重相举"条文的存在使得"死生罔由乎法律""轻重必因乎爱憎"，以至于"受罚者不知其然""举事者不知其犯"。赵冬曦反对立法活动"饰其文义""简其科条"，因为这样的做法将带来诸多"犯法之人"和"弄法之臣"。

但是，实际上，上述这些古代中国刑法罪刑法定的主张充其量是罪刑法定主义的思想萌芽，而且远不能等同于近代以来诞生自西方资产阶级革命理论所带来的罪刑法定主义。其思想致命的缺陷在于，古代中国刑法"缺乏起码的人文关怀，与法治理念基本搭不上边，很难谈得上有一种真正意义上的、能为多数人所赞同的罪刑法定原则存在于其中"（周光权语）。与其说古代中国刑法存在罪刑法定主义，不如说不同时期的古人反复强调依法办案，杜绝酷吏弄法。

总的来说，中国古代历代几乎都存在"罪刑法定"的萌芽，虽与当代罪刑法定有质的不同，但是也是为维护社会秩序、打击犯罪而有力存在的。除处于萌芽或者雏形中的"罪刑法定"即依律断案外，古人还通过其他途径最大限度地编制法网，以使法律在打击违法犯罪时"疏而不漏"。本书下面主要以唐律为例，说明古人如何编制严密的法网。

第一，"违令违式"条。唐律"违令"条规定："诸违令者，笞五十；谓

（接上页）于法律之内，所见不同，乃得为异议也。今限法曹郎令史，意有不同为驳，唯得论释法律，以正所断，不得援求诸外，论随时之宜，以明法官守局之分。"参见《晋书·刑法志》。

　　[1]　具体而言，赵冬曦指出："臣闻夫今之律者，昔乃有千余条。近者，隋之奸臣将弄其法，故著律曰：'犯罪而律无正条者，应出罪则举重以明轻，应入罪则举轻以明重。'立夫一言而废其数百条。自是迄今，竟无刊革。遂使死生罔由乎法律，轻重必因乎爱憎。受罚者不知其然，举事者不知其犯，臣恐贾谊见之，必为恸哭矣。立法者，贵乎下人尽知，则天下不敢犯耳，何必饰其文义，简其科条哉！夫科条省则下人难知。下人难知，则暗陷机阱矣，安得无犯法之人哉；法吏得便，则比附而用之矣，安得无弄法之臣哉。"参见《全唐文》卷二百六十九。

令有禁制而律无罪名者。别式，减一等。"〔1〕唐律本身旨在"正刑定罪"，相当于一部刑法法典，其对于违反其他法律形式（令与式）的行为，同样予以打击。唐律规定，对于违令的行为要笞五十，对于违式的行为要笞四十。"令"旨在"设范立制"，"式"旨在"轨物程式"。"式"和"令"有很大程度的内容交叉关系，而且前者是后者的实施细则。因此，唐律对于违式的行为的处罚比对于违令的行为的处罚要"减一等"，即减轻一级处罚。唐代律令格式的"律令体系"已然成熟。唐律不但对违反律文的行为予以刑事打击，而且对于违反令、式的行为，亦予以刑事制裁。至于违反格的行为，由于格是对律、令、式的补充，因此也能运用律文予以规制。"其违格者，亦同违令之法。又有违敕（敕系随时之命令），宜亦同违令科之。"〔2〕而且，唐代后期自《开成格》始，格的刑事化色彩日益浓厚。总之，违令违式条的存在，使得唐律成为各种法律形式的保障法，从而发挥"法网恢恢，疏而不漏"的效用。

第二，"不应得为"条。古人还通过律典"不应得为"条实现对社会的有效控制。戴炎辉先生认为汉律已有"不应得为"的规定，只是如何处罚不得而考，〔3〕"此条类似现行民法违背公序良俗之行为无效之规定。"〔4〕《尚书》"大传"载有"非事而事之"一语，郑玄认为"非事而事之，今所不当得为也"，程树德先生据此认为"不应得为"条"此律其源甚古"。〔5〕"不应得为"条的完整表述，见于唐律"杂律"篇："诸不应得为而为之者，笞四十；（谓律、令无条，理不可为者。）事理重者，杖八十。"后世宋明清历代均予继承，几乎无别。"不应得为"条的立法特点在于，该条缺乏明确的行为模式以至于审判人员裁量自由很大，有学者将其称为"概括性禁律"："与美国规定流浪罪的法律相比，'不应得为'律更加缺少可预见性的规定。而且该律所规定的两种刑罚无论是在质的方面还是在量的方面，都截然不同：不应得为轻

---

〔1〕　其后疏议："'令有禁制'，谓《仪制令》'行路，贱避贵，去避来'之类，此时'令有禁制，律无罪名'，违者，得笞五十。'别式减一等'，谓《礼部式》'五品以上服紫，六品以下服朱'之类，违式文而着服色者，笞四十，是名'别式减一等'。物仍没官。"参见《唐律疏议》，刘俊文点校，法律出版社1999年版，第561页。

〔2〕　戴炎辉编著：《唐律通论》，戴东雄、黄源盛校订，元照出版公司2010年版，第12页。

〔3〕　戴炎辉：《中国法制史》，三民书局1989年版，第24页。

〔4〕　戴炎辉编著：《唐律通论》，戴东雄、黄源盛校订，元照出版公司2010年版，第12页。

〔5〕　程树德：《九朝律考》，中华书局2003年版，第105页。

者所得刑罚为笞刑四十；不应得为重者则处杖刑八十。"[1]唐人张鷟《龙筋凤髓判》载有"杨嗣建议新修宫馆"一案。[2]杨嗣作为上林的主管官员（上林监）建议上林苑应当新修一处"宫馆"，以供皇帝用来游戏、田猎。张鷟认为杨嗣"不应言而上言，法有正条"，而"不应为有为，刑兹罔赦"，处断"宜从贬论，以肃朝章"。张鷟认为，提倡简朴反对奢靡是臣下所应奉行，杨嗣身为朝廷命官，其建议主张奢靡之风，不仅"广开禁御"，造成"虚费人功"，而且"陷人主于桓灵，丑声先著"。杨嗣的行为其实仅仅是一种单纯的建议，并未真正落实，张鷟难以借由唐律官员渎职犯罪对杨嗣进行惩处，只有动用这条"概括性禁律"。显然，"不应得为"条最终能够打击的是那些无法归入其他犯罪，但又根据当事人动机，认为必须惩处的行为。进而，"不应得为"条的存在，最终实现"出礼入刑""明刑弼教"的目的。"不应得为"条对其他律条起到"围追堵截"的作用，它使得整部律文更加严密。

第三，轻重相举与比附。《唐律疏议》名例"断罪无正条"条规定"轻重相举"的问题，对于如何对行为人出罪、如何对行为人入罪等问题作出界定。[3]就"轻重相举"条而言，"轻重相举"之制，总体而言，乃是当然解释。正是由于当然解释，使得律文规模大为缩小，引起前文赵冬曦的担忧与批评。《宋刑统》除个别表述与《唐律疏议》略有区别之外，基本上全面继承《唐律疏议》有关"轻重相举"的规定。后世《大明律》与《大清律例》没有规定"轻重相举"条，但是载有"比附"之制，而"比附"之制在唐宋已然入律。明清两代律典对断罪无正条问题作出规定。《大明律》"断罪无正条"条规定允许"引律比附"，但"定拟罪名"需"转达刑部"，最终"议定奏闻"。[4]

---

〔1〕［美］D·布迪、C·莫里斯：《中华帝国的法律》，朱勇译，江苏人民出版社 2004 年版，第 336 页。

〔2〕"上林监杨嗣增置宫馆于上林中，御幸游戏田猎所诣即上下辇，威宴暂劳永逸，永久安稳。"参见（唐）张鷟撰：《龙筋凤髓判》，田涛、郭成伟校注，中国政法大学出版社 1996 年版，第 87 页。

〔3〕《唐律疏议》名例"断罪无正条"条规定："诸断罪而无正条，其应出罪者，则举重以明轻；其应入罪者，则举轻以明重。"参见《唐律疏议》，刘俊文点校，法律出版社 1999 年版，第 145~146 页。

〔4〕《大明律》"断罪无正条"条规定："凡律令该载不尽事理，若断罪而无正条者，引律比附。应加应减，定拟罪名，转达刑部，议定奏闻。若辄断决，致罪有出入者，以故失论。"参见《大明律》，怀效锋点校，法律出版社 1999 年版，第 23 页。

《大清律例》"断罪无正条"条〔1〕规定对《大明律》的相关内容有所发展，其律注将"引律比附"扩大为"援引他律比附"。〔2〕"比附"这一法律现象之所以在中国法制史上绵延不绝，其原因在于传统中国法的具体主义或列举主义的立法技术。古人制定法律，缺乏对于规则的高度抽象能力，其制律往往配置绝对法定刑，立法上无法容纳司法人员的自由裁量。而为实现适当的刑罚，司法人员在实践中以某一条律文规定为依托，上下加减处理幅度，以达处刑"允中"之目的。

第四，"违制"律。这是针对官员违反行政命令而设置的概括犯罪的罪状。唐律"稽缓制书"条规定："诸稽缓制书者，一日笞五十（膳制、敕、符、移之类皆是。）一日加一等，十日徒一年。"唐律"被制书施行而违"条规定："诸被制书，有所施行而违者，徒二年。失错者，杖一百（失错，谓失其旨）。"《宋刑统》除"稽缓制书"条增加"官文书稽程"内容外，其"稽缓制书"条与"被制书施行而违"条同于唐代。这一分立立法的模式到明代转变为合并模式。《大明律》"制书有违"条规定："凡奉制书有所施行而违者，杖一百。违皇太子令旨者，同罪。违亲王令旨者，杖九十。失错旨意者，各减三等。其稽缓制书及皇太子令旨者，一日笞五十，每一日加一等，罪止杖一百。稽缓亲王令旨者，各减一等。"另外单设"官文书稽程"条。《大清律例》对明代立法基本予以继承。例如，军官王勋以官方发放的任职凭证向他人抵押借钱，即根据"违制"律，判处杖一百。〔3〕"违制"律的功能即在于，即使没有违反皇帝等发布的旨令，也可能面临处罚——"违制"律的惩处。

---

〔1〕《大清律例》"断罪无正条"条规定："凡律令该载不尽事理，若断罪无正条者，援引他律比附，应加、应减，定拟罪名，申该上司议定奏闻。若辄断决，致罪有出入，以故失论。"《大清律例》，田涛、郑秦点校，法律出版社1999年版，第127页。

〔2〕条例："一、引用律例如律内数事共一条，全引恐有不合者，许其止引所犯本罪。若一条止断一事，不得任意删减，以致罪有出入，其律例无可引用援引别条比附者，刑部会同三法司公同议定罪名，于疏内声明'律无正条，今此照某律、某例科断，或比照某律、某例加一等、减一等科断'详细奏明，恭候谕旨遵行。若律例本有正条，妄审官任意删减，以致情罪不符，及故意出入人罪，不行引用正条，比照别条，以致可轻可重者，该堂官查出即将承审之司员指名题参，书吏严拿究审，各按本律治罪。其应会三法司定拟者，若刑部引例不确，许院、寺自行查明律例改正。倘院、寺驳改犹未允协，三法司堂官会同妥议。如院、寺夹同蒙混，或草率疏忽，别经发觉，将院、寺官员一并交部议处。"参见田涛、郑秦点校：《大清律例》，法律出版社1999年版，第127~128页。

〔3〕〔美〕D·布迪、C·莫里斯：《中华帝国的法律》，朱勇译，江苏人民出版社2004年版，第336页。

"因此，对于'违制律'可以作这样的解释：某人若实施某项行为——虽然皇帝并未颁诏令禁止该行为，但这只是因为皇帝没有考虑到这种行为；如果皇帝考虑到这种行为，一定会颁发诏旨加以禁止——即构成违制罪。"[1]

第五，其他灵活、变通的法律形式与"比""例"的创制与运用。在基本的律典之外，历代都有灵活、变通的法律形式，例如汉科、唐格、宋敕，又如明清条例，再如秦"廷行事"、汉"决事比"、唐"法例"、宋元"断例"等。不过，这些灵活、变通的法律形式虽然也对封建严密法网起到极大的补充作用，但已是在基本律典之外。而上述"违制"条、"违令违式"条、"不应得为"条、"轻重相举"条和比附等，仍在当朝律典之内。

在律典规定机械、僵硬的实情下，除由王朝创制各种灵活、变通的法律形式，对律典进行"软化"外，在司法审判方面，办案人员往往考虑天理、人情，从而使得情理成为听讼活动重点予以考量的因素。自古以来，中国人一直生活在人情社会（"礼俗社群"），人与人之间的人情往来，往往对社会关系具有极其重要且微妙的影响，而律典也不外乎天理国法人情。在听审过程中，审判人员并非机械恪守律典条文，而是同时更多地考虑争议双方皆能接受的日常性观念，即考虑情理这一因素。考量情理因素，这在田土婚姻细故等案件的司法实践中表现得尤为明显。

我们透过先人的司法判决即可管窥。先秦司法判决文献几无可寻，我们难以获知；秦《法律答问》未予详言；汉《奏谳书》所载判决屈指可数；唐代判词，往往是针对习作、娱笔之目的，更侧重于文采辞藻，并非有效司法实践的体现。不过，先秦、汉唐时期司法文书尚待进一步发掘，我们并不能因当下史料的缺乏而遽然否认当时古人的情理观念。值得强调的是，两宋以降直至明清，司法文书得以大量保存，数量众多，内容丰富。[2]这些司法案情，既可见于官宦著述，亦可见于坊间刻本。

试举明代一则笔记故事：

> 刑部主事王某，任职山东县令。有民妇回娘家探亲，路远，妇乘夜色独行。适一樵夫尾随其后，至野外，握斧大呼，妇惊仆倒地，遂强奸

〔1〕［美］D·布迪、C·莫里斯：《中华帝国的法律》，朱勇译，江苏人民出版社2004年版，第336页。

〔2〕郭建、姚荣涛、王志强：《中国法制史》，上海人民出版社2006年版，第59页。

之，尽掳首饰而去。妇号泣弃还，偶遇令出，攀舆哀诉。令曰："吾当令人往捕，汝第言失去首饰已耳，毋露奸情也。"遂用巧计捕得樵夫，拥至县庭，召妇审视，首饰一无所失。因痛杖之百，收监时气绝。召夫责曰："尔妇将母，何不伴送？幸盗止利其首饰耳，倘至伤命奈何？"亦笞之十，令携妇归家。盖县令不令其言奸者，缘律条坐斩，问拟破重，且恐夫知必弃其妇，故曲为保全耳。[1]

民妇独身一人回娘家探亲，被尾随的樵夫强奸，正巧遇到县令王某出行，遂拦座驾报案。县令王某接受报案，同时要求民妇"第言失去首饰已耳"，不要暴露受辱，"毋露奸情"，为的是免遭丈夫嫌弃以致更为悲催的结局，最终"情法两全"。虽然说如果按照《大明律》规定该案应处刑为斩，更为严厉，[2]但不利于保全民妇名声贞洁。故而县令王某根据人之情理作出有利于民妇的处断措施，"痛杖之百，收监时气绝"，同时还责备民妇丈夫未予伴送，"亦笞之十"。[3]这既保全民妇被强奸不为丈夫所知，又惩罚丈夫疏于保护妻子的过失，反而起到更好的社会效果与家庭效果。

城东章氏女，许配南邻李二为妻。未过门，李二暴得风疾，不懂人事。尝白昼持刀，欲杀其老父。人惧不测，咸劝伊父李进才将其锁禁，勿令出。如是者一年。厥后疯狂日甚，早有风声到章氏耳。章氏无子，只此一女，指望靠以终身者。今女婿如此，大失所愿，思欲退婚。托人婉致李进才，李进才亦以儿身废弃，不肯害人家闺女（良心发现），方将捡点婚帖送还章门。不料妻舅王书贵不依，即以章氏图赖婚姻等情具控前来。王书贵者，县学中一老秀才，平素头巾气不小。词中类多迂腐语，以为"贞妇不更二夫，俗话说得好，一女不受两家茶，章女既许李二，

---

〔1〕 刘笃才："情法与律例——中国古代司法制度的几个关键词"，载陈金泉、汪世荣主编：《中国传统司法与司法传统》，陕西师范大学出版社 2009 年版。

〔2〕 需要指出的是，《大明律》"犯奸"条规定"强奸者，绞"，并非"缘律条坐斩"。参见怀效锋点校：《大明律》，法律出版社 1999 年版，第 197 页。

〔3〕 荷兰汉学家高罗佩先生（Robert Hans van Gulik）《狄公案》之《四漆屏》一案中狄仁杰对于犯人坤山的处断方式与本案颇为相合。我们虽然不能经由《四漆屏》一案具体判断"情理"是否已然在唐代成为司法考量的因素，但是该故事可以在一定程度上表明古代某一时期，官方司法对"情理"因素的考量。

则生为李家妇，死为李家鬼，况李二虽病未死，辄生离异，未免有亏伦理，禀请查禁"。维时余已访闻得实，即日传集人证到堂。李二疯子经十数人簇拥前来，疯疯癫癫连生身父李进才见面多不省识。余复历讯诸人证（省笔），一一与访闻吻合，各令散去，遂向王书贵曰："尔胸中读得数行刻板文字，不识得经权常理。疯病不比他症，瞎聋残疾之人，均能为家室之好；现在李二昏昏然，不知有生身父，又焉知有结发妻？（一片婆心，千年铁案非熟于道理人情不能断此。）伦常蔑矣，人道绝矣，且妇人有恶疾，即予以七出之条，岂男子有疯疾，而必欲令未婚之女过门守寡耶？王道近人情，春秋责贤者。本县酌一通变之方法，为从权之断。章女之于李二，请待以三年。三年内疯病愈，则为李也妻；不愈，则仍为章也女。或守贞，或改配乡曲，女子无甚求全，听之可耳。"王书贵听到余一番言语，也就不肯胶执，情愿遵断息销，两下折柬以俟。果不一年，李二竟以疯病死，女改字他姓矣。[1]

清代名吏胡秋潮，素称"折狱良才"，又称"浙右名家山左良吏"，清人评价其对"民间词讼尤必虚衷体察"，坚持"弗惮再三，不枉不纵"，最终达成"一归平允"，结果"案案皆是法，事事皆可师"。后来，胡秋潮将其任上所断狱讼汇成《问心一隅》一书，凡四十六案，上下两卷。其得意之作之最为著名者，即为处理"疯婿退婚"一案。章女与李二，原有婚约，尚未成亲。李二突患疯癫。《大清律例》户律婚姻"男女婚姻"条有所规定。[2]该条规定仅仅针对"残疾""老幼""庶出"和"过房乞养"等情形，当事双方务必明确无误，而本案情形与律典规定稍稍有异——定婚之后，"（章女）未过门，李二暴得风疾"——处于大清律例规定的空白地带。也就是说，对于本案，《大清律例》并没有明确的专门规定，而只有笼统的规定。本案双方当事人之所以会发生争执，其原因在于律典与现实不能完全对应。

在中国古代，当妇人患有恶疾时，丈夫可以七出之条休妻；而当"男子

有疯疾",不能"为家室之好"时,妇人却无任何救济措施。章女的处境确实令人惋惜。如果胡秋潮维持原定婚约,则章女必须嫁与李二,势必"过门守寡"。这虽合乎律典规定,却给章女造成终身遗憾,"伦常蔑","人道绝",不合情理。如果胡秋潮判决退婚退帖,则李二失去所定婚姻,不合律典,因为与章女定婚之初他还是一个正常、健全的人,他和章女的定婚是合乎律典的,虽然突遭风疾,但其并未违法;而这样的判决对于章女却是合乎情理的,毕竟染有疯疾的李二不能"为家室之好"。胡秋潮考虑到"王道近人情",寻求双方都能接受的方案,最终在律典与情理之间折中裁断:规定三年期限内,李二病愈则章女为李二妻,过限不愈则还章女自由身。这样的裁断考虑对立双方的主张,通过设定期限作为缓冲,一方面使得李二尚未完全丧失娶章女为妻的机会,维护李二的利益,另一方面尽量避免章女"过门守寡"的悲怜结局,照顾章女的处境。胡秋潮通过对当事人双方所关切利益、案件具体情理予以细致入微的考虑,使得双方在律典欠缺周详规定的情况下达成合意,既符合世间的人情常理,又在一定程度上照顾律典,使得双方当事人都能接受,情法两尽。

二、当代缜密的法律适用理论

古人对待犯罪问题,能够借助"援法定罪"以及"违令违式"条、"不应得为"条、轻重相举、比附等技术,最大可能发挥律典的作用。与古人做法相应,今人也能通过法律适用理论,最大限度"创制"缜密的法律措施,最大限度发挥刑法的打击犯罪功能。其中,今天某些技术与古人尚有相同之处(法律制度规定本身就是立法技术的体现)。今天也更需要缜密的法律适用理论。

以往,实务界与理论界倾向于对不同犯罪进行彼此厘清,确定"边界"。这种思想倾向导致一个局面,即面对纷繁复杂的社会生活与犯罪活动,实务人员与科研人员疲于奔命,以至于难以应对"新"发生的犯罪样态,也无法彻底划清相近犯罪之间的"边界"。与其这样无功而返,不如尝试更多地运用竞合理论、位阶理论处理犯罪之间的关系,同时坚持罪刑法定主义。当然,就立法而言,立法机关应当考虑借助竞合理论实现刑法对于不同犯罪重复规定时的"凹凸有致""厚此薄彼"并考虑立法创制时减少各种条文"群龙治水"或"群龙无首"的现象。此外,无论是立法机关还是司法机关,都应当运用法律条文与刑法理论,对具有社会危害性的行为,运用既有刑法资源进行"围追堵截"。

第一，运用竞合理论解决不同犯罪之间的关系，具体而言，处理不同犯罪之间的横向关系。竞合理论包括想象竞合与法条竞合。

首先，利用想象竞合处理犯罪之间的关系，编织"恢恢法网"。

想象竞合又称想象竞合犯，是指行为人基于某种罪过（过错）实施特定危害行为，触犯数个罪名的情况。形象地说，就是"一箭双雕"的情形。例如，行为人持枪向被害人射击，在杀死被害人的同时，子弹穿过被害人身体又击中另外一个无辜的人致其重伤，行为人同时触犯故意杀人罪与过失致人重伤罪（或故意伤害罪）。又如，行为人以破坏公用电信设施的方式实施盗窃，意图盗窃其中的电缆金属销售得钱，行为人同时触犯破坏公用电信设施罪与盗窃罪。对于如何处理想象竞合的问题，学界普遍的观点是，想象竞合属实质的一罪类型，应当择一重罪处断。

以往，我们的法学理论与司法实践往往针对相关犯罪之间的界限，进行不懈地探讨。实际上，这种探讨可能难以最终解决问题。例如，2010年夏天发生的"方舟子遇袭案"中的行为人最终被判处寻衅滋事罪，而非故意伤害罪。该案的判决引起诸多争议，之所以造成人们对寻衅滋事罪与故意伤害罪之间的区别纠缠不休的一个很大原因在于两罪之间存在想象竞合关系。

《刑法》第二百三十四条（故意伤害罪）第一款是对轻伤型故意伤害罪的规定——"故意伤害他人身体的"。《刑法》第二百九十三条（寻衅滋事罪）第一款第一项是对侵犯公民人身权益型寻衅滋事罪的规定——"随意殴打他人，情节恶劣的"。[1]显然，"故意伤害他人身体"有可能通过"随意殴打他人"表现出来。所谓想象竞合不同于后文探讨的法条竞合，即发生想象竞合的数个条文之间客观上并没有必然联系，只是由于行为人的特定行为使得"一石两鸟"的犯罪现象发生。因此，想象竞合是一个主观问题，即由行为人的特定行为带来的产物。[2]

---

〔1〕 除非本书另外说明，所引《刑法》条文均为修正后的《刑法》文本。

〔2〕 在方舟子遇袭一案中，被害人方舟子确实被行为人两人持械击打，这不是单纯的寻衅滋事案件，而是涉嫌故意伤害的案件。行为人的行为已经同时触犯两个不同的罪名：寻衅滋事罪与故意伤害罪。实际上，从两个行为人持械行凶的样态来看，其并非寻衅滋事，而是试图故意伤害方舟子。在这种情况下，承认寻衅滋事罪与故意伤害罪发生想象竞合是合适的选择。但是，人们往往会忽视这一点。原因即在于思维惯性使然——总是想要尽量分清寻衅滋事罪与故意伤害罪的界限，而忽略"你中有我，我中有你"的想象竞合问题。人们总是习惯于采取一个极端的处理方式，而忘记回头寻找解决问题的其他途径。

犯罪现象纷繁复杂，由于行为人自身行为带来的想象竞合也超出了人们所能预想的范围。与其划清不同犯罪的界限，不如通过想象竞合理论予以解决。正所谓"临渊羡鱼，不如退而结网"。当然，合理运用想象竞合还会面临其他一些问题。例如，想象竞合的处理原则是"择一重罪处断"。然而，法学理论与司法实践可能"说一套做一套"，并未真正贯彻这一原则。对于这个问题，人们应当给予高度关注。例如，《刑法》第二百三十四条（故意伤害罪）第一款对于轻伤的法定刑配置是"处三年以下有期徒刑、拘役或者管制"，而《刑法》第二百七十七条（妨害公务罪）第一款对各种情形的妨害公务罪的法定刑配置是"处三年以下有期徒刑、拘役、管制或者罚金"。当发生行为人妨害公务，故意导致被害人轻伤时如何处理？根据目前的通行理论，仍然依照妨害公务罪定罪处罚。可是，该种情形下的故意伤害罪，法定最低刑是"管制"，而妨害公务罪的法定最低刑是"管制或者罚金"（双方法定最高刑相同，都是"三年有期徒刑"）。相对而言，罚金一般认为轻于管制，因此，依照"择一重罪处断"原则，对行为人最终应当以故意伤害罪追究刑事责任。但是，刑法理论与司法实践却是与之相左，认为应当以妨害公务罪追究刑事责任。似乎理论界与实务界一旦面临具体问题，就会忽略刑法理论的贯彻。这种特定犯罪需要"容忍"轻伤的局面在我国实务部门及研究机构的工作人员的认识中，并非罕见。之所以出现如此脱节的现象乃在于人们没有真正认识想象竞合理论，更没有尊重自己所乐于称道的刑法理论。

本书认为，出现上述理论与实践之间脱节（当然也很有可能是理论与理论之间存在矛盾）的重要原因在于，人民法院作出的判决书的主文部分，有待加强说理。对于想象竞合问题，判决书应当分别论证，分别定罪处刑，然后在此基础上最终选择重罪进行处断，而不能继续采用以往的模糊"估堆"做法。任何一门学科都应当用精确的数学逻辑进行缜密推导。法律科学自然不能例外。

其次，运用法条竞合理论，编织严密法网。

法条竞合，又称法规竞合，是指同一行为因法条的重复规定，导致数个法条在内容上存在从属关系或者交叉关系。有学者否认法条竞合问题的存在，其认为法条竞合问题违反立法精神，而且从犯罪性质与犯罪构成来看不存在法条竞合问题，如果承认法条竞合，则不符合执法必严的原则。[1]多数学者

---

〔1〕 周水清："对法条竞合的质疑"，载《中国人民警官大学学报》1986年第3期。

承认法条竞合的存在，采此立场的学者在此前提下对法条竞合问题进行探讨。

法条竞合问题产生的原因在于立法技术的繁复。立法机关就某一危害社会的行为从不同角度进行规定，进而造成数个条文同时规制同一问题的现象。因此，法条竞合的现象非常普遍，可能超出某些人的想象。承认刑法存在法条竞合问题是一种实事求是的态度，同时，寻求法条竞合的法律适用原则也并非难以解决。著名刑法学者张明楷教授在论述想象竞合问题时就曾指出，学者不应过于强调不同犯罪之间的界限而对之作出区分，而应当注意尽量更多地运用想象竞合、想象竞合犯的理论来解决纷繁复杂的犯罪问题。[1]同理，刑法理论应当承认法条竞合，进而运用法条竞合的理论解决司法实践中出现的问题。

许多法条竞合问题源自相关犯罪构成要件要素的多寡。例如，《刑法》第一百二十八条第一款、第一百三十条与第二百九十七条三个条文之间存在法条竞合关系，[2]第一百三十条与第二百九十七条提及"进入公共场所或者公共交通工具，危及公共安全"与"参加集会游行示威"等要素，当行为人同时符合后两种情形之任意一种时，必然同时符合非法持有、私藏枪支、弹药罪，成立法条竞合。在这种情况下，行为人同时符合不同的构成要件，而相关条文之间存在竞合关系。

《刑法》存在大量法条竞合的条文。最常见的当属诈骗罪与金融诈骗罪、合同诈骗罪之间的法条竞合。此外，抢劫罪与抢劫枪支、弹药、爆炸物、危险物质罪之间存在法条竞合关系，盗窃罪与窃取国有档案罪之间存在法条竞合关系，抢夺罪与聚众哄抢罪之间也存在法条竞合关系。

关于法条竞合如何选择适用法条，学界大致共有四种主张：即特别规定优于普通规定，重法优于轻法，基本法优于补充法，整体法优于部分法。

承认《刑法》存在法条竞合，并不会加重司法工作的负担，只要人们善于运用法条竞合理论，不断提高办案人员的工作素养，该问题就会很容易得

---

〔1〕 张明楷："寻衅滋事罪探究（下篇）"，载《政治与法律》2008年第2期。

〔2〕《刑法》第一百二十八条第一款规定："违反枪支管理规定，非法持有、私藏枪支、弹药的，处三年以下有期徒刑、拘役或者管制；情节严重的，处三年以上七年以下有期徒刑。"第一百三十条规定："非法携带枪支、弹药、管制刀具或者爆炸性、易燃性、放射性、毒害性、腐蚀性物品，进入公共场所或者公共交通工具，危及公共安全，情节严重的，处三年以下有期徒刑、拘役或者管制。"第二百九十七条规定："违反法律规定，携带武器、管制刀具或者爆炸物参加集会、游行、示威的，处三年以下有期徒刑、拘役、管制或者剥夺政治权利。"

到解决。目前，某些刑法司法解释，存在数额冲突的问题。例如，有司法解释将诈骗罪的入罪门槛定为诈骗公私财物价值 3000 元至 10 000 元以上。[1]另有司法解释将集资诈骗罪的入罪门槛定为 10 万元以上[2]。现在我们假设，某地以 3000 元作为诈骗罪的追诉标准，同时以 10 万元为集资诈骗罪的追诉标准。如果行为人在集资过程中，骗取被害人 3000 元人民币，则其行为不构成集资诈骗罪而构成诈骗罪。根据《刑法》规定，对行为人应当判处三年以下有期徒刑、拘役或者管制，并处或者单处罚金。然而，如果行为人在集资过程中，骗取对方当事人 10 万元时，尽管行为人的行为同时成立诈骗罪与集资诈骗罪，但是由于诈骗罪（第二百六十六条）存在禁止性规定，[3]对行为人应当以集资诈骗罪追究刑事责任。然而，《刑法》第一百九十二条规定，对此集资诈骗行为，应当判处三年以下有期徒刑或者拘役，并处 2 万元以上 20 万元以下罚金。行为人普通诈骗 3000 元人民币的社会危害性轻于集资诈骗 10 万元人民币的社会危害性，然而法定刑配置却相差不大。这种现象表明，司法解释的创制者，在刑罚权的发动上违反同比例原则，未能恪守罪责刑相适应原则。

《刑法》存在大量的法条竞合现象。普通法条对特别法条起补充作用，人们应当充分认识这一点，以助益司法实践。例如，近年发生的贵州习水官员嫖宿幼女案，引发学界有关嫖宿幼女罪与强奸罪关系的争论，不少学者认为应当废除嫖宿幼女罪这一似乎带有歧视卖淫幼女的罪名。本书认为，这些学者未能真正理解嫖宿幼女的本质。嫖宿幼女的本质在于奸淫幼女，《刑法》第二百三十六条第二款已然明确强调奸淫幼女的行为，"以强奸论"，并且"从重处罚"。因此，强奸罪（第二百三十六条）是普通罪名（普通法条），嫖宿幼女罪（第三百六十条第二款）是特别罪名（特别法条），前者的最高刑为

---

〔1〕 最高人民法院、最高人民检察院于 2011 年 3 月 1 日公布《关于办理诈骗案件具体应用法律若干问题的解释》并于当年 4 月 8 日起施行，其第一条第一款规定："诈骗公私财物价值三千元至一万元以上、三万元至十万元以上、五十万元以上的，应当分别认定为《刑法》第二百六十六条规定的'数额较大'、'数额巨大'、'数额特别巨大'。"

〔2〕 最高人民法院 2010 年 12 月 13 日公布《关于审理非法集资刑事案件具体应用法律若干问题的解释》并于 2011 年 1 月 4 日起施行，其第五条第一款规定："个人进行集资诈骗，数额在 10 万元以上的，应当认定为'数额较大'；数额在 30 万元以上的，应当认定为'数额巨大'；数额在 100 万元以上的，应当认定为'数额特别巨大'。"

〔3〕 所谓禁止性规定是指"本法另有规定的，依照规定"等规范。

死刑（还能判处无期徒刑），但是后者最高刑却仅仅是有期徒刑十五年。当受案人民法院认为应当对被告人判处无期徒刑或者死刑才能罚当其罪时，完全可以强奸罪对相关嫖宿幼女案的被告人定罪量刑。嫖宿幼女罪以符合强奸罪为前提，两者具有重合关系，即嫖宿幼女罪完全符合强奸罪，是强奸罪的一种特殊表现。由此可见，作为普通罪名的强奸罪对作为特别罪名的嫖宿幼女罪起到了补充作用，可对其"围追堵截"。[1]这种起到"围追堵截"作用并且存在法条竞合关系的条款，在《刑法》中可谓比比皆是。

　　《刑法》起到"围追堵截"作用的，不仅包括法条竞合，还包括前文所言的想象竞合，甚至还包括"基本—补充关系条款""一般—持有关系条款"与"自然人—单位关系条款"。

　　就"基本—补充关系条款"而言，某些犯罪（法条）之间既不具有法条竞合关系，也不具有想象竞合关系，但是存在一方对另一方的补充关系。例如，走私普通货物、物品罪与走私枪支、弹药罪，走私假币罪，走私贵重金属罪，走私文物罪，走私废物罪，走私淫秽物品罪等走私犯罪之间就是"基本—补充"关系，作为补充罪名的走私普通货物、物品罪，因其强调"普通"本身不包括枪支、弹药、假币、淫秽物品等货物、物品，但是，当行为人走私的货物、物品不属其余十一个走私犯罪的内容时，完全可以以走私普通货物、物品罪追究刑事责任。

　　就"一般—持有关系条款"而言，1997年以后，中国刑法出现大量持有型罪名，且有继续增多趋势。这表明，立法机关利用持有型罪名打击违法犯罪的决心与考量。例如，巨额财产来源不明罪的设立即是适例。当国家工作人员渎职，有贪污、受贿等犯罪时，司法机关能够查明其财产来源于贪污，即以贪污罪追究其刑事责任，能够查明其财产来源于受贿，即以受贿罪追究其刑事责任，当无法查明任何确定来源时，当然不能就此认定行为人无罪，而是考虑到行为人持有巨额财产无法合理说明理由的，无论亲自持有还是他人代为持有，就应按照本巨额财产来源不明罪给予刑事处罚。诸如此类关系，刑法尚有持有假币罪，非法持有枪支、弹药、爆炸物罪等。持有型罪名的立法功能就是"围追堵截"，只要行为人"有"相关物品，就是犯罪。

---

　　[1] 2015年秋，《刑法修正案（九）》废除嫖宿幼女罪。虽然该罪被废除，但不影响人们对其继续进行研究。本书认为，该罪的产生和废除，均值得人们反思。

就"自然人—单位关系条款"而言，1997年修订刑法之际，立法机关增设单位犯罪条款，意图打击新形势下破坏社会主义市场经济秩序的犯罪行为。当单位实施单位能够实施的犯罪时，该单位便成立相应的单位犯罪，例如单位实施合同诈骗，便涉嫌合同诈骗罪。但是，当单位实施单位无法实施的犯罪时，如何处理？本书认为，自然人犯罪（罪名）对单位犯罪（罪名）同样起"补充""围追堵截"作用，即对于单位无法独立实施的犯罪行为，完全可以以自然人犯罪追究刑事责任。例如，违规制造、销售枪支罪是纯正的单位犯罪，自然人无法实施该罪，但是，一旦发生自然人实施违规制造、销售枪支，在无法认定为违规制造、销售枪支罪的情况下，完全可以以非法制造、买卖枪支罪，追究相关自然人的刑事责任。自然人犯罪是刑法的常见犯罪，单位犯罪是刑法的非常态犯罪。自然人犯罪（罪名）对单位犯罪（罪名）起"围追堵截"作用。[1]

第二，运用位阶理论解决不同犯罪之间的关系，具体而言，即处理不同犯罪之间的纵向关系，即处理高位犯罪与低位犯罪之间的关系。

位阶理论往往常用于理论法学领域（主要针对效力不同的法律渊源），其在刑法部门的运用则似属罕见。以往，在某些共同犯罪实行犯问题上，学者往往强调共犯之间存在行为"重合"现象，而未能进一步说明这种"重合"的理论依据。[2]

有这样一起案例：张某跟随吴某前往李某家实施盗窃，到达犯罪地点后张某站在外面望风看守，吴某进屋后发现事主李某并未离家也未睡觉，于是对李某直接掏出匕首实施抢劫并得手财物若干，然后吴某离开李某家并与守候在外的张某会合一同离开犯罪现场。张某的行为成立盗窃罪，吴某的行为成立抢劫罪，而按照前述学者所坚持的观点，仅能在盗窃罪与抢劫罪之间重叠的区间成立共同犯罪。可是，这种认识的理由是什么呢？根据我国目前流行的理论，似乎无法彻底说清这个问题。事实上，盗窃罪与抢劫罪之间存在

---

〔1〕 2014年4月24日第十二届全国人民代表大会常务委员会第八次会议通过的《关于〈中华人民共和国刑法〉第三十条的解释》明确指出："公司、企业、事业单位、机关、团体等单位实施刑法规定的危害社会的行为，刑法分则和其他法律未规定追究单位的刑事责任的，对组织、策划、实施该危害社会行为的人依法追究刑事责任。"

〔2〕 周光权先生认为："按照部分犯罪共同说，只要行为人就部分犯罪具有共同故意与共同行为，不同的犯罪之间具有重合、交叉性质时，就'共同'的部分即在重合的范围与限度内，就可以成立共同犯罪。"参见周光权：《刑法总论》，中国人民大学出版社2007年版，第294页。

位阶关系。盗窃罪是较轻犯罪，也就是低位阶犯罪，抢劫罪是严重犯罪，也就是高位阶犯罪。"取非其有"为盗，如果行为人采用平和的方式取财是盗窃，因此行为人采用暴力等使被害人无法抗拒的方式取财"更是"盗窃，所以，抢劫的本质在于盗窃，抢劫能"还原"为盗窃（强盗、窃盗皆为盗）。因此，张某与吴某在盗窃罪区间成立共犯，前者负盗窃罪的刑事责任，后者负抢劫罪的刑事责任。

《刑法》所规定的各个具体犯罪之间，存在大量"位阶关系"。我们常见的犯罪，故意杀人罪与故意伤害罪之间，抢劫罪与抢夺罪、敲诈勒索罪之间，都存在犯罪位阶关系。

以杀伤犯罪为例，故意杀人罪属于极端的故意伤害。如果《刑法》不存在故意杀人罪，那么，对待行为人的故意杀人行为，完全可以故意伤害罪追究刑事责任。故意杀人行为属于非法剥夺被害人的生命权的行为，但是也属于极端侵犯被害人的身体健康权的行为。故意杀人与故意伤害之间，并非是对立关系。故意杀人乃是故意伤害的本来义项之一。《刑法》某些条文也表明，侵犯身体健康权包括侵犯生命权在内。其一，故意伤害罪包括致人轻伤、重伤、严重残疾与死亡等四个具体实害结果，该罪对致人死亡的法定刑配置为有期徒刑十年以上直至死刑。其二，《刑法》第三百三十三条第二款"造成伤害"一语，包括致人死亡。[1]亦即，在强迫卖血罪过程中，如果行为人造成被害人死亡的，也应当以故意伤害罪追究刑事责任。

因此，我们可以得出一个结论。刑法可以没有高位阶犯罪（位阶较高的犯罪），不可没有低位阶犯罪（位阶较低的犯罪）。换句话说，刑法可以没有严重犯罪，不可没有较轻犯罪。例如，如果刑法没有规定故意杀人罪，那么可以对之追究故意伤害罪的刑事责任。反之，如果刑法没有规定故意伤害罪，那么就不能对之追究故意杀人罪的刑事责任。坊间有对于非法管制行为应当追究非法拘禁罪的观点，是值得商榷的。非法管制的位阶低于非法拘禁的位阶，不能将非法管制行为评价为非法拘禁行为进而追究刑事责任。在刑法废除非法管制罪的背景下，对非法管制行为贸然追究刑事责任是错误的（除非刑法将这种非法管制行为作为某种犯罪的成立要素），是"过剩的刑罚"的

---

〔1〕《刑法》第三百三十三条第二款规定："有前款行为，对他人造成伤害的，依照本法第二百三十四条的规定定罪处罚。"

体现。

广泛运用位阶理论，将有助于解决刑法领域诸多理论问题与司法实践问题。

首先，可以解决针对同一法益，涉嫌罪名不同，实则具有位阶关系的共同犯罪问题。例如，甲教唆乙针对被害人实施诈骗，而乙针对被害人实施抢劫。表面上看，双方似乎不成立共同犯罪。但是，抢劫罪与诈骗罪都以盗窃罪为其本质，双方在盗窃罪的范围内存在"重合"关系。因此，双方成立盗窃罪的共同犯罪（能否成立诈骗罪的共犯值得探讨）。甲负诈骗罪的刑事责任，乙负抢劫罪的刑事责任。同一法益成为具有位阶关系的犯罪之间的"最大公约数"。如果涉案双方所实施犯罪并不针对同一法益，则难以成立共同犯罪。例如，D教唆E针对被害人实施盗窃，而E针对被害人实施强奸。盗窃罪侵害的法益与强奸罪侵害的法益，完全不同，D、E双方不存在犯罪位阶关系。[1]

其次，可以解决某些实行犯过限问题。广泛运用位阶理论，有助于人们进一步认识部分犯罪共同说理论。根据前田雅英先生的观点，部分犯罪共同说内部，分为强硬的部分犯罪共同说和温和的部分犯罪共同说。强硬的部分犯罪共同说主张，对于没有重罪犯罪故意的人，只能在"重合"的轻罪范围内科处刑罚。后者的学术观点坚持认为，各行为人在低位阶犯罪范围实现一个共同正犯。[2]以F以杀人故意、G以伤害故意共同实施加害行为并造成H的死亡案件为例，按照强硬的部分犯罪共同说，F、G之间构成故意杀人罪的共同犯罪，对G以故意伤害罪追究刑事责任，对F以故意杀人罪追究刑事责任。按照温和的部分犯罪共同说，F、G之间构成故意伤害罪的共同犯罪，对G以故意伤害罪追究刑事责任，对F以故意杀人罪追究刑事责任。部分犯罪共同说的理论基础在于位阶关系理论。可以说，部分犯罪共同说是动态的位阶理论，而位阶理论更多地侧重于静态一面。部分犯罪共同说的上位概念就是位阶理论。既然承认部分犯罪共同说应当贯彻位阶理论，那么就没有必要对强硬的部分犯罪共同说和温和的部分犯罪共同说进行区分。由于F、G之间存在犯罪位阶关系，审判人员最终形成的判决书，其主文完全可以确认，不

---

[1] 马凤春："论法条竞合的类型及其法律适用"，载《法治研究》2009年第12期。
[2] 张明楷：《刑法的基本立场》，中国法制出版社2003年版，第268页，注③。

同的故意杀人罪与故意伤害罪之间存在位阶关系，而 F、G 二人均对自己的具体犯罪承担具体的刑事责任即可。坚持位阶理论还能准确实现罪责自负原则。

刑法就像一件起皱的衣服，对于这一瑕疵，人们可以通过"熨烫"（竞合理论与位阶理论的相应运用）而使其"舒展"开来，尽最大可能发挥刑法既有资源的效用。当发生社会新型犯罪时，人们理应冷静思考，看运用既有的刑法资源和法学理论能否予以合理解决，避免动辄呼唤新的立法这一看似高明实则没有认清问题的浪费立法资源的情形发生。

第三，无论运用竞合理论还是位阶理论，均应当严格恪守罪刑法定主义。

《刑法》第三条规定罪刑法定主义（罪刑法定原则）。就规范角度看，罪刑法定既包括罪之法定，也包括刑之法定。前者包括什么是犯罪、有哪些犯罪、某一犯罪的犯罪构成是什么等，都由刑法明确规定；后者包括有哪些刑罚（种类）、每种刑罚的刑度等是什么，也由刑法明确规定。就理论角度看，罪刑法定原则包括数个派生原则：排斥习惯法、排斥绝对不定期刑、禁止有罪类推以及禁止重法溯及既往等。甚至还包括：明确性原则、严格解释、实体的正当程序原则等。[1]一项好的法律，其必然体现社会的道德期待，没有道德作为内核的法律，不是好法律。对于刑法而言，既然刑法明确规定罪刑法定主义，人们就应当时刻谨记这一原则，处处以此指导自己的工作。然而，罪刑法定原则在我国贯彻得并不尽如人意，其原因并非仅仅表现在技术层面，更重要的是在于观念层面缺乏对罪刑法定原则的贯彻。

刑法是惩罚犯罪人的法律，事关财产、自由乃至生命的剥夺，关乎人的最根本、最切身的利益，而自西方资产阶级革命以来，以罪刑法定主义为渊源的诸项基本原则制约着立法者、司法者和执法者的工作。当立法者、司法者、执法者游离于刑法基本原则之外时，社会的安定性和民众的安全感都将受到冲击和破坏。刑法是保障社会安定和民众安全的最后防线，刑事司法当然不可避免地也要承担起这份重任。良好的刑事司法能给民众带来安全感，能保护人权。反之，拙劣的刑事司法将使民众无所适从，失去安全感，其权益随时可能面临侵害，人权无从保障。数百年来世界各国和地区的法律活动实践表明，刑事司法活动首先应恪守刑法的基本原则。

需要指出的是，刑法是各个部门法的保障法。这意味着，只有其他部门

---

〔1〕 参见高铭暄、马克昌主编：《刑法学》，北京大学出版社、高等教育出版社 2000 年版，第 27 页。

法（民商法、行政法等）无法给予相应打击时，才能由刑法出面"干预"（仍以刑法对相应危害行为有所规定为前提）。人们对于违法与犯罪之间的关系，应当克服动辄"大刑伺候"的思维倾向，优先考虑运用民商法、行政法的制裁是否足以适用。另外，对于刑法与行政处罚法、治安管理处罚法均规定的危害社会的行为，能够通过行政处罚法、治安管理处罚法予以解决的问题，尽量避免运用刑法制裁（除非已经达到犯罪之程度）。

三、当代缜密的法律立法技术——犯罪"类型化"问题

1997年修订刑法时，立法机关将刑法与单行刑法、附属刑法进行整合，并在某些犯罪之外，另外增加新的犯罪。例如，在抢夺罪之外增设聚众哄抢罪（第二百六十八条）、抢夺国有档案罪（第三百二十九条第一款）。又如，在贪污罪之外，增设金融工作人员以假币换取货币罪（第一百七十一条第二款）、为亲友非法牟利罪（第一百六十六条）、私分国有资产罪（第三百九十六条第一款）、私分罚没财物罪（第三百九十六条第二款）。再如，作为"口袋罪"的玩忽职守罪一分为二形成滥用职权罪和玩忽职守罪之后，两罪又各自分别统摄刑法各滥用职权型罪名和玩忽职守型罪名，彼此之间呈法条竞合之势。[1]实际上，修订后的刑法尚有很多类似的新增罪刑条款，由此也带来适用的难题。虽然法条竞合理论与想象竞合理论能够部分解决这方面的问题，但是，我们有必要思考问题之下更深层次的东西。

在现实生活中，当发生某种具有严重社会危害性的犯罪时，民众往往呼吁立法者完善立法，尤其是让刑法介入，使争议问题犯罪化。例如，对于网友揭发的虐猫、虐狗事件，有心人士提出刑法应当增设"虐待动物罪"。又如，近些年发生的某些子女对年迈父母不履行赡养义务的案件，某些地方发生的袭击人民警察的案件，民众对此纷纷要求立法者在刑法中增设"不孝罪""袭警罪"。

刑法是各个部门法的保障法，具有二位性，即当各个部门法无法调整其

---

〔1〕 可以说，刑法分则第九章"渎职罪"的绝大多数犯罪要么属于滥用职权型犯罪，要么属于玩忽职守型犯罪。另外，刑法分则第三章"破坏社会主义市场经济秩序罪"亦有部分犯罪属于这两种类型的犯罪。例如，签订、履行合同失职被骗罪（第一百六十七条），国有公司、企业、事业单位人员失职罪，国有公司、企业人员滥用职权罪（第一百六十八条），徇私舞弊低价折股、出售国有资产罪（第一百六十九条）。

所规制的社会关系的时候，刑法才有必要介入，进行规制。

第一，当各个部门法对特定社会关系还能调整的时候，刑法不宜出面，即当其他法律对某些行为尚未进行民事、行政调整之时，不能由刑法将尚未"违法"的行为直接"入罪"。

第二，当刑法对某类行为已有相关条文进行调整时，应当通过构成要件的解释，将目标行为解释纳入相关构成要件。即面对新出现的社会行为，应当考虑用尽既有刑法资源，而不是一味增加刑法罪刑条款。

就前述"虐待动物罪"的提议而言，我国目前尚缺乏《动物保护法》。虐待动物虽然遭到人们的指责，其肇事者的行为也属残忍之举，但这并不违法。在不违法的情况下，直接将这种行为入罪，是难以令人接受的。我国存在《野生动物保护法》，目前受到保护的也只是野生动物。对于普通动物的保护，尚需人们道德素养的进一步提高，而且，随着社会精神文明的普遍提升，《动物保护法》的出台也许并不是奢望，进而由刑法考虑是否增设"虐待动物罪"也就水到渠成。不过，现实生活中发生的虐待动物事件并非一律无法予以刑法规制，例如，如果行为人的行为符合故意毁坏财物罪或破坏生产经营罪时，完全可以以此类犯罪追究刑事责任。

就前述"不孝罪""袭警罪"的建议而言，相关当事人并未考虑到目前的刑法资源足以应对此两种情形。一方面，"不孝罪"的本质就是遗弃，刑法已有遗弃罪的设置。一方面，无论行为人"袭警"是否在人民警察履行公务之际，妨害公务罪与故意伤害罪足以解决。〔1〕

其实，民众屡屡呼吁立法者增设新罪，是出于形象化思维。立法者不断增设某些罪名，是欠缺对于诸多犯罪问题的"类型化"思考。

人们对于现实生活中出现的新情况、新问题，动辄呼吁刑法介入并增加新罪名的原因有二。第一，我国历史悠久的刑法文化。人们往往以为，自古至今刑法是最为主要的法律，运用刑法这个武器对丑恶社会现象进行打击是理所应当的。人们阅读的文学作品以及充斥荧屏的影视作品，也潜移默化地影响人们对于法律的直接观感。甚至刑法学的一些研究者，也有一种思想误区，即认为中国古代法律一直"以刑为主，诸法合体"。第二，普通民众对于

---

〔1〕 2015 年秋，《刑法修正案（九）》将"袭警"界定为妨害公务罪法定从重处罚情节，从而阶段性地平息有关"袭警"入罪的争议。

增设的新罪，往往根据行为的外在表象进行概括，而非把握其行为本质。即使对法律有所关注的人，也不一定能去除现象表面发现事件本质。因此，人们遇到某些丑恶社会现象作出以上两种反应很正常。而且中国人善于运用形象化的思维方式。明清时期，刑事条例不断增多，往往"因律生例""因例生例"或者"因案生例"。除考虑封建服制等因素外，形象化思维也是一个重要原因。特别是存在比附这种技术，刑事条例数量的膨胀也在情理之中。

但是，作为制定法律的立法者过于惯用形象化思维，动辄新增所谓"新型犯罪"，则是不可取的。德国法学家阿图尔·考夫曼曾经指出对事物的本质思考属类型思考，类型介于普遍与特殊中间，其以可比较可区别之事物为前提，有别于个别现象或者个别事物，而犯罪类型介于刑法理念与生活事实之中间点，立法活动的任务就是要描述各种犯罪类型，因此，《刑法》分则罪状并非对具体犯罪定义的界定，而是对犯罪类型的描述。[1]我国刑法的犯罪构成，其本质就是将具体案件中的相关因素进行类型化界定。而进行类型化界定之前，立法者应当对现实社会发生的形形色色案件，就侵害的法益（犯罪客体）、危害行为的特点、犯罪主体的身份、主观罪过的区别以及有无目的动机，进行抽象、提炼、概括，将值得科处刑罚的因素纳入刑法视野，进而形成不同类型的犯罪。

《刑法》修订之际立法者对刑法与单行刑法与附属刑法的整合，以及修订施行的《刑法》本身存在的诸多缺陷，一方面令刑法学者思考今后刑法的修改模式，一方面让法史同仁给予从历史上律例关系角度的关注。

本书认为，刑法应当"凹凸有致""厚此薄彼"，对社会危害较大而为立法者所重点关注的犯罪给予重点考量，对社会危害较小而立法者没有特别关注的犯罪给予一般对待。有此思路，在犯罪的设置问题上，才会有刑法体系轻重缓急。我国当前需要建立的是"严而不厉"的刑法体系，而现实的情况却是仍然处于"厉而不严"的阶段和状态。早在1980年代，储槐植先生就曾指出刑法的主要倾向在于"厉而不严"。亦即，对于刑事犯罪的打击不能一味靠重刑靠"严打"，反之，对于应当由刑法予以规制的问题，刑法需要做到未曾有所遗漏。同时需要注意，刑法具有谦抑性，对于某些不值得动用刑法资

---

〔1〕〔德〕阿图尔·考夫曼：《类推与"事物本质"——兼论类型理论》，吴从周译，学林文化事业有限公司1999年版，第111页。

源进行调整的问题，应抑制刑法的过多干涉。[1]

对于犯罪的类型化设置问题，大陆法系国家和地区的做法可资借鉴。例如，我国台湾地区对于故意杀人的犯罪，分别设有普通故意杀人罪、杀害直系血亲尊亲属罪、义愤杀人罪、生母杀婴罪、教唆或者帮助自杀罪、受嘱托或者得承诺的杀人罪等多种具体犯罪。故意杀人罪是古今中外统治者普遍重视的犯罪。将故意杀人区分为不同的犯罪的做法，有利于实现罪刑相应。又如，日本等大陆法系国家和地区的刑法普遍设有"强迫罪"（或称"强制罪""强要罪"），对于那些行为人强迫被害人从事某种行为的危害行为予以刑事制裁，而未对林林总总强迫型的犯罪，各立专条，不厌其烦地重复"施工"。

这启示我们，对于侵害重要法益的多发犯罪，宜分别立法，创制不同的罪刑条款；对于侵害次要法益的少发犯罪，宜统一立法规制，使之无所遗漏。

我国刑法在此方面尚有很大欠缺。1997年《刑法》修订之际，立法机关大量增设罪名，即是没有注意犯罪类型化问题的表现。例如，《刑法》未规定强迫罪，却规定大量具体的强迫型犯罪：强迫交易罪（第二百二十六条）、强迫职工劳动罪（第二百四十四条）[2]、强迫卖血罪（第三百三十三条第一款）、强迫他人吸毒罪（第三百五十三条第二款）、强迫卖淫罪（第三百五十八条）等。立法者始终未考虑增设或改设具有普遍涵摄功能的"强迫罪"以涵摄刑法未单独规定但社会生活可能发生的其他强迫行为或取代上述数种强迫型犯罪。实际上，刑法设置"强迫罪"这类概括性较强的犯罪，有利于实现刑法的稳定性，有利于实现刑法的正义性。2011年春，《刑法修正案（八）》对强迫交易罪与强迫劳动罪进行修改，但是仍然没有进行类型化思考，未增设"强迫罪"以统一各类强迫型犯罪，而仅仅是具体列举或扩张该两罪的强迫内容。同样，2015年秋，《刑法修正案（九）》虽然对强迫卖淫罪有所改动，但远未触及犯罪类型化问题，其更是在虐待罪之外增设不免叠床架屋之嫌的虐待被监护、看护人罪（第二百六十条之一）。

如果说我国刑法对于强迫型犯罪这种危害性较小的犯罪，应当设置普通罪名而未设置，是一种遗憾的话，那么，反之，我国刑法也有对于应当细化

---

〔1〕 储槐植："严而不厉：为刑法修订设计政策思想"，载《北京大学学报（哲学社会科学版）》1989年第6期。

〔2〕 根据《刑法修正案（八）》及"两高"的司法解释，强迫职工劳动罪现已更名为强迫劳动罪。

的犯罪没有进行细化立法的现实，故意杀人罪的设置即是如此。《刑法》第二百三十二条（故意杀人罪），[1]没有区分不同的犯罪对象，也未区分各种杀人手段，其法定刑上至死刑，下至有期徒刑三年，而后者根据《刑法》总则，还有可能获得宣告缓刑。这种做法与我国台湾地区的刑法相比，显然不利于司法工作人员准确定罪量刑，而自由裁量权的过大隐含司法腐败的危险。

刑法最重要的原则是罪刑法定原则，明确性是其应有之义。类型化思维的结果，其抽象程度各有不同，而这种不同并不违反罪刑法定。[2]因此，立法者在犯罪类型的设置上，应当收缩自如。对于危害性较小的犯罪，立法者应当普设类型化、概括性强的犯罪，同时配置跨度有限的法定刑，通过审判人员的自由裁量权实现社会正义。对于危害性较大的犯罪，立法者除设置普通罪名外，应当分别情形，相应设置不同的犯罪，同时配置不同的法定刑并防范审判人员滥用自由裁量权。

第三节 "例"在当代的影响

"例"不仅在中国古代发挥重大的作用，而且对当代中国的法制实践，也有莫大的影响。"例"在当代，仍然存在大量的后继者，涉及立法领域和司法领域。

关于"例"对当代法制建设的影响，首先涉及"两高"近年实施的案例指导制度（具体载体为指导性案例），其次涉及"条例"等各类低位阶的规范性法律文件。对于"例"对当代法律实践影响的研究，王世荣教授曾经做过研究，其《判例与法律发展——中国司法改革研究》一书即对司法解释批复做过研究探讨，[3]但是由于作者将"例"视为判例，故而导致对"例"在当代后继者的观察受到一定局限。

事实上，这些深受历史影响的指导性案例、条例等，也有单例、复例之分。例如，作为最高人民法院司法解释形式之一的"批复"即属单例，而与

---

〔1〕 《刑法》第二百三十二条规定："故意杀人的，处死刑、无期徒刑或者十年以上有期徒刑；情节较轻的，处三年以上十年以下有期徒刑。"

〔2〕 吴情树："我国刑法中'犯罪类型设置'的检讨——从背信罪的设立入手"，载《华侨大学学报（哲学社会科学版）》2009年第3期。

〔3〕 王世荣：《判例与法律发展 中国司法改革研究》，法律出版社2006年版，第119~149页。

之相对应的"解释"则是复例。又如，最高人民法院、最高人民检察院施行的"案例指导制度"，其所确立的指导性案例，总体上而言亦属单例。至于复例，例如，作为最高人民法院司法解释形式之一的"解释"，对若干问题集中进行阐述，涉及多项来源于各地司法实践的法律适用问题。又如，作为以"条例"为代表的低位阶的各类规范性法律文件，属于复例。

当代的"例"也有原生例、派生例之分。例如，最高人民法院根据案例指导制度所发布的指导性案例，属原生例，直接源自案件判决。司法解释、条例等各类低位阶规范性法律文件，属派生例，即表现为抽象的规范文字，作为规范性法律文件发挥作用。

一、指导性案例

新中国成立以来，最高人民法院始终重视案例研究，曾先后就案例问题作出尝试。[1]最近十年，案例指导制度（指导性案例）的施行工作获得重大进展。2010 年 7 月 29 日，最高人民检察院发布《关于案例指导工作的规定》。2010 年 11 月 26 日，最高人民法院发布《关于案例指导工作的规定》。"两高"相继发布《关于案例指导工作的规定》，标志着我国案例指导制度步入一个新阶段。我国"案例指导制度"并未采用"判例""先例"等表述而用"案例"一语，可能更多地是考虑我国是成文法、制定法国家，采用"判例""先例"等表述可能会带来不必要的麻烦与困扰。另外，"案例指导制度"的确立及其新发展，当然借鉴传统中国法的判例因素。因此，"案例指导制度"

---

〔1〕 1956 年，在全国司法审判工作会议上，最高人民法院阐明案例在人民法院审判中"比照援引"的法律效力。1962 年，最高人民法院进一步确立了案例总结的程序与法律约束力，规定案例选定权归高级人民法院和最高人民法院；最高人民法院选用的案例，以最高人民法院审判委员会决定的形式发给地方各级人民法院比照援用。参见刘树德：《析判例在两大法系中的地位和作用》，载 http://www.chinacourt.org/html/article/200509/01/176048.shtml，最后访问时间：2010 年 10 月 31 日。1985 年，最高人民法院公报开始刊登典型案例。例如，最高人民法院印发《关于破坏军人婚姻罪的四个案例》的通知，该通知要求"下级法院今后在办理破坏军人婚姻案件中遇到类似情况的，应当适用刑法第一百八十一条的规定予以判处"。1999 年 10 月 20 日，最高人民法院发布《人民法院五年改革纲要》，其第 14 条指出："2000 年起，经最高人民法院审判委员会讨论、决定有适用法律问题的典型案件予以公布，供下级法院审判类似案件时参考。"2005 年 10 月，最高人民法院发布《人民法院第二个五年改革纲要》，其第 13 条指出："建立和完善案例指导制度，重视指导性案例在统一法律适用标准、指导下级法院审判工作、丰富和发展法学理论等方面的作用。最高人民法院制定关于案例指导制度的规范性文件，规定指导性案例的编选标准、编选程序、发布方式、指导规则等。"两个"五年改革纲要"均对案例指导工作作出相应规定。

极具中国特色。

对于"案"与"例"二字何时并列成为"案例"一语，目前尚难最终考证。但是据本书研究，"案例"一语至迟于南宋时期，即已进入法律领域。

> "是年（绍兴九年）十一月一日，臣僚复建言：'前后所降指挥非无限期。取得大理寺状，虽曾编修审复，即未上朝廷。窃详编类之意，盖为刑部进拟案，引用案例，高下用情，轻重失当。今既未成书，不免随意引用……'"[1]

《宋会要辑稿》所载绍兴九年臣僚建言是迄今发现的最早的有关"案例"一语的记载。从绍兴九年臣僚建言来看，当时刑部"引用案例"审判案件，存在"随意引用"的弊端，原因在于"既未成书"，从而"高下用情，轻重失当"。考虑到两宋时期司法领域流行"断例"，此处"案例"当指"断例"。而且，此"案例"与当代用语"案例"几乎无任何差别。

在建立案例指导制度之前，坊间亦以判例或者先例为名，进行探讨。2010年12月31日，最高人民检察院《关于印发第一批指导性案例的通知》向全国各地检察机关印发"施某某等17人聚众斗殴案""忻元龙绑架案"和"林志斌徇私舞弊暂予监外执行案"三个案例。2011年12月20日，最高人民法院第一批发布共计四个指导性案例。其中，民事2个，刑事2个。[2]民事指导性案例包括"上海中原物业顾问有限公司诉陶德华居间合同纠纷案"与"吴梅诉四川省眉山西城纸业有限公司买卖合同纠纷案"。刑事指导性案例包括"潘玉梅、陈宁受贿案"和"三志才故意杀人案"。

以最高人民法院发布的指导性案例"王志才故意杀人案"为例，该指导性案例旨在为判处死缓并限制减刑案件的法律适用问题提供指导。《刑法》第五十条第二款规定，对判处死缓的累犯和八种严重暴力性犯罪的死缓犯限制减刑的制度，适用于2011年4月30日以前发生的犯罪行为；对于罪行极其严重，应当判处死刑立即执行，如果被害人及其近亲属一方反应强烈，而被告人具有法定或者酌定从轻处罚情节，判处死刑缓期执行的同时，决定对其限

---

[1]《宋会要辑稿》，刑法一，之四七 第6485页。
[2] 截至2019年初，最高人民法院已经发布指导性案例21批，最高人民检察院已经发布指导性案例13批。

制减刑，能够实现罪责刑相适应原则的，依法可以判处死刑缓期二年执行并在判决书中决定对其限制减刑。这一指导性案例必然有利于切实贯彻"宽严相济"的刑事政策，既能打击犯罪，又能保卫社会，实现正义，构建和谐社会。

深入贯彻"案例指导制度"，实现同案同判，这涉及如何理解指导性案例的法源作用。我国是成文法国家，案例不是正式法源，但是具有重要意义。我国不是判例法国家，未施行判例法制度。那么，指导性案例究竟具有何种作用？

最高人民检察院《关于案例指导工作的规定》第十三条第二款规定，指导性案例，应当"提请检察委员会审议决定"。最高人民法院《关于案例指导工作的规定》第六条第一款规定，符合《关于案例指导工作的规定》的案例应当"提交最高人民法院审判委员会讨论决定"。"两高"上述规定表明，指导性案例的出台与司法解释的出台具有相同的程序，极为规范。但是，如果就此认为指导性案例同司法解释一样具有法律效力，可能有些武断。我们需要继续分析指导性案例的实际效力，即其具有拘束力抑或说服力。

最高人民检察院《关于案例指导工作的规定》第十五条对于指导性案例指出"可参照执行"，[1]最高人民法院《关于案例指导工作的规定》第七条对于指导性案例规定"应当参照"。[2]因此，最高人民检察院的指导性案例"可参照执行"，最高人民法院的指导性案例"应当参照"。"可"与"应当"有别，"两高"对待指导性案例的法律效力的态度似乎有所矛盾。

本书认为，"两高"的"可"与"应当"并不存在矛盾，"两高"的指导性案例仅具有说服力，而不具有拘束力。"可"即"可以"，表示存在选择的余地，"应当"表示只能如此，不存在选择的余地。因此，从形式上看，"可"与"应当"意义迥然有别。但是，就其内容而言，都是"参照"。"参照"的本意在于参考、对照，至于办案人员最终是否受到相关指导性案例的影响，则是另外一个问题。亦即，"可"与"应当"是形式问题，其究竟有无拘束力要看其内容——"参照"，而"参照"的本质仍然在于办案人员具

---

〔1〕 最高人民检察院《关于案例指导工作的规定》第十五条规定："指导性案例发布后，各级人民检察院在办理同类案件、处理同类问题时，可参照执行。"
〔2〕 最高人民法院《关于案例指导工作的规定》第七条规定："最高人民法院发布的指导性案例，各级人民法院审理类似案例时应当参照。"

有自由裁量权。因此，无论是"可"还是"应当"，都由于"参照"的存在，而使得"两高"的指导性案例均仅具说服力而非拘束力。之所以作如此理解，另有以下几个因素。

第一，《刑法》第三百九十八条第二款规定，非国家工作人员如果涉嫌泄密犯罪，需要"酌情处罚"。[1]此处"依照前款的规定酌情处罚"一语，虽未表述为"应当依照前款的规定酌情进行处罚"，亦未表述为"可以依照前款的规定酌情进行处罚"，但是，只能解释为"应当""依照前款的规定酌情进行处罚"，即"依照前款的规定酌情处罚"省略"应当"。也就是说，凡是省略"应当"之处，均意为"应当"。至于"可以"则非如此，必须明确规定"可以"才能表示存在裁量的余地。这是仅就其形式而言，至于其内容，尚需进一步加以分析。"依照前款的规定酌情处罚"之"酌情处罚"，意在"从宽处理"。具体而言，"酌情处罚"包括"从轻处罚""减轻处罚"，另外还包括"免除处罚"。也就是说，"依照前款的规定酌情处罚"具体是指"依照前款的规定，从轻、减轻处罚或者免除处罚"。如果将形式与内容结合，综合起来进行理解，该款的准确含义为"可以依照前款的规定，从轻、减轻处罚或者免除处罚"。由此可见，指导性案例"可参照执行"与"应当参照"均意为说服力而非拘束力。

第二，《行政诉讼法》第六十三条第三款规定，人民法院审理行政案件，"参照"规章。[2]《行政诉讼法》对于规章的立场在于"参照"而非"依照"，该"参照"与案例指导制度之"参照"本质相同，均可由司法机关及其工作人员自由裁量。[3]区别仅在于，《行政诉讼法》之"参照"，其对象是规章这种抽象的规范性法律文件，案例指导制度之"参照"，其对象是特定具体案例。亦即，法律推理的大前提有所不同。但是，无论《行政诉讼法》之"参照"还是案例指导制度之"参照"，均意为允许办案人员运用自由裁量权。

---

〔1〕《刑法》第三百九十八条第二款规定："非国家工作人员犯前款罪的，依照前款的规定酌情处罚。"

〔2〕《行政诉讼法》第六十三条第三款规定："人民法院审理行政案件，参照规章。"

〔3〕"'参照'本身即凡符合宪法、法律的，就是判案依据，可以'参照'；不符合宪法、法律的，就不'参照'。"参见中国法学会宪法学研究会编：《宪法与国家机构改革》，电子科技大学出版社1999年版，第47页。

第三，案例不是我国法律体系的正式法源，不过其具有重要的学术价值甚至重要的参考价值。中国历史上的历代案例，绝大多数时期，尽管受到皇权的认可，也是从属于制定法，而在未受到皇权认可的情况下，仅具有参考作用。也就是说，受到皇权认可，具有拘束力，未受皇权认可，具有说服力。案例指导制度正是在充分吸收历史经验的同时基于我国目前法律体系总体上属大陆法系的现实而确立起来。最高人民法院《关于司法解释工作的规定》第二十七条对于司法解释作为裁判依据作出规定，"应当在司法文书中援引"，〔1〕但是，指导性案例并未在援引之列。虽然"两高"《关于案例指导工作的规定》的出台迟于《关于司法解释工作的规定》，但是可以想见，即使未来《关于司法解释工作的规定》得以修改，也不会将指导性案例作为裁判依据。可见，近期"两高"通过司法解释对案例指导制度加以明文规定，是对新中国成立以来逐步确立的案例制度的一种正式而规范的重申。案例指导制度既反映古代中国法具有说服力的"例"的特征，又与当代中国法律体系相吻合。

二、条例等各类低位阶规范性法律文件

（一）条例

"例"在当代的另外一个集中表现，即为以"条例"为代表的各类低位阶的规范性法律文件。

1987年国务院《行政法规制定程序暂行条例》第三条第一款规定，行政法规的名称可以称"条例"，〔2〕是"对某一方面的行政工作"比较完善而且周全的规范。《行政法规制定程序暂行条例》第三条第二款规定，行政机关的行政规章不得被称为"条例"。〔3〕

2002年国务院《行政法规制定程序条例》第四条第一款规定，行政法规

---

〔1〕《最高人民法院关于司法解释工作的规定》第二十七条指出："司法解释施行后，人民法院作为裁判依据的，应当在司法文书中援引。人民法院同时引用法律和司法解释作为裁判依据的，应当先援引法律，后援引司法解释。"

〔2〕《行政法规制定程序暂行条例》第三条第一款规定："行政法规的名称为条例、规定和办法。对某一方面的行政工作比较全面、系统的规定、称'条例'；对某一方面的行政工作作部分的规定，称'规定'；对某一项行政工作作比较具体的规定，称'办法'。"《行政法规制定程序暂行条例》于1987年4月21日由国务院批准、1987年4月21日国务院办公厅发布，于2002年1月1日废止。

〔3〕《行政法规制定程序暂行条例》第三条第二款规定："国务院各部门和地方人民政府制定的规章不得称'条例'。"

的名称一般称"条例"，国务院根据委任立法所制定的行政法规可以称"暂行条例"。[1]《行政法规制定程序条例》第四条第二款仍然规定，行政机关的行政规章不得被称为"条例"。[2]

国务院的行政法规"条例"与部门规章、地方政府规章（实施细则等）相当于中国法律发展史上的"则例"等行政立法。其位阶相对于最高立法机关制定的法律要低。

《立法法》第六十五条规定，国务院根据宪法与法律，有权为执行法律与其他国务院行政管理的事项，制定行政法规，而且，这种行政法规经过实践检验，制定相应法律的时机一旦成熟，国务院应当及时提请最高立法机关制定法律。行政法规往往被称为"条例"，其位阶显然低于法律。在实践中，确实有不少行政法规属于相关法律的"先导"。例如，1990 年 12 月 24 日国务院公布《行政复议条例》，后为 1999 年 4 月 29 日全国人大常委会公布的《行政复议法》所取代。又如，1993 年 8 月 14 日，国务院公布《国家公务员暂行条例》，后为 2005 年 4 月 27 日全国人大常委会公布的《公务员法》所取代。《行政复议法》与《公务员法》的产生均源自由行政法规而法律的"倒逼""升格"程序。但是，更多的行政法规并未升格为法律，仅在较低位阶上（低于法律）发挥作用。实际上，这些"条例"所能发挥的作用更大，功能也更为灵活。

另外，《立法法》第七十五条规定"自治条例""单行条例"的制定，[3]即相关地方立法机关（人大）可制定"自治条例"与"单行条例"。

需要指出的是，"条例"并非仅指法律地位相对较低的规范性法律文件。有时，也可将最高立法机关制定的法律称为"条例"。例如，我国先后制定过

---

　　[1]《行政法规制定程序条例》第四条第一款规定："行政法规的名称一般称'条例'，也可以称'规定'、'办法'等。国务院根据全国人民代表大会及其常务委员会的授权决定制定的行政法规，称'暂行条例'或者'暂行规定'。"《行政法规制定程序条例》由国务院 2001 年 11 月 16 通过并于 2002 年 1 月 1 日起施行。

　　[2]《行政法规制定程序条例》第四条第二款规定："国务院各部门和地方人民政府制定的规章不得称'条例'。"由此来看，国务院根据全国人大及其常委会的授权决定制定的行政法规可以称为"暂行条例"，国务院各部门（部委署）与地方人民政府制定的规章不得称为"条例"。

　　[3]《立法法》第七十五条第一款规定："民族自治地方的人民代表大会有权依照当地民族的政治、经济和文化的特点，制定自治条例和单行条例。自治区的自治条例和单行条例，报全国人民代表大会常务委员会批准后生效。自治州、自治县的自治条例和单行条例，报省、自治区、直辖市的人民代表大会常务委员会批准后生效。"

两部《治安管理处罚条例》，第一部《治安管理处罚条例》由第一届全国人大常委会第八十一次会议于 1957 年 10 月 22 日通过并于当日起施行，第二部由第六届全国人大常委会第十七次会议于 1986 年 9 月 5 日通过，自 1987 年 1 月 1 日起施行，后者于 2006 年 3 月 1 日废止，即被《治安管理处罚法》所取代。目前生效的由最高立法机关制定的"条例"还有《学位条例》等。《治安管理处罚条例》与《学位条例》虽名为"条例"，实质上与最高立法机关制定的其他法律无异，只是其所调整的对象均有特指。但是，其他不以"条例"命名的法律，也有大量调整某一特定领域社会关系者。[1]因此，最高立法机关所立的法律宜尽量避免使用"条例"作为法律名称，以使最高立法机关的立法与最高行政机关的委任立法在名称上有所区别。[2]

因此，"例"在当代成文法世界，更多地表现为以"条例"为代表（包括实施细则）的较低位阶的规范性法律文件。[3]根据《立法法》第六十五条规定，国务院制定行政法规"条例"，其"根据"是宪法与法律。根据《立法法》第七十二条规定，省、自治区、直辖市、较大的市的权力机关制定地方性法规，是在不同上位法"相抵触"的前提下制定，可见，行政法规与地方性法规的制定要求略有不同。各个层级拥有立法权（含委任立法）的主体应当谨守分际，不得违反《宪法》和《立法法》对于立法权限的划分。

但是，位阶较低的行政法规等规范性文件，违反上位法的现象时有发生。例如，1957 年国务院《关于劳动教养问题的决定》初步确立劳动教养制度；1979 年全国人大常委会批准的国务院关于劳动教养问题的补充决定第三条进一步明确劳动教养的期限"为一年至三年"，"必要时得延长一年"；1982 年国务院《劳动教养试行办法》第十三条重申，劳动教养期限，根据被劳动教养的人的具体违法犯罪情况，"确定为一至三年"，第五十八条进一步明确，

---

[1] 有学者指出："许多效力等级有很大差别的国家法律和行政法规有同类名称，从它们的名称上看不出效力等级差别。"参见周旺生：《立法学》，法律出版社 2009 年版，第 461~462 页。

[2] 实际上，新中国成立之初，除《宪法》《婚姻法》等重要法律外，刑事领域最重要的莫过于《妨害国家治罪暂行条例》《惩治反革命条例》《惩治贪污条例》等三件"条例"。由此不难发现，当时的"条例"均是侧重某一方面，《妨害国家治罪暂行条例》专项打击假币犯罪，《惩治反革命条例》专项打击反革命犯罪，《惩治贪污条例》专项打击贪污贿赂犯罪。

[3] 比行政法规"条例"位阶更低的包括部门规章与地方政府规章。前者相当于清代"则例"，后者相当于清代"省例"，均是"例"在当代立法领域的发展。另外，地方性法规、经济特区法规是"例"在当代的发展，也是效力位阶低于法律的规范性法律文件。

如果劳动教养期需要延长，"累计不得超过一年"。劳动教养制度备受诟病，长时间未被废除。《立法法》第八条明确规定，限制人身自由的处罚只能被制定为法律，同时规定"犯罪和刑罚"事项，也只能被制定为法律。劳动教养一般情况下为一年至三年，还可能延长一年达二年至四年之久，其严厉程度远超部分刑罚种类。[1] 劳动教养制度应当予以废止或者由法律（《违法行为矫治法》）所取代。对于此类违反《立法法》（甚至违反《宪法》）的规范性法律文件，应当通过某种机制予以规制。可喜的是，2013 年 11 月 15 日《中共中央关于全面深化改革若干重大问题的决定》提出，废止劳动教养制度。当年 12 月 28 日全国人大常委会通过《关于废止有关劳动教养法律规定的决定》，至此，实施 50 多年的劳教制度终于被依法废止。

（二）司法解释

司法解释对刑法进行有效补充、明确、扩张、限缩。如同明清时期的条例，司法解释也对刑法文本本身起到灵活、变通的补充和改动作用，具体表现为对刑法有效补充填补空白，明确适用范围，适当进行扩张解释以及予以合理限缩解释。

例如，《刑法》第二百二十五条规定非法经营罪。[2] 构成非法经营罪的前提条件是行为人"违反国家规定"有四项行为之一，情节严重，方可构成犯罪。作为行政法规的《电信条例》并未相应明确规定对擅自经营涉外电信业务（包括港澳台）的行为予以追究刑事责任的规定，而最高人民法院的司法解释对此有所规定。[3] 最高人民法院司法解释的这一规定就对刑法起到有

----

〔1〕根据《刑法》规定，管制的刑期为三个月以上二年以下，数罪并罚不能超过三年，拘役的刑期为一个月以上六个月以下，数罪并罚不能超过一年，有期徒刑数刑总和不满三十五年的，数罪并罚不能超过二十年，数刑总和在三十五年以上的，数罪并罚不能超过二十五年。管制是限制人身自由的刑罚，拘役、有期徒刑是剥夺人身自由的刑罚。显然，劳动教养远比作为限制人身自由的管制、作为剥夺人身自由的拘役严厉，而且比部分有期徒刑还要严厉。

〔2〕《刑法》第二百二十五条规定："违反国家规定，有下列非法经营行为之一，扰乱市场秩序，情节严重的，处……（一）未经许可经营法律、行政法规规定的专营、专卖物品或者其他限制买卖的物品的；（二）买卖进出口许可证、进出口原产地证明以及其他法律、行政法规规定的经营许可证或者批准文件的；（三）未经国家有关主管部门批准非法经营证券、期货或者保险业务的，或者非法从事资金支付结算业务的；（四）其他严重扰乱市场秩序的非法经营行为。"

〔3〕最高人民法院 2000 年 5 月 24 日施行的《关于审理扰乱电信市场管理秩序案件具体应用法律若干问题的解释》第一条指出："违反国家规定，采取租用国际专线、私设转接设备或者其他方法，擅自经营国际电信业务或者涉港澳台电信业务进行营利活动，扰乱电信市场管理秩序，情节严重的，依照刑法第二百二十五条第（四）项的规定，以非法经营罪定罪处罚。"

效的补充作用。

又如,《刑法》第八十条规定无期徒刑减为有期徒刑的计算方法。[1]该规定仅仅明确无期徒刑减为有期徒刑的刑期的起算时间点为"裁定减刑之日",但未进一步明确无期徒刑减为有期徒刑的具体刑期。最高人民法院的司法解释对此予以进一步明确。[2]司法解释将刑法未明确之处予以明确,能够给办案人员以明确的引导。

另外,现行刑法相对修订前的刑法增加伪造、倒卖伪造的有价票证罪。[3]但《刑法》并未像规定伪造货币罪(第一百七十条)和变造货币罪(第一百七十三条)那样将伪造行为和变造行为分别立法规制,对于伪造或者倒卖伪造的有价票证的行为明文规定为犯罪行为,而对变造或者倒卖变造的有价票证是否追究刑事责任未予明确界定。最高人民法院的司法解释对此予以明确补充,[4]即对于变造或者倒卖变造的邮票数额较大的,依照伪造、倒卖伪造的有价票证罪定罪处罚。这说明,当刑法明确将针对某一犯罪对象的犯罪区分伪造、变造进而分别定罪量刑的时候,伪造行为与变造行为分别成罪,此时的伪造行为是狭义的伪造,变造行为是狭义的变造;当刑法对某一犯罪对象只规定有伪造犯罪时,此时的伪造属于广义伪造,包括狭义的伪造

---

〔1〕《刑法》第八十条规定:"无期徒刑减为有期徒刑的刑期,从裁定减刑之日起计算。"

〔2〕最高人民法院1997年11月8日施行的《关于办理减刑、假释案件具体应用法律若干问题的规定》第六条指出:"无期徒刑罪犯在执行期间,如果确有悔改表现的,或者有立功表现的,服刑二年以后,可以减刑。减刑幅度为:对确有悔改表现的,或者有立功表现的,一般可以减为十八年以上二十年以下有期徒刑;对有重大立功表现的,可以减为十三年以上十八年以下有期徒刑。"最高人民法院2012年7月1日施行的《关于办理减刑、假释案件具体应用法律若干问题的规定》第七条指出:"无期徒刑罪犯在刑罚执行期间,确有悔改表现,或者有立功表现的,服刑二年以后,可以减刑。减刑幅度为:确有悔改表现,或者有立功表现的,一般可以减为二十年以上二十二年以下有期徒刑;有重大立功表现的,可以减为十五年以上二十年以下有期徒刑。"最高人民法院2017年1月1日施行的《关于办理减刑、假释案件具体应用法律的规定》第八条第一款(节选)指出:"被判处无期徒刑的罪犯在刑罚执行期间,符合减刑条件的,执行二年以上,可以减刑。减刑幅度为:确有悔改表现或者有立功表现的,可以减为二十二年有期徒刑;确有悔改表现并有立功表现的,可以减为二十一年以上二十二年以下有期徒刑;有重大立功表现的,可以减为二十年以上二十一年以下有期徒刑;确有悔改表现并有重大立功表现的,可以减为十九年以上二十年以下有期徒刑。"

〔3〕《刑法》第二百二十七条第一款规定:"伪造或者倒卖伪造的车票、船票、邮票或者其他有价票证,数额较大的,处……"

〔4〕最高人民法院2000年12月9日施行的《关于对变造、倒卖变造邮票行为如何适用法律问题的解释》指出:"对变造或者倒卖变造的邮票数额较大的,应当依照刑法第二百二十七条第一款的规定定罪处罚。"

和狭义的变造。因此，当行为人变造或者倒卖变造的车票、船票或者其他有价票证，数额较大的，应以伪造、倒卖伪造的有价证券罪追究刑事责任。这实际上是对伪造进行的适当的扩张解释。

然而，最高司法机关也可能作出不当的解释。例如，最高人民法院对有关自首的司法解释即作出不当的限制解释，其将自首限定为司法机关尚未掌握的非同种犯罪，如果行为人如实供述同种罪行，则不承认其为自首，仅"可以酌情从轻处罚"或者"一般应当从轻处罚"。[1]然而，如实供述同种罪行的行为，其实质仍然属自首，而"一般应当从轻处罚"的处理效果也恰恰是对自首的处理效果。与其如此迂回曲折，不如直接回到刑法本义，承认其为自首。

司法解释所作出的不当解释并非孤例。又如，《刑法》第一百四十五条规定生产、销售不符合标准的医用器材罪。"两高"的有关司法解释将"销售"进行十分牵强的扩张，即包括某种情形下的"购买""使用"行为。"购买""使用"不同于"销售"，特别是"购买"与"销售"属于对立的相向行为。[2]这一解释可能超出普通民众的心理接受程度。

考察由古及今的立法技术，我们可以清楚地发现，今人与古人在法律创立思维上，存在着惊人的一致之处。

以明清时期律典的规定为例，《大明律》"断罪引律令"条明文规定"凡断罪皆须具引律令"，而《大清律例》"断罪引律令"条也明文规定"凡（官司）断罪，皆须具引律令"，那些特旨断罪，"临时处治不为定律者"，则"不得引比为律"。[3]

---

〔1〕 最高人民法院《关于处理自首和立功具体应用法律若干问题的解释》第四条指出："被采取强制措施的犯罪嫌疑人、被告人和已宣判的罪犯，如实供述司法机关尚未掌握的罪行，与司法机关已掌握的或者判决确定的罪行属同种罪行的，可以酌情从轻处罚；如实供述的同种罪行较重的，一般应当从轻处罚。"

〔2〕 最高人民法院、最高人民检察院2001年4月10日施行的《关于办理生产、销售伪劣商品刑事案件具体应用法律若干问题的解释》第六条第四款指出："医疗机构或者个人，知道或者应当知道是不符合保障人体健康的国家标准、行业标准的医疗器械、医用卫生材料而购买、使用，对人体健康造成严重危害的，以销售不符合标准的医用器材罪定罪处罚。"

〔3〕 该条律文附有条例例文："除正律正例而外，凡属成案未经通行著为定例者，一概严禁，毋得混行牵引，致罪有出入。如督抚办理案件，果有与旧案相合，可援为例者，许于本内声明，刑部详加查核，附请著为定例。"

以《刑法》为例，其第三条明文规定罪刑法定原则。[1]最高人民法院《关于司法解释工作的规定》规定，司法解释施行以后，人民法院用来作为裁判依据的，"应当在司法文书中援引"；如果人民法院同时引用法律与司法解释作为裁判依据，则应当先援引法律，然后援引司法解释。[2]

如果将明清时期与当今两个时代的相应法律规定进行对比，我们就可明显发现，明清时期"断罪引律令"与当代司法审判实践援引法律条文与司法解释的思路同出一辙。而且，在对待地方大员（督抚）办理案件的问题上，"许于本内声明"，然后"刑部详加查核"，最终由刑部"附请著为定例"的做法与当今地方的各级人民法院如果"认为需要制定司法解释"的，则"应当层报高级人民法院"并由后者审查决定是否最终向最高人民法院提出创制司法解释的建议的思路，也完全一致。

三、非规范性法律文件

本书所谓非规范性法律文件，是指由立法机关、行政机关、司法机关的内设机构未经严格的制定程序而制颁的某些文件。例如，全国人大常委会法工委根据《立法法》第六十四条，"可以"对有关具体问题的"法律询问"进行研究，予以"答复"并报常务委员会备案。法工委不具有立法权，其所公布的"法律询问答复"也不属立法解释，但是在现实生活中具有实际的拘束力。又如，"两高"的内设机构最高人民法院"研究室"、最高人民检察院"法律政策研究室"发布的"通知""意见""座谈会纪要"等，未经审委会、检委会讨论通过，直接下达相应下级司法机关，发挥事实上的拘束力。这些"法律询问答复""通知""意见"和"座谈会纪要"等，均不是严格意义上的立法解释或者司法解释，但是往往超过立法解释、司法解释而获得优先适

---

〔1〕《刑法》第三条规定："法律明文规定为犯罪行为的，依照法律定罪处刑；法律没有明文规定为犯罪行为的，不得定罪处刑。"

〔2〕《最高人民法院关于司法解释工作的规定》第二十七条指出："司法解释施行后，人民法院作为裁判依据的，应当在司法文书中援引。人民法院同时引用法律和司法解释作为裁判依据的，应当先援引法律，后援引司法解释。"同时，《最高人民法院关于司法解释工作的规定》第十条第二款指出："基层人民法院和中级人民法院认为需要制定司法解释的，应当层报高级人民法院，由高级人民法院审查决定是否向最高人民法院提出制定司法解释的建议或者对法律应用问题进行请示。"

用。本书认为，应当对非规范性法律文件予以规范，严肃法律适用秩序。[1]最终达到"收可行之例归于通行之法"的目的，呈现"所行者皆法也，非例也"的合理局面。

（一）非规范性法律文件之一——全国人大常委会法工委的"法律询问答复"

《立法法》第六十四条规定："全国人民代表大会常务委员会工作机构可以对有关具体问题的法律询问进行研究予以答复，并报常务委员会备案。"该条确立"法律询问答复"制度。《立法法》自 2000 年 7 月 1 日施行以来，截至 2007 年 4 月 2 日，全国人大常委会法制工作委员会（以下简称法工委）先后就各地国家机关的法律咨询进行答复，总计 183 件。其中，2000 年 15 件，2001 年 28 件，2002 年 24 件，2003 年 21 件，2004 年 35 件，2005 年 41 件，2006 年 16 件，2007 年 3 件。[2]这些"法律询问答复"涉及立法法、选举法、组织法、民法、行政法、刑法和法官法等各部门法。

"法律询问答复"起源于 1957 年《关于某些法律法令问题不能提会又不应由办公厅直接加以处理如何解决的意见》。该意见确认，全国人大常委会工作机构"有权以答复的方式解释法律"。[3]这被认为是"法律询问答复"制度的滥觞。同时，该意见表明，"法律询问答复"的制定主体曾经一度是全国人大常委会办公厅（后来变更为法工委）。1981 年，全国人大常委会制定施

---

[1] 本书以下将要探讨的非规范性法律文件问题，仅限于全国人大常委会法工委、最高人民法院研究室、最高人民检察院法律政策研究室判颁的各类文件，不含地方各级权力机关、司法机关制颁的各类文件。原因在于，最高权力机关、最高司法机关的内设机构无权制颁这些文件，地方各级权力机关、地方各级司法机关更无权制定此类文件。另外，国务院法制办公室作为国务院的内设机构，也制定此类非规范性法律文件。

[2] 本书统计数据来源有三：第一，全国人大常委会法制工作委员会编《法律询问答复（2000-2005）》，中国民主法制出版社 2006 年版；第二，中国知网；第三，中国人大网"法制工作委员会"部分，http://www.npc.gov.cn/npc/fzgzwyh/node_5948.htm，最后访问时间：2016 年 12 月 31 日。其中，2007 年"法律询问答复"仅见 3 件。2007 年 4 月 2 日以后的"法律询问答复"资料暂缺。另外，"法律询问答复"这种做法在《立法法》产生之前即已存在。据学者不完全统计，从 1983 年至 1997 年 5 月，法工委先后作出"法律询问答复"共 700 件左右，涉及宪法、选举法、组织法、行政法、刑法、民法、诉讼法等部门。参见周伟：《宪法解释方法与案例研究——法律询问答复的视角》，法律出版社 2007 年版，第 155~156 页。《立法法》第 64 条（修正前系第 55 条）是对既有的这种做法进行的一种法律确认，但是定位含混暧昧。另外，就《立法法》施行前后"法律询问答复"的产生数量来看，年平均件数显著下降，这似乎表明《立法法》施行后，法工委对"法律询问答复"加强规范化、严格化控制。

[3] 李丽平："论法律询问答复的性质"，载《知与行》2017 年第 7 期。

行《关于加强法律解释工作的决议》，但未明确涉及"法律询问答复"。1988年七届全国人大常委会"工作要点"和1993年八届全国人大常委会"工作要点"虽然分别声明"属于人大工作中法律的具体应用问题，由常委会有关部门拟出答复意见""属于人大工作等方面有关法律的具体适用问题，由常委会有关部门作出答复意见"，但两"工作要点"对"答复意见"的性质和效力并未予以明确。2000年《立法法》第五十五条对于施行已近半个世纪的"法律询问答复"制度予以确认。该法于2015年获得修正，其原第五十五条成为修正后的第六十四条。

关于"法律询问答复"的性质，学界聚讼纷纭。在"法律询问答复"是否具有法律效力的问题上，学界大致存在三种观点。

第一种观点认为"法律询问答复"具有法律效力，具有拘束力。周伟教授认为，"法律询问答复"属于"介于法律解释与行政法规之间的法律渊源"，[1]"不是一般的学术理解"，起到填补"正式法律解释缺位"的问题，"具有拘束力"，因而需要"参照执行"。[2]梁洪霞教授认为，"法律询问答复"已部分替代全国人大常委会立法解释的作用，但效力尚不具普遍性与强制性。[3]此外，相关工作人员指出："法律询问答复，属于如何具体应用法律的解释。"[4]可见，该工作人员将"法律询问答复"理解为法律解释的一种（应用解释）。[5]

第二种观点认为"法律询问答复"不具有法律效力，不具有拘束力。褚宸舸教授认为，"即使经由常委会备案，法律询问答复也并非有权的法律解

---

〔1〕 周伟：《宪法解释方法与案例研究——法律询问答复的视角》，法律出版社2007年版，序言第1页。

〔2〕 周伟："'法律询问答复'法律效力研究——被忽略的中国法律解释"，载《安徽大学法律评论》2003年第1期。

〔3〕 梁洪霞："论法律询问答复的效力"，载《重庆理工大学学报（社会科学）》2010年第4期。

〔4〕 乔晓阳主编：《立法法讲话》，中国民主法制出版社2008年版，第179页。

〔5〕 论者进一步指出："全国人大常委会工作机构每年都进行一些法律解释，主要是采用法律询问答复的形式。一般情况是，国务院及其有关部门、最高人民法院、最高人民检察院或各省、自治区、直辖市人大常委会在具体应用法律时，对立法原意的理解没有把握或者对立法原意的理解有分歧意见时，往往会向全国人大常委会工作机构提出询问，由工作机构进行研究提出意见，按工作程序报经有关领导同意后，向有关机关作出答复。常委会工作机构所作的法律询问答复，一部分是属于法律如何具体应用的解释，也有一部分是法律常识性的问答。"参见乔晓阳主编：《立法法讲话》，中国民主法制出版社2008年版，第201页。

释",不过,"答复对提问主体具有事实上的拘束力"。[1]周宇骏同志认为,"法律询问答复"是"一种较为权威的学理解释",虽然更加贴近立法原意,但"定义模糊","不具有强制力","应该是一种学理性质的阐释",建议将全国人大常委会对其法工委"法律询问答复"的"备案"改为"批准","让法律询问答复获得有权效力",同时建议成立负责法律解释的专职机关。[2]徐振光同志认为,应当将"法律询问答复""视为各部门和各地方'理解执行法律的指导依据'","不具有普遍的拘束力"。[3]李丽平同志认为,"法律询问答复"仅仅是一种"贴近立法原意学理解释"的无权解释,"不具有任何实质性的法律规范"。[4]另有学者指出,"'答复'不具有法律效力,仅仅是由于答复机关的地位而使得'答复'对现实产生一定的指导作用"。[5]此外,《立法法》施行以前,蔡定剑教授曾指出,"法律询问答复""只能算作一般的法律解答,不具有法律效力"。[6]李步云教授同样认为,法工委"对某些法律作过一些解答……只能供参考",[7]"这种解释只能供考虑"。[8]

第三种观点认为"法律询问答复"效力待定。林彦教授认为,"法律询问答复""尚不具有广泛的约束力","效力的不确定及相对化在一定程度上弱化询问答复的权威性"。[9]林彦教授进一步指出,"法律询问答复"虽曾满足"实践对法律解释的需求",但其"合法性、合宪性始终存在疑问",最终应当"将解释制度一元化"。[10]这种观点对于"法律询问答复"究竟属于有权

〔1〕 褚宸舸:"论法律询问答复的效力——兼论全国人大常委会法工委的机构属性",载《政治与法律》2014年第4期。

〔2〕 周宇骏:"试论全国人大法工委法律询问答复的效力",载《成都理工大学学报(社会科学版)》2014年第4期。

〔3〕 徐振光:"法律询问答复的难言之隐——探究法律询问答复的性质归属",载《江西广播电视大学学报》2015年第4期。

〔4〕 李丽平:"论法律询问答复的性质",载《知与行》2017年第7期。

〔5〕 刘桂新、江国华:"中国立法解释制度的困境与出路",载《学习与实践》2015年第5期。

〔6〕 蔡定剑、刘星红:"论立法解释",载《中国法学》1993年第6期。

〔7〕 李步云:"关于《中华人民共和国立法法》(专家建议稿)",载李步云主编:《立法法研究》,湖南人民出版社1998年版。

〔8〕 李步云:"关于起草《中华人民共和国立法法》(专家建议稿)的若干问题",载《中国法学》1997年第1期。

〔9〕 林彦:"法律询问答复制度的去匿",载《华东政法大学学报》2015年第1期。

〔10〕 林彦:"法律询问答复制度的去匿",载《华东政法大学学报》2015年第1期。

解释还是无权解释这个问题，予以回避。

法工委是全国人大常委会的内设工作机构，其所作出的"答复"本身不是常委会的立法解释。因此，《立法法》第六十四条颇具玩味。如果说这种解释不具有法律效力，该条却明确指出法工委"可以"对有关具体的法律询问进行研究，并予以答复。此处，立法用语"可以"并未表述为"有权"。但是，根据常识，法律明文所言之"可以"，从法理的角度而言，即意味着授权，就是"有权"。如此看来法工委的答复似乎是一种有权解释，但却又不同于立法解释。如果认为"法律询问答复"属于无权解释，《立法法》却认为法工委"可以"答复。如果认为"法律询问答复"属于有权解释，《立法法》却并未明确将其界定为立法解释。显然，这一态度含糊不清。另外，"法律询问答复"与其他法律形式一样，需要报全国人大常委会"备案"。这似乎进一步表明"法律询问答复"的立法性质。

实际上，《立法法》对于"法律询问答复"的文字表述，仅仅是对于其多年以来一直扮演的实际角色的这一事实的确认、认可，而并未直截了当地给出其一个恰当、精准的定位。不容否认，"法律询问答复"在现实生活中，发挥着重要作用。这种重要作用有时甚至超越立法解释而显得更为权威。最为引人关注者，乃是法工委就最高人民检察院关于已满14周岁不满16周岁的人承担刑事责任范围问题的来函所作的答复。[1]该"法律询问答复"将《刑法》第十七条第二款所列罪名修正解释为八种"具体犯罪行为"而非罪名，并对司法实践乃至刑法教学产生深远影响。

本书认为，"法律询问答复"不是立法解释，不属于有权解释，而是学理解释（无权解释）。其不具有"普遍的约束力"，即使"不是一般的学术理解"，也仅是一种特殊的学术理解（法工委不具有作出立法解释的资质），即不具有法律拘束力（仅仅相对较为权威而已）。同时，"法律询问答复"也不属于应用解释，不属于规范性文件。

---

〔1〕 法工委复字〔2002〕12号："刑法第十七条第二款规定的八种犯罪，是指具体犯罪行为而不是具体罪名。对于刑法第十七条中规定的'犯故意杀人、故意伤害致人重伤或者死亡'，是指只要故意实施了杀人、伤害行为并且造成了致人重伤、死亡后果的，都应负刑事责任。而不是指只有犯故意杀人罪、故意伤害罪的，才负刑事责任，绑架撕票的，不负刑事责任。对司法实践中出现的已满十四周岁不满十六周岁的人绑架人质后杀害被绑架人、拐卖妇女、儿童而故意造成被拐卖妇女、儿童重伤或死亡的行为，依据刑法是应当追究其刑事责任的。"

1981 年《关于加强法律解释工作的决议》所称应用解释并不包括 "法律询问答复"。该决议指出: "不属于审判和检察工作中的其他法律、法令的问题, 由国务院及主管部门进行解释。" 相关工作人员指出, 所谓主管部门既包括 "国务院办公厅、各部、各委员会", 也包括 "全国人大常委会工作机构", [1] 即法工委。可是, 这种观点仅仅是 "学理上一种推断", [2] 缺乏明确依据, 亦即 "不应将全国人大常委会的工作机构纳入其中"。[3] 严格地讲, 最高人民法院和最高人民检察院具有独立性, 作出法律解释 (司法解释) 当无疑问。而行政机关体系内部, 国务院作出的应用解释相当于行政法规, 其所属各部委作出的应用解释相当于行政规章, 国务院及其所属部委均具有独立性, 作出应用解释毫无制度困意。至于法工委, 其属于全国人大常委会的内设工作机构, 所负责的系 "辅助性的专业服务工作", [4] 对外不具有独立性。而且, 从该决议行文来看, 其措辞为 "国务院及主管部门", 意为 "国务院及其主管部门", 否则其措辞应表述为 "全国人民代表大会常务委员会、国务院及主管部门"。因此, 法工委的 "法律询问答复" 不属于应用解释。

"法律询问答复" 也不是规范性文件。所谓规范性文件, 是指立法主体制定的能够反复适用, 约束和规范人们的行为、具有普遍拘束力的文件。法工委不是立法机关, 根据民主原则, 不能代表人民意志。"法律询问答复" 是法工委就各地各级国家机关或者其他主体就 "有关具体问题" 所作出的回答, 是一种较为权威的学理解释, 其并非针对所有国民, 而仅针对特定对象, 缺乏反复适用的条件。正因为 "法律询问答复" 不是规范性文件, 才造成 "一些法律询问答复没有被相关机关遵守和适用", [5] 乃至法工委 "曾经应不同询问主体的请求多次就相同或类似的问题作出答复"。[6] 即使在诸如 2003 年南京李宁等组织卖淫案中, 南京警方根据法工委的答复对犯罪嫌疑人采取刑事强制措施, 也不能证明其属于规范性文件。其仍然是一种学理解释, 只不

---

〔1〕 乔晓阳主编:《立法法讲话》, 中国民主法制出版社 2008 年版, 第 172 页。

〔2〕 梁洪霞: "论法律询问答复的效力" 载《重庆理工大学学报 (社会科学)》2010 年第 4 期。

〔3〕 周宇骏: "试论全国人大法工委法律询问答复的效力", 载《成都理工大学学报 (社会科学版)》2014 年第 4 期。

〔4〕 周宇骏: "试论全国人大法工委法律询问答复的效力", 载《成都理工大学学报 (社会科学版)》2014 年第 4 期。

〔5〕 梁洪霞: "论法律询问答复的效力", 载《重庆理工大学学报 (社会科学)》2010 年第 4 期。

〔6〕 林彦: "法律询问答复制度的去留", 载《华东政法大学学报》2015 年第 1 期。

过被官方采纳而已。《立法法》第八十七条至第一百零二条所规定的"适用与备案审查"包括法律、行政法规、地方性法规、自治条例、单行条例和规章等规范性文件，不包括"法律询问答复"。虽然《立法法》第六十四条规定"法律询问答复"须"报常务委员会备案"，但仅仅是单纯"备案"，其显然不存在"适用审查"的问题，与前述规范性文件不能相提并论。这也反衬出"法律询问答复"不属于规范性文件的事实。

"法律询问答复"确实为我国过去的法制建设事业作出过贡献，特别是在立法解释阙如的时期，起到莫大的作用。但是，探讨"法律询问答复"的性质和改造问题，不能仅仅停留在就事论事的层面，而应从更深层的历史背景中探寻影响其产生、发展的无形力量，从而对该问题的解决提供有效镜鉴。显然，前述学界对于"法律询问答复"的性质探讨，均是从部门法角度展开，而未有从历史角度观察者。人们之所以对"法律询问答复"聚讼纷纭，很大程度上是因《立法法》仅对1957年意见发布以来实践的默认乃至承认，而未能对其规定明确的"上升通道"或者"退出机制"。

历史的惯性与韧性显示，今人所面临的问题，古人往往早已面对。而"法律询问答复"不过是其中的一个片段而已。

从历史角度观之，"法律询问答复"其实是一种灵活且变通的法律形式。"法律的稳定与灵活构成人类法律史上的永恒主题，前者关涉到法治形式价值的实现，后者则关涉到法治的实质价值的追求。"[1]灵活、变通的法律形式在古代中国之所以产生，是基于传统中国社会的经权思想，稳定的律典和各种各样变通、灵活的法律形式之间的关系，其本质就是"执经达权"思想的集中体现。每当作为封建国家"常经"的律典难以应对社会变迁时，变通、灵活的法律形式便适时登上历史的舞台。[2]事实上，唐代"留司格"、宋代"不须颁降天下"的"断例"等，均与"法律询问答复"具有极为相似的性质。唐代的格分为"散颁格"与"留司格"。"散颁格"颁行天下，"留司格"留中适用。据《唐会要》卷三"定格令"载，有关"曹司常务""本司行用"的格即为"留司格"。顾名思义，留司格是指留在相关国家机关内部适用的

---

〔1〕 王国龙："保障法律统一适用的方法及其途径"，载《上海政法学院学报（法治论丛）》2018年第4期。

〔2〕 马凤春："传统中国法的创制与运行"，载《政法论丛》2009年第3期。

格,无须行用天下。从此,"散颁格下州县,留司格本司行用"。既然掌握在相关国家机关内部适用,其相对行用天下的"散颁格"而言,势必更为灵活,更为变通。[1]宋代"断例",既有颁行天下者,亦有仅颁布大理寺、刑部行用者。[2]例如哲宗元符二年(1099年)修成的《元符刑名断例》,臣僚所奏言"不须颁降""不可颁降"或者"颁降",[3]即表明有的断例"不须颁降天下",而仅"颁降刑部、大理寺"两最高司法机关"检用施行"。既然"断例"存在颁降"天下"与颁降"寺部"之别,那么后者实际上成为更为灵活、变通的法律形式。

唐宋时期的法律遗存,至今所见,甚为有限。今人所能寻觅与"法律询问答复"基本对应的法律形式,当属清代"通行"。清代"通行"与"例"并非属于一个层级(效力等级不同),"例"相对而言较为稳定,"通行"是对"例"的补充,"例"是清代的正式法律渊源,"通行"的法律渊源性质较弱。唐代的"散颁格"与"留司格"、宋代的颁行天下的"断例"与颁行寺部的"断例"之间,处于同一层级,只是适用范围有所不同。由于清代距今较近,其"通行"之数量较大且遗存较多,故观察清代"通行",可为"法律询问答复"的改造与完善提供镜鉴。"通行"既是"因时制宜""随地立法"的产物,也是"钦奉谕旨""奏定章程"的结果,即自上而下的皇帝旨意和自下而上的臣工条奏是"通行"的来源。"通行"是对律例的补充,"系律例内所未备载",其来源众多,是官方"均宜遵照办理"的断案依据。清代"通行"与当代"法律询问答复"在表现形式上略有区别,前者不一定表现为成文法形式,后者表现为成文法形式。

就素材来源而言,清代"通行"草拟主体和制定主体包括刑部在内的各部院,"经臣部奏准",由皇帝批准,其间,臣工题本、奏本所称"未纂例案"既包括成文之"例",也包括不成文之"案",而"编辑成书刊刻通行以便遵守"意味着无论成文之"例"还是不成文之"案",均可成为"通行"。

---

〔1〕 马小红教授指出:"留司格的确立,减少了皇帝对法律的干涉渠道,便于法律的正常实施,同时也便于国家机关行政制度的进一步完善,这也是唐初期'贞观之治'的重要原因之一。"参见马小红:"'格'的演变及其意义",载《北京大学学报(哲学社会科学版)》1987年第3期。

〔2〕 戴建国:《宋代刑法史研究》,上海人民出版社2007年版,第98页。

〔3〕 臣僚奏言"其命官将校,依条须合奏案,不须颁降天下,并诸色人断例内不可颁降者,并编为《刑名断例》,共二百六十八件,颁降刑部、大理寺检用施行"。参见《续资治通鉴长编》,卷五〇八,元符二年四月辛巳。

而"法律询问答复"是全国人大常委会法工委针对各地各国家机关（甚至包括其他询问主体）的询问进行的答复。

就表现形式而言，清代"通行"其实是除律典（会典）、条例（则例）等常见法律形式外，由各部院草拟，经由皇帝批准，下发全国适用的一种法律形式。"通行"既可表现为抽象的成文规则，也可表现为具体的案例。"规则的优点在于明确性。"[1]案例的优点在于形象化。而"法律询问答复"的草拟主体和制定主体是全国人大常委会法工委，其针对各地各级国家机关的询问进行答复，表现为成文规则，而非案例。清代"通行"属于一种灵活、变通的法律形式，而"法律询问答复"同样灵活、变通，但不属于规范性文件。

就最终去向而言，清代"通行"有别于条例、则例，其主要原因在于后者的制定程序往往要经过臣工条奏、皇帝议准等严格程序，而"通行"的制定程序相对简略得多。这是"通行"作为有清一代更为灵活、变通的法律形式的集中表现。而此点恰恰与当今"法律询问答复"极其相似。"通行"的最终结局，既有可能上升为条例、则例，载入律典、会典，也有可能因为种种政治因素的考量而维持"通行"现状。而目前的"法律询问答复"并未普遍被法律条文、立法解释或者司法解释所吸收。

可见，清代"通行"由于修例制度的存在，有其"上升通道"或者"退出机制"。而《立法法》对于"法律询问答复"的存在仅是简单予以确认，而未对之规定"上升通道"或者"退出机制"，更无定期清理制度，给人以淤塞之感。这些"法律询问答复"不仅未被法律条文或者有权解释所吸纳，而且彼此扞格。

无论是《立法法》施行以前还是施行以后的"法律询问答复"，都不同于清代"通行"。何以将清代"通行"认定为法律形式，而"法律询问答复"属于非规范性文件？这涉及古今不同时代的人们对于"法"的不同认识。以明清时期之"条例"管窥传统中国法，人们会发现，帝制时代的法律是"官僚机关的内部规则"（滋贺秀三语），是"王者治理天下的工具"（寺田浩明语）。亦即，帝制时代的法律是约束人民的办事章程，绝无近代以来法律是人权宣言书的意味。伴随着中华法系的解体，如今的中国经由百余年的法律近

---

[1] 李宇："十评民法典分则草案"，载《中国海商法研究》2018年第3期。

代化历程,已经高度大陆法系化。人们已经习惯用舶来的制度语词附会传统中国法,"近代中国学者对本土法律传统的研究在不知不觉间走入了西方中心主义的研究路径,总是试图以西方的'现代'观念为标准解构中国'传统'",[1]以至于不使用这些舶来的术语就无法进行学术交流、对话。"如果失去这个参照系和这套表达方式,当代学者可能已无法言说。"[2]如果以今天的法理学标准审视先人的法律实践,则唐宋"敕"和清代"通行"均属于非规范性文件。可是,它们在当时均具有确定无疑的法律效力。这是今人关注古今法律时不得不注意的细节。因此,虽然"法律询问答复"与清代"通行"在表现形式上略有区别,但就其实质而言,可谓高度一致。对于"法律询问答复"改造,人们完全可以从清代"通行"的产生、发展获得启示。

目前,既存的大量"法律询问答复"对于宪法和其他各部门法的条文进行程度不同的阐释,解决不少具体问题。但是其权威性显然远远不够,这是其先天性的缺陷所决定的,除非借助绿色通道上升为立法解释或者法律条文,否则难以解决。

有学者认为"当法官对某法律询问答复的理解存在质疑时,他完全有权选择不予适用","相关机关不适用法律询问答复的行为不能被称为一种上诉理由,而应当是上诉理由中'适用法律错误'的一项证据表现"。[3]这种观点恐怕未免过于乐观。最高人民法院《关于司法解释工作的规定》第二十七条第一款指出:"司法解释施行后,人民法院作为裁判依据的,应当在司法文书中援引。"第二款指出:"人民法院同时引用法律和司法解释作为裁判依据的,应当先援引法律,后援引司法解释。"《关于裁判文书引用法律、法规等规范性法律文件的规定》第二条(节选)指出,"并列引用多个规范性法律文件的,引用顺序如下:法律及法律解释、行政法规、地方性法规、自治条例或者单行条例、司法解释"。第六条指出:"对于……规范性文件,根据审理案件的需要,经审查认定为合法有效的,可以作为裁判说理的依据。"人民法院在裁判文书中,应当首先引用法律条文(含立法解释),然后引用司法解释。立法解释、司法解释与法律同样具有法律拘束力。至于有的地方人民法

---

〔1〕 李德嘉:"'德主刑辅'说的学说史考察",载《政法论丛》2018年第2期。

〔2〕 王志强:"'非规则型法':贡献、反思与追问",载《华东政法大学学报》2018年第2期。

〔3〕 周宇骏:"试论全国人大法工委法律询问答复的效力",载《成都理工大学学报(社会科学版)》2014年第4期。

院在判决书中引用"法律询问答复"为依据,此举显然不当。

"法律询问答复"不是立法解释,也不是司法解释,根本无法获得在裁判文书中引用的机会。前文已述,"法律询问答复"也不属于规范性文件,也难以"作为裁判说理的依据"。非但如此,就诉讼当事人而言,"法律询问答复"与政策一样,不具有可诉性,当事人无法以其作为法律规范依据主张自己的权利。充其量是将其作为一种学理解释(无权解释)予以展示,说服法官。

因此,完全可以借鉴清代针对"通行"所采取的定期修例制度,给"法律询问答复"以上升通道——上升为立法解释或者法律条文——以改变目前大量"法律询问答复""有分无名"(褚宸舸语)的尴尬现状。人们应当认识到,"法律询问答复"这种现象自古以来不绝如缕,无须也无法从根本上否认并试图消灭这一法律现象。面对问题,解决问题即可,没有必要掩耳盗铃,否认历史规律。

不容否认,"法律询问答复较之法律解释具有快捷、灵活的优势"。[1]张春生同志近年也提及让"法律询问答复""有选择地上升为法的解释",同时认为"答复并没有法定效力"。[2]"法的解释"显然包括立法解释和司法解释,而此处"法的解释"当指立法解释。不过,不能仅仅是"有选择地"进行这项工作,而是应当普遍性上升为立法解释。另外,"法律询问答复"不仅可以上升立法解释,也可以由全国人大及其常委会在立法或者修法时,直接作为法律条文予以明确。

将"法律询问答复"上升为立法解释或者法律条文,不存在技术上的困难。以2005年"法律询问答复"为例,法工委当年作出"法律询问答复"41件。从各地各级国家机关提出询问到法工委作出答复所需时间来看,其中31件是在问题提出2个月内给出了答复(个别略超2个月),10件所需时间长达数月甚至一年。考虑到全国人大常委会每年开会6次,均为双数月下旬,即2个月开一次会,法工委所作"法律询问答复"完全可以提交常委会由后者以立法解释的形式讨论通过。法工委原本就是全国人大常委会的内设工作机构,将其原有的"法律询问答复"改造为立法解释草案,进而由全国人大常委会

---

〔1〕 曾喜龙:"对实施人大工作法律询问答复的思考",载《人民代表报》2015年9月24日,第3版。

〔2〕 焦红艳:"争议立法法修改",载《法治周末》2013年11月14日,第1版。

讨论通过，最终实现由非规范性法律文件向规范性法律文件的转变，既能提升原"法律询问答复"的法律效力，也方便各级国家机关办理公务（有明确的法律依据）。

如何对待未来或将产生的"法律询问答复"？本书认为，"法律询问答复"的产生、存在，固然不可避免，但是仍然要从严限制其数量。

法工委仅须针对那些急需作出回应的问题询问，进行答复。对于其他问题，应当严格按照 1981 年《关于加强法律解释工作的决议》，由最高人民法院、最高人民检察院和国务院（及其工作部门）分别进行应用解释。法工委对于各地各级国家机关的询问，应当做到惜字如金。因为，无论立法解释，还是司法解释，其本质均是一种阐释，一种对法律规范的理解，虽然它们本身与法律条文一样具有法律效力。即使法工委对于各询问方未能及时回应作出答复，也不妨碍各询问方作出相应的文理解释或者论理解释，何况法工委的"法律询问答复"也仅仅是一种较为权威的学理解释。

2000 年 7 月 1 日《立法法》施行以来，全国人大常委会就民法、刑法、刑事诉讼法、香港特别行政区基本法和澳门特别行政区基本法等法律，相继制定 22 件立法解释。此前，即《立法法》施行以前，全国人大常委会就香港和澳门两特别行政区的国籍法问题，制定 3 件立法解释。因此，目前共计存在 25 件立法解释。其所制定的立法解释无论与其制定的法律数量相比，还是与"两高"所制颁的司法解释数量相比，都明显偏少。而且，即使全国人大常委会开会的间隔周期是 2 个月，对于前述法工委 2005 年较短时间内所作"法律询问答复"（31 件），其所需时间几乎完全重合。至于其余 10 件耗时更长的"法律询问答复"，其内容往往涉及组织法、选举法、代表法等宪法问题，考虑到所涉问题更为根本，亦以制定立法解释为宜。总之，立法解释的数量与法律的数量远不相称。

"法制统一原则是中国法律创制的基本原则之一。"[1]对待"法律询问答复"，宜贯彻"收可行之例归于通行之法"[2]的古训，以立法解释吸收、化解"法律询问答复"，"庶几公共而不胶"。同时，全国人大常委会仍然应当

〔1〕　胡正良、孙思琪："论《民法总则》对《海商法》修改之影响"，载《中国海商法研究》2018 年第 1 期。

〔2〕　《宋会要辑稿》语。

在其网站和出版物中，定期公开其法工委作出的"法律询问答复"。2007 年 5 月 16 日以来，全国人大网站不再公布"法律询问答复"，其所属的《中国人大》亦未再予刊发。这种做法实际上违反法治原则之公开性要求，表现为"法不可知"，以至于公众无从获悉立法机关的动态。褚宸舸教授就此批评"法律询问答复"成为一种"内部的业务行为""法律业务咨询行为"，不具有公开性，进而会削弱其普遍效力。[1] 本书认为，全国人大常委会应当及时公开其法工委的"法律询问答复"，以符合法治原则对公开性的要求，不仅应当在《中国人大》等连续出版物上公布、统一编号，还应当定期汇编，出版发行。其电子版可以由中国人大网、中国知网以及其他重要门户网站登载。[2] 即使其将来会上升为立法解释，也应公开，请社会各界及时知晓并进行监督。

有学者"建议全国人大常委会法工委要对多年来所有的答复进行清理，合理的要继续保留，与现行法律不符或不合时宜的要及时废除并重新答复"。[3] 其实，这种做法远远不够。对于"法律询问答复"，人们既不应继续放任其保持现状，也不应拘泥于有限的清理，而应由立法机关及时上升为立法解释或者法律条文，以符合法治原则和民主原则。

《立法法》第四十五条将法律解释权赋予全国人大常委会而非全国人大常委会法工委，第五十条确认全国人大常委会的法律解释（立法解释）"同法律具有同等效力"。《立法法》第六十四条规定全国人大常委会法工委"可以"对有关具体问题的"法律询问"进行研究，予以"答复"并报常务委员会备案。"法律询问答复"相对于立法解释，更为灵活、变通。"法律询问答复"显然不是立法解释，但会发挥某种作用。前文已述，"可以"的法理内涵就是授权，意为"有权"，如此一来，法工委的答复就应当是一种"有权"解释，但又与立法解释迥然有别。可见，"法律询问答复"制度始终处于一种尴尬的位置。需要报全国人大常委会"备案"这一要求，也使得人们认为法工委的"法律询问答复"似乎具有立法属性，毕竟该法第六十四条与法律解释同在"其他规定"一节。法律解释，从解释的效力角度划分，不是有权解释就是无

[1] 周宇骏："试论全国人大法工委法律询问答复的效力"，载《成都理工大学学报（社会科学版）》2014 年第 4 期。

[2] 曾喜龙："对实施人大工作法律询问答复的思考"，载《人民代表报》2015 年 9 月 24 日，第 3 版。

[3] 武春："全国人大常委会法工委要废除不合适的答复"，载《人大研究》2012 年第 7 期。

权解释。立法解释显然属于有权解释的一种。然而"法律询问答复"就其性质而言，仅仅属于国家机构内部的一种非规范性文件，因此即使必须"备案"，也不具有普遍效力（拘束力），实际上仍属于一种无权解释、学理解释（仅仅由于答复主体的特殊性而显得较为权威而已）。

梁洪霞教授就"法律询问答复"制度的完善问题，提出三种模式以供参考，即保守型、稳健型和创新型。保守型，意味着"法律询问答复"的范围仅限于人大工作。稳健型，意味着法工委拥有"强制建议权"，其在全国人大常委会会议时，将近期"法律询问答复"提交或者表决，以获得"普遍的约束力"。创新型，意味着在全国人大常委会之下设立法律解释委员会，专司法律解释之权，同时保留全国人大常委会的法律解释权。[1]

褚宸舸教授对梁红霞教授的方案提出部分质疑。他认为"法律询问答复"是对立法解释工作滞后的一种体制内回应，赞成"法律询问答复""应继续发挥积极作用"，建议继续保留该制度，同时让法工委承担"法律询问答复"的起草工作，然后经法律委员会批准后取得个案效力。如果全国人大常委会批准，则其成为正式的法律解释（立法解释），"具有普遍约束力"。[2]

林彦教授一方面认为"应当积极有效地利用这些资源"，充分发挥既有"法律询问答复"的功能，一方面主张将来"废除法律询问答复制度"，以实现"解释制度一元化"。[3]另有学者也主张"应该取消这种在程序和效力上均不够规范的'答复'，相应的工作机构可以退居幕后研究起草具体的立法解释"。[4]

本书认为，梁洪霞教授保守型的"法律询问答复"没有存在的必要，因为"具体问题"和"应用解释"的含义本身即具有模糊性，不具有较强的可操作性。而创新型的"法律询问答复"意味着在最高权力机关之下，除法律委员会和法制工作委员会外，另设专门的法律解释委员会。这种思路实属叠床架屋，连论者也感到"成本较大"。[5]褚宸舸教授建议法工委承担"法律

---

〔1〕 梁洪霞："论法律询问答复的效力"，载《重庆理工大学学报（社会科学）》2010年第4期。

〔2〕 褚宸舸："论法律询问答复的效力——兼论全国人大常委会法工委的机构属性"，载《政治与法律》2014年第4期。

〔3〕 林彦："法律询问答复制度的去留"，载《华东政法大学学报》2015年第1期。

〔4〕 刘桂新、江国华："中国立法解释制度的困境与出路"，载《学习与实践》2015年第5期。

〔5〕 梁洪霞："论法律询问答复的效力"，载《重庆理工大学学报（社会科学）》2010年第4期。

询问答复"起草工作，经法律委员会批准后取得个案效力，如果全国人大常委会批准，则其成为正式的法律解释的思路，同样有叠床架屋之嫌。最关键的问题在于，法律解释委员会所作的法律解释为何不能以全国人大常委会的名义发布？梁洪霞教授稳健型的"法律询问答复"具有较强的现实意义，较为接近本书立场。立法解释的制定程序相对于法律的制定而言，更为简单。立法解释仅需全国人大常委会一次讨论通过即可，而法律的制定往往需要经过"三读"。至于林彦教授主张未来废除"法律询问答复"制度的构想，固然理想，但是未能注意该制度强大的历史文化背景，即没有留意中国法律史上各种灵活、变通的法律形式，因而最终难以得到落实。

"国家在不同的历史时期或发展阶段，国家的根本任务也相应有所调整。"[1]法律领域同样如此。无论过去还是现在，"法律询问答复"均不是立法解释，不具有法律效力，不具有拘束力。全国人大如果将来对《立法法》再行修改，宜在第六十四条增设第二款，以对"法律询问答复"的"上升"设置绿色通道。考虑到目前立法解释的制定程序和"法律询问答复"的实际情况，该第二款可作如此设计："常务委员会工作机构应当在备案以后六个月内拟订法律解释草案。法律解释草案表决稿由常务委员会全体组成人员的过半数通过，由常务委员会发布公告予以公布。"限定"在备案以后六个月内拟订法律解释草案"，旨在避免"法律询问答复"以往"有分无名"的流弊。

《立法法》第六十四条是对1957年意见发布以来的"法律询问答复"制度实践的确认，而非凭空创设的一种制度。在现实实践中，"法律询问答复"也确实发挥过重要作用，但毕竟不是最高立法机关制定的法律，也不是立法解释。人们有理由认为该制度应当得到进一步完善。废止"法律询问答复"的构想是不现实的。"法律询问答复"相当于立法工作的半成品，全国人大常委会与其弃之不顾、放任自流，不如充分考虑利用其合理的因素，改变目前这种"有所取，无所归"的尴尬现状。

"法治品质是由一个国家的民族精神与时代精神积淀而成的。"[2]考虑到历史的惯性，彻底废除该制度的设想，恐怕仅仅是一厢情愿，不切实际。"法

---

〔1〕 王淑梅、侯伟："关于《海商法》修改的几点意见"，载《中国海商法研究》2017年第3期。
〔2〕 黄春燕："宽严相济刑事政策古今考辨"，载《南京社会科学》2018年第2期。

律需要灵活运用,不然就会出现法律规范与社会情势之间的紧张关系。"〔1〕考察中国法律史,几乎历朝各代均有类似"尽去欲行之例"的建议。这种建议过于理想化,显然未能周全考虑现实生活的复杂性和政治需求。"尽去欲行之例"的本质,是对立法活动和政治实践复杂问题简单化的考量,是非黑即白、非此即彼的二元思维的产物。"存在即为合理。""法律询问答复"之所以存在,必然有其存在的合理性。因此,今人应当充分借鉴古人的做法,特别是清代"通行"的实践,使其定期上升为法律条文或者立法解释,没有必要彻底杜绝"法律询问答复"(事实上也不可能完全杜绝)这一现象。恰如治水,与其围堵,不如疏导。

(二)非规范性法律文件之二——"两高"的司法政策文件

司法政策文件,是指未经"两高"审判委员会或检察委员会讨论通过而作为内部文件直接下发各级司法机关参考适用的《座谈会纪要》《通知》《意见》等。其制定思路同传统法律某些灵活、变通的法律形式具有异曲同工之处。而且,这种准司法解释是灵活之外的灵活、变通之外的变通——司法解释相对于法律本身即属灵活、变通的法律形式,而准司法解释则属更为灵活、变通的法律形式。

例如,为准确处理自首、立功等量刑情节,最高人民法院1998年5月9日施行《关于处理自首和立功具体应用法律若干问题的解释》,又于2009年3月12日与最高人民检察院联合下发《关于办理职务犯罪案件认定自首、立功等量刑情节若干问题的意见》,于2010年12月22日印发《关于处理自首和立功若干具体问题的意见》。

又如,针对拐卖妇女、儿童问题,最高人民法院1999年12月23日通过,2000年1月3日公布,1月25日施行《关于审理拐卖妇女案件适用法律有关问题的解释》;而最高人民法院2000年3月20日又与最高人民检察院、公安部、民政部、司法部、全国妇联下发《关于打击拐卖妇女儿童犯罪有关问题的通知》;2010年3月15日,最高人民法院、最高人民检察院、公安部、司法部联合发布《关于依法惩治拐卖妇女儿童犯罪的意见》。〔2〕

---

〔1〕 陈金钊:"开放'法律'体系的构成要素",载《上海政法学院学报(法治论丛)》2018年第3期。

〔2〕 2016年12月21日,最高人民法院印发《关于审理拐卖妇女儿童犯罪案件具体应用法律若干问题的解释》,2017年1月1日起施行。

再如，针对"两抢"问题，最高人民法院 2000 年 11 月 28 日施行《关于审理抢劫案件具体应用法律若干问题的解释》，2002 年 7 月 20 日施行《关于审理抢夺刑事案件具体应用法律若干问题的解释》;〔1〕2005 年 6 月 8 日最高人民法院又发布《关于审理抢劫、抢夺刑事案件适用法律若干问题的意见》，旨在适应形势，维护社会秩序，保护人民利益，进一步界定抢劫、抢夺案件中部分法律适用问题;〔2〕2016 年 1 月 6 日，最高人民法院印发《关于审理抢劫刑事案件适用法律若干问题的指导意见》

因应打黑除恶专项斗争，最高人民法院 2000 年 12 月 10 日施行《关于审理黑社会性质组织犯罪的案件具体应用法律若干问题的解释》，针对黑社会性质组织犯罪进行规制，强化打击"涉黑"犯罪，2009 年 12 月 15 日最高人民法院又与最高人民检察院、公安部联合发布《办理黑社会性质组织犯罪案件座谈会纪要》。因应藏区自焚案件，2012 年底，最高人民法院、最高人民检察院和公安部联合发布《关于依法办理藏区自焚案件的意见》。2015 年 10 月 13 日，最高人民法院印发《全国部分法院审理黑社会性质组织犯罪案件工作座谈会纪要》。为持续深入开展扫黑除恶专项斗争，2019 年 4 月 9 日，最高人民法院、最高人民检察院、公安部和司法部联合发布《关于办理实施"软暴力"的刑事案件若干问题的意见》《关于办理黑恶势力犯罪案件若干问题的指导意见》《关于办理恶势力刑事案件若干问题的意见》和《关于办理"套路贷"刑事案件若干问题的意见》。

可见，最高司法机关往往针对《刑法》制定司法解释，然后下发准司法解释（亦可称为司法文件），或者直接下发准司法解释。总体而言，最高司法机关就相关问题，在制定司法解释和准司法解释的时间先后顺序上，往往呈现为一种"倒挂"现象——先约束（制定正式的司法解释），后放开（印发多份文件）。而很少先制定准司法解释后统一制定司法解释进行权威约束。然而，就其实效来看，准司法解释往往发挥更大的现实作用。尽管这些准司法

---

〔1〕 后者被最高人民法院、最高人民检察院 2013 年 11 月 11 日公布、2013 年 11 月 18 日起施行的《关于办理抢夺刑事案件适用法律若干问题的解释》所废止。

〔2〕 最高人民法院、最高人民检察院又于 2007 年 5 月 9 日联合颁布《关于办理与盗窃、抢劫、诈骗、抢夺机动车相关刑事案件具体应用法律若干问题的解释》，该司法解释自 2007 年 5 月 11 日起施行。2013 年 11 月 11 日，最高人民法院、最高人民检察院联合颁布《关于办理抢夺刑事案件适用法律若干问题的解释》，该司法解释自 2013 年 11 月 18 日起施行。

解释不具有正式的法律效力，但是在实践中仍然会受到司法机关办案人员的遵守，甚至获得比刑法、司法解释更持久的效力。

其实，这些准司法解释相当于清代的"通行"。但是，当今做法与古人做法迥然不同。清代，朝廷定期修例。乾隆五年，《大清律例》修成，而其元年即已确定条例的定期修纂制度，乾隆十一年，又由内阁等部门商议将三年一修延长为五年一修，从此"五年一小修""十年一大修"。[1]清代修例由此实现经常化与规范化，形成一套完备的制度。虽然乾隆十一年之后，总的来说，修例成为了朝廷制度化、定期化行为，但同时也存在前述"灵活"修例的实例。但是即使有个别"灵活"修例的实例，立法的滞后性还是会给朝廷政法实践带来严峻的挑战，即有时候某些事项无法等待所谓的"五年一小修""十年一大修"，也可能无法通过"灵活"修例加以解决，于是，原本仰赖修例的事项如何解决还须借助"通行"的协助发挥作用。如果发生具有一定影响力的案件或者皇帝发出某种司法指示，往往会形成"通行"，中外遵守。后逢修例之际，这些"通行"或被修入条例或被删除废弃。清代"通行"经历一个由权宜之计到正式立法的过程。而当代的这些《座谈会纪要》《意见》和《通知》却是产生在具有法律效力的司法解释之后，行用之后也无"收归"司法解释的迹象，没有形成"倒逼"机制，反而获得了比法律、正规司法解释更大的权威。[2]可能需要检讨这种做法。

目前，在我国立法活动领域、司法活动领域，这种现象相对而言，非常普遍。在立法活动领域，法工委的"法律询问答复"的数量已如前述，远远超过"立法解释"的数量（自2000年7月1日至2014年，"立法解释"计22个，自2000年7月1日至2007年4月2日，"法律询问答复"计183部）。在司法解释领域，"两高"单独或者联合发布的司法解释数量庞大，而其发布的《座谈会纪要》《意见》《通知》等其他司法文件数量同样惊人（"两高"可能还与公安部、司法部、全国妇联等单位联合发布司法文件）。而且，无论立法活动领域还是司法活动领域，近年均不同程度出现"倒挂"现象，即严

---

[1]　"自乾隆元年，刑部奏准三年修例一次。十一年，内阁等衙门议改五年一修。"参见《清史稿》，刑法一。

[2]　在相当长的一段时间内，对前文所言的《办理黑社会性质组织犯罪案件座谈会纪要》，人们无法从网络查知其具体内容。至于《关于依法办理藏区自焚案件的意见》，迄今仍然仅见网络零星转述，人们无从获其详情。

格、标准的法律文件创制之后，制定主体往往出台非规范性法律文件且不能在合理的期间内将这些非规范性法律文件与已有的规范性文件进行整合（司法活动领域表现得更为明显）。这种做法，在某种意义上损害了社会主义法治的威信。有关制定主体应当对这种现象给予高度重视，将相应的创制活动纳入规范的轨道。[1]在社会主义法律体系已经基本建成的时代大背景下，规范性法律文件制定工作的精益求精依然是人们追求的目标。

第四节　应对当代法律文件数量膨胀的措施
——规范性法律文件的备案与审查

历史上数量浩瀚的"例"在当代中国并未绝迹，而是改头换面，继续存在。"例"在当代主要表现有二：指导性案例与"条例"等位阶较低的规范性法律文件、法律解释。当代的"例"同样面临古人所面对的问题。关键是我们如何最大限度发挥其积极的一面，而克服其消极的一面。古今中国人的思维一样，即制定法律规范很多时候要么太具体，要么太模糊，欠缺抽象能力。模糊不是抽象，抽象需要一个过滤、去粗取精的过程，需要一番加工，而模糊几乎不需要这些过程。当然，古代中国的立法与当代中国的立法还是存在巨大差异。例如，古人修律制例，更多地考虑服制问题，今人立法要遵守罪刑法定、程序法定，要有人权观念。如何发挥法律的最大效用，古今亦有不同解决方案。古人也"援法定罪"，但是如果律文对某个问题未作规定，那么，立法主体可以创制各种灵活、变通的法律形式，司法

---

[1] 有学者将我国法律区分为"正式的法律"和"非正式的法律"，并深刻地指出，无论实体法方面还是程序法方面，现代的意识早已浸透在正式法律的规定之中，而前现代的意识则仍然充斥着非正式法律。"前者构成我国法律的基本主体，后者虽然在效力等级上远远不如前者，但在司法实践中却高于或者优于前者。"参见易延友：《中国刑诉与中国社会》，北京大学出版社2010年版，第85页。这种评价当然适用于司法解释与司法政策文件的关系。"当然，这些'非正式法律'所做的规定并不一定代表了主流的意识形态，甚至可能和我们的统治者所奉行的真正原则并不一致……正是在这一意义上，我国的法律仍然缺乏马克斯·韦伯所说的那种确定性和可预期性，也就是形式合理化的程度还远远不够——虽然在正式的法律中，形式合理化已经初具规模；但是由于非正式法律体系的存在，这种现代社会所追求的，尤其是以理性人为基本假设前提的市场经济所追求的法律实施的确定性和可预期性，也就大打折扣。也正是由于这一缘故，我国的法律在有些时候、在有些地方仍然不过是行政的工具，而不是公民自由的保障。"参见易延友：《中国刑诉与中国社会》，北京大学出版社2010年版，第86~87页。

人员可以通过违令违制、不应得为、轻重相举、比附论罪等，予以规制。今人可以横向上通过竞合理论——想象竞合与法条竞合——纵向上通过位阶理论发挥刑法的最大效用，而立法机关实在没有必要浪费宝贵的立法资源进行"重复建设"。

"例"在当代的具体表现形式有很多，数量更多。有必要在维护既有宪政架构的前提下，完善规范性法律文件的备案制度与审查制度，从而最大限度克服"例"的无限扩张以及相互冲突。这样，我们在继承优秀传统法律文化的同时，也能吸收当今中外先进的法学理论，最大程度克服有史以来"例"的各种缺陷。

一、规范性法律文件的备案

《立法法》第九十八条规定，法规等须在一定时日内完成备案。[1]但是，该法并未规定如未这样做将会面临何种法律后果及制裁措施。而《法规规章备案条例》对于《立法法》的语焉未详之处进行了进一步界定。[2]

[1] 《立法法》第九十八条规定："行政法规、地方性法规、自治条例和单行条例、规章应当在公布后的三十日内依照下列规定报有关机关备案：（一）行政法规报全国人民代表大会常务委员会备案；（二）省、自治区、直辖市的人民代表大会及其常务委员会制定的地方性法规，报全国人民代表大会常务委员会和国务院备案；设区的市、自治州的人民代表大会及其常务委员会制定的地方性法规，由省、自治区的人民代表大会常务委员会报全国人民代表大会常务委员会和国务院备案；（三）自治州、自治县的人民代表大会制定的自治条例和单行条例，由省、自治区、直辖市的人民代表大会常务委员会报全国人民代表大会常务委员会和国务院备案，自治条例、单行条例报送备案时，应当说明对法律、行政法规、地方性法规作出变通的情况；（四）部门规章和地方政府规章报国务院备案；地方政府规章应当同时报本级人民代表大会常务委员会备案；较大的市的人民政府制定的规章应当同时报省、自治区的人民代表大会常务委员会和人民政府备案；（五）根据授权制定的法规应当报授权决定规定的机关备案；经济特区法规报送备案时，应当说明对法律、行政法规、地方性法规作出变通的情况。"

[2] 《法规规章备案条例》第二十条规定："对于不报送规章备案或者不按时报送规章备案的，由国务院法制机构通知制定机关，限期报送；逾期仍不报送的，给予通报，并责令限期改正。"另外，《监督法》第三十二条规定："国务院、中央军事委员会和省、自治区、直辖市的人民代表大会常务委员会认为最高人民法院、最高人民检察院作出的具体应用法律的解释同法律规定相抵触的，最高人民法院、最高人民检察院之间认为对方作出的具体应用法律的解释同法律规定相抵触的，可以向全国人民代表大会常务委员会书面提出进行审查的要求，由常务委员会工作机构送有关专门委员会进行审查、提出意见。（第一款）前款规定以外的其他国家机关和社会团体、企业事业组织以及公民认为最高人民法院、最高人民检察院作出的具体应用法律的解释同法律规定相抵触的，可以向全国人民代表大会常务委员会书面提出进行审查的建议，由常务委员会工作机构进行研究，必要时，送有关专门委员会进行审查、提出意见。（第二款）"

但是，当下规范性法律文件备案制度仍然存在诸多弊端，例如"立而不备""备而不审""审而不决""决而不刚"。[1]另外，2001 年《法规规章备案条例》对报送国务院备案的法规与规章的审查，仅规定"主动审查"一种形式，即国务院主动依法对送交备案的规范性法律文件进行审查监督；2000 年《立法法》则规定全国人大常委会的审查监督仅有"被动审查"一种，即全国人大常委会在有关组织或者个人的要求或者建议下，对所接受备案的规范性法律文件进行审查监督。《立法法》与《法规规章备案条例》何以在两类不同的规范性法律文件备案问题上产生"被动审查"与"主动审查"的两种相反且均为单一的审查监督制度？"虽然人们可以认为，全国人大常委会有接受法规备案的权力，就意味着全国人大常委会也当然有权对报送备案的法规进行主动审查，但如果有明确和具体的关于主动审查的规定，无疑对有效地进行主动审查监督会好得多。"[2]除上述《立法法》与《法规规章备案条例》对绝大部分规范性法律文件的审查监督外，目前，法律尚未成为审查监督的对象。与之相应的审查制度更不存在。虽然《立法法》第八十条、第八十一条规定了对法律的改变制度与撤销制度，但是，这里的法律仅指全国人大常委会制定的法律，而不包括全国人大制定的法律。更重要的是，《立法法》对全国人大常委会制定的法律的审查监督，缺乏具体的操作规程，没有具体的监督制度。"法律不仅需要接受审查监督，而且由于法律的地位和作用非常重要，它还更应当接受法定审查监督。"[3]

此外，很多环节缺乏独立而明确的程序规定。但总的说来，我国目前已经初步建立规范性法律文件的备案审查制度，但是还须继续加强和完善这一审查制度。除备案制度外，人们可能更为关心的是，如何通过审查对规范性法律文件进行监督。[4]

---

〔1〕 石维斌："我国法规备案审查的问题与对策"，载《人大研究》2007 年第 6 期。

〔2〕 周旺生：《立法学》，法律出版社 2009 年版，第 348 页。

〔3〕 周旺生：《立法学》，法律出版社 2009 年版，第 348 页。

〔4〕 除了常见的规范性法律文件之外，"红头文件"亦应引起人们的重视。"深谙党政部门行事规则的人们都知道：'黑头（法律）管不住红头（文件），红头管不住无头（领导指示）。'近年发生的多起案例显示，'黑头'不仅管不住'红头'，甚至'红头'的效力还要大于'黑头'。"参见鞠靖、刘治兵、刘胜男：《多次清理后反成痼疾："红头文件"揭秘》，载《南方周末》2011 年 9 月 22 日，第 B12 版。

二、规范性法律文件的审查

就目前的宪政架构而言，由于行政机关、司法机关都是由权力机关选举产生，因此，如果由司法机关（人民法院）审查权力机关制定的法律，可能面临宪法上的困境。有关方面的司法实践，曾经引起过轩然大波。显然，在目前的宪法架构下，难以通过由审判机关（审判人员）对规范性法律文件进行司法审查的方式，解决规范性法律文件合宪或者合法问题。"刘慧娟案"所反映的问题，即是司法审查之一种：直接审查。从世界范围看，不同国家以及地区，其法院审查规范性法律文件的方式不尽相同。[1]直接审查，是指当事人如果认为某一规范性法律文件存在违宪违法的嫌疑，可向法院提出审查之请求，由后者直接审查相关规范性法律文件是否符合宪法法律，并就此作出相应裁决。这种直接审查的处理方式往往须有宪法法律的明确规定。如果宪法法律没有相应规定，则法院一般不享有直接审查规范性法律文件的权力。而一旦宪法法律有此直接审查之规定，则法院可以直接受理当事人对规范性法律文件的违宪违法的审查起诉要求。与直接审查相对的是间接审查。间接审查，是指法院在审理相关案件时，对即将适用的规范性法律文件进行附带性审查，以查清其是否符合宪法法律，从而确定相应的规范性法律文件是否应予适用。间接审查一般无须宪法法律的明确授权。只要宪法法律没有对间接审查进行禁止，"法无禁止即许可"，则法院就有间接审查（附带性审查）涉案规范性法律文件的权力。我国宪法法律并未规定人民法院审查规范性法律文件的方式，但《立法法》规定了立法机关、行政机关审查规范性法律文件的标准。[2]《立法法》第九十六条规定是对立法机关、行政机关的审查权限作出的规定，那么该规定能否适用于审判机关及人民法院？就目前行之有效的法律而言，直接针对规范性法律文件提起的诉讼尚非人民法院受案范围。《行政诉讼法》第十三条第二项规定，行政法规、规章、决定、命令，不属人

---

〔1〕 吴鹏：《行政诉讼的法律适用》，人民法院出版社2007年版，第103～116页。

〔2〕《立法法》第九十六条规定："法律、行政法规、地方性法规、自治条例和单行条例、规章有下列情形之一的，由有关机关依照本法第九十七条规定的权限予以改变或者撤销：（一）超越权限的；（二）下位法违反上位法规定的；（三）规章之间对同一事项的规定不一致，经裁决应当改变或者撤销一方的规定的；（四）规章的规定被认为不适当，应当予以改变或者撤销的；（五）违背法定程序的。"

民法院受案范围。[1]因此，人民法院只能对涉案规范性法律文件进行附带的、间接的审查。具体而言，人民法院认为相关规范性法律文件符合宪法法律的要求，不能作出维持或者确认其法律效力的判决，只能在判决书主文部分援引该规范性法律文件的相关规定，从而全面承认其效力；反之，如果人民法院认为涉案规范性法律文件违宪或者违法，也不得直接明确否认相关规定之效力，而只能在判决书主文部分申明，该案具体案情不符合涉案规范性法律文件的规范所指，从而避免既定宪政结构下的宪法风险，避免"李淑娟案"的重演。而且，人民法院的这种审查方式仅能针对特定案件，其判决理由不能当然适用于其他案件，此外，公民、法人以及其他社会组织对于先前已经审查的规范性法律文件仍有遵守之必要。这是目前对于审查规范性法律文件的最为稳妥的处理方式，但是这样做，并无明确的具体制度支撑，而且带有"暗中"审查（间接审查）的色彩。从长远看，我国应当确立司法审查乃至违宪审查的制度，从近期看，应当逐步修改立法，更多地允许人民法院受理对抽象行政行为的诉讼。

　　建立中国的司法审查制度，需要一系列的配套改革措施，例如改革法官错案追究制，又如充分巩固人民法院的审判独立。这是一项巨大的配套工程。值得指出的是，前述全国人大常委会对于法规、司法解释的备案审查规定，尚不包括法律。而欲建立或者完善司法审查制度，则不能将法律排除在外（前文所述《立法法》第九十六条并未将法律排除在外）。另外，《行政复议法》第七条第二款将对于抽象行政行为的申请复议排除在外。[2]近期如果行政复议法有机会获得修改，可以尝试考虑赋予公民对于抽象行政行为的申请复议权，循序渐进，作为实行司法对规范性法律文件的审查的明确前进方向。

　　2005年，随着两部"备案审查工作程序"的修订或者出台，规范性法律

---

　　[1]《行政诉讼法》第十三条规定："人民法院不受理公民、法人或者其他组织对下列事项提起的诉讼：（一）国防、外交等国家行为；（二）行政法规、规章或者行政机关制定、发布的具有普遍约束力的决定、命令；（三）行政机关对行政机关工作人员的奖惩、任免等决定；（四）法律规定由行政机关最终裁决的行政行为。"

　　[2]《行政复议法》第七条第二款规定："前款所列规定不含国务院部、委员会规章和地方人民政府规章。规章的审查依照法律、行政法规办理。"

文件的审查工作又取得重大进展。[1]2015 年，全国人大对《立法法》作出首次修改，对于"适用与备案审查"工作作出部分调整。

就目前而言，规范性法律文件的创制机关仍然需要做好法的清理工作。[2]1979 年 11 月，全国人大常委会《关于建国以来制定的法律、法令效力问题的决议》表明，新中国成立以来所制定的法律、法令，凡是与五届全国人大制定（批准）的宪法、法律、法令相抵触的，一律无效。加入世界贸易组织以来，我国对法的清理工作更上层楼，积极履行加入世贸组织时对国际社会的承诺。2009 年 6 月 27 日全国人大常委会《关于废止部分法律的决定》统一废止八部法律（条例、补充规定、决定、规定）。2009 年 8 月 27 日全国人大常委会《关于修改部分法律的决定》统一修改法律数十部，涉及修改之处 95 处。2011 年 1 月 8 日国务院《关于废止和修改部分行政法规的决定》废止行

---

〔1〕 具体名称分别为《行政法规、地方性法规、自治条例和单行条例、经济特区法规备案审查工作程序》与《司法解释备案审查工作程序》。2005 年 12 月 16 日，第十届全国人大常委会第四十次委员长会议完成对《行政法规、地方性法规、自治条例和单行条例、经济特区法规备案审查工作程序》的修订，同时通过《司法解释备案审查工作程序》，旨在进一步建立健全法规与司法解释备案审查制度，以维护国家法制的统一。修订后的《行政法规、地方性法规、自治条例和单行条例、经济特区法规备案审查工作程序》规定，国务院、中央军事委员会、最高人民法院、最高人民检察院与各省、自治区、直辖市的人大常委会认为法规同宪法或者法律相抵触，向全国人大常委会书面提出审查要求的，全国人大常委会办公厅有关部门接收登记之后，报秘书长批转有关专门委员会会同法工委进行审查；上述机关之外的其他国家机关与社会团体、企业事业组织以及公民认为法规同宪法或者法律相抵触，向全国人大常委会书面提出审查建议的，由法工委负责接收登记并进行研究，必要时报秘书长批准后送有关专门委员会进行审查。修订后的《行政法规、地方性法规、自治条例和单行条例、经济特区法规备案审查工作程序》规定，专门委员会认为备案的法规同宪法或者法律相抵触的，可以主动进行审查，会同法工委提出书面审查意见，法工委认为备案的法规同宪法或者法律相抵触，需要主动进行审查的，可以提出书面建议，报秘书长同意后，送有关专门委员会进行审查。对于法规同宪法法律相抵触的问题，修订后的《行政法规、地方性法规、自治条例和单行条例、经济特区法规备案审查工作程序》规定三种处置方案：第一，与制定机关沟通协商；第二，通过有关专门委员会提出书面审查意见，责令有关机关纠正；第三，经过上述工作，制定机关仍不纠正，则通过常委会审议决定，撤销同宪法或者法律相抵触的法规。该次委员长会议还通过了《司法解释备案审查工作程序》。《司法解释备案审查工作程序》规定，最高人民法院、最高人民检察院制定的司法解释，应当自公布之日起三十日内报送全国人大常委会备案；国务院等国家机关与社会团体、企业事业组织以及公民认为司法解释同宪法或者法律相抵触，均可向全国人大常委会书面提出审查要求及审查建议。此外，《司法解释备案审查工作程序》还就有关司法解释的报送和接收、审查工作的分工负责、被动审查和主动审查、同宪法或者法律相抵触的司法解释的纠正程序等作出具体规定。

〔2〕 "法的清理指有权的国家机关，在其职权范围内，以一定方式，对一国一定范围所存在的规范性文件进行审查，确定它们是否继续适用或是否需要加以变动（修改、补充或者废止）的专门活动。"参见周旺生：《立法学》，法律出版社 2009 年版，第 507 页。

政法规七部，修改行政法规数十部，涉及修改之处132处。这些都是法的清理的工作。另外，由于司法解释在我国具有法律效力，因此"两高"也负有法的清理的工作。实际上，自1994年7月27日以来，"两高"分别或者联合发布废止司法解释的通知约20次，其所涉及废止的司法解释数目更巨，而"两高"修改的司法解释也是数量可观。由此可见，在司法审查或者违宪审查确立之前，最高权力机关、最高行政机关以及最高司法机关对于"法的清理"工作应当继续保持积极、审慎的态度，以此来节制数目不断膨胀的各种规范性法律文件。

"例"是中国法律发展史上非常重要的法律形式，其在中国法律发展史上曾发挥非常重要的作用。它从未退出历史的舞台，直至今天，许多指导性案例、条例等法律形式（法律现象）作为"例"的继承者，仍然活跃在各个领域。我们应当努力把握其积极有效的一面，为中国特色社会主义法律体系的进一步完善作出努力，此外，充分认知其在历代司法、执法过程中所出现的各类消极不利的一面，用科学的技术、合理的制度，减少甚至规避其消极作用。

参考文献

1. （汉）许慎撰：《说文解字 附检字》，（宋）徐铉校定，中华书局 1963 年版。

2. （清）段玉裁撰：《说文解字注》，上海古籍出版社 1984 年版。

3. （清）胡秋潮撰：《问心一隅》，国家图书馆北海分馆藏。

4. （汉）司马迁撰：《史记》，中华书局 2000 年版。

5. （汉）班固撰：《汉书》，中华书局 2000 年版。

6. （刘宋）范晔撰：《后汉书》，中华书局 2000 年版。

7. （晋）陈寿：《三国志》，中华书局 2000 年版。

8. （北齐）魏收撰：《魏书》，中华书局 2000 年版。

9. （后晋）刘昫撰：《旧唐书》，中华书局 2000 年版。

10. （宋）欧阳修等撰：《新唐书》，中华书局 2000 年版。

11. （宋）王溥撰：《唐会要》。

12. （元）脱脱撰：《宋史》，中华书局 2000 年版。

13. （清）徐松辑：《宋会要辑稿》，中华书局 1957 年版。

14. （清）柯劭忞：《新元史》，启明书局 1962 年版。

15. 马建石、杨育棠主编：《大清律例通考校注》，中国政法大学出版社 1992 年版。

16. 胡星桥、邓又天主编：《读例存疑点注》，中国人民大学出版社 1994 年版。

17. 高潮、马建石主编：《中国历代刑法志注译》，吉林人民出版社 1994 年版。

18. （清）沈家本：《历代刑法考》，中华书局 1985 年版。

19. 瞿同祖：《中国法律与中国社会》，中华书局 2003 年版。

20. 程树德：《九朝律考》，中华书局 2006 年版。

21. 睡虎地秦墓竹简整理小组编著：《睡虎地秦墓竹简》，文物出版社 1978 年版。

22. 张家山二四七号汉墓竹简整理小组编著：《张家山汉墓竹简》，文物出版社 2006 年版。

23. 《唐律疏议》，刘俊文点校，法律出版社 1999 年版。

24. 《宋刑统》，薛梅卿点校，法律出版社 1999 年版。

25. 《大元通制条格》，郭成伟点校，法律出版社 2000 年版。

26. 《大明律》，怀效锋点校，法律出版社 1998 年版。

27. 《大清律例》，田涛、郑秦点校，法律出版社 1998 年版。

28. 马小红：《礼与法：法的历史连接》，北京大学出版社 2004 年版。

29. 武树臣等：《中国传统法律文化》，北京大学出版社 1994 年版。

30. 戴炎辉编著：《唐律通论》，元照出版公司 2010 年版。

31. 钱大群、夏锦文：《唐律与中国现行刑法比较论》，江苏人民出版社 1991 年版。

32. 戴建国：《唐宋变革时期的法律与社会》，上海古籍出版社 2010 年版。

33. 郭东旭：《宋代法制研究》，河北大学出版社 1997 年版。

34. 吴海航：《中国传统法制的嬗递 元代条画与断例》，知识产权出版社 2009 年版。

35. 苏亦工：《明清律典与条例》，中国政法大学出版社 2000 年版。

36. 胡兴东：《中国古代判例法运作机制研究 以元朝和清朝为比较的考察》，北京大学出版社 2010 年版。

37. 郑秦：《清代法律制度研究》，中国政法大学出版社 2000 年版。

38. 王志强：《法律多元视角下的清代国家法》，北京大学出版社 2003 年版。

39. 汪世荣：《判例与法律发展 中国司法改革研究》，法律出版社 2006 年版。

40. 周旺生：《立法学》，法律出版社 2009 年版。

41. 何勤华编：《律学考》，商务印书馆 2004 年版。

42. 杨一凡、刘笃才：《历代例考》，社会科学文献出版社 2009 年版。

43. 范忠信选编：《梁启超法学文集》，中国政法大学出版社 2004 年版。

44. 蔡万进：《张家山汉简〈奏谳书〉研究》，广西师范大学出版社 2006 年版。

45. ［英］梅因：《古代法》，沈景一译，商务印书馆 1959 年版。

46. ［美］D·布迪、C·莫里斯：《中华帝国的法律》，朱勇译，江苏人民出版社 1995 年版。

47. ［美］约翰·亨利·梅利曼：《大陆法系》，顾培东、禄正平译，李浩校，法律出版社 2004 年版。

48. ［日］织田万：《清国行政法》，李秀清、王沛点校，中国政法大学出版社 2003 年版。

49. ［日］浅井虎夫：《中国法典编纂沿革史》，陈重民译，李孝猛点校，中国政法大学出版社 2007 年版。

50. ［日］滋贺秀三等著，王亚新、梁治平编：《明清时期的民事审判与民间契约》，法律出版社 1998 年版。

51. 高道蕴、高鸿钧、贺卫方编：《美国学者论中国法律传统》，清华大学出版社 2004 年版。

52. 张世明、步德茂、娜鹤雅主编：《世界学者论中国传统法律文化（1644-1911）》，法律出版社 2009 年版。

53. 杨一凡主编：《中国古代法律形式研究》，社会科学文献出版社 2011 年版。

54. 武树臣：“中国古代法律样式的理论诠释”，载《中国社会科学》1997 年第 1 期。

55. 杨师群：“中国古代法律样式的历史考察——与武树臣先生商榷”，载《中国社会科学》2001 年第 1 期。

56. 马小红：“‘以刑为主’还是‘以礼为主’——中国传统法的反思”，载《中国司法》2008 年第 1 期。

57. 周丽丽：“中国古代法‘以刑为主’特点原因分析”，载《河南省政法管理干部学院学报》2009 年第 4 期。

58. 艾永明：“中华法系并非‘以刑为主’”，载《中国法学》2004 年第 1 期。

59. 汪世荣：“判例在中国传统法中的功能”，载《法学研究》2006 年第 1 期。

60. 汪世荣：“中国古代的判例研究：一个学术史的考察”，载《中国法学》2006 年第 1 期。

61. 刘笃才：“中国古代判例法考论”，载《中国社会科学》2007 年第 4 期。

62. 刘笃才：“情法与律例——中国古代司法制度的几个关键词”，载陈金泉、汪世荣主编：《中国传统司法与司法传统》，陕西师范大学出版社 2009 年版。

63. 马小红：“试论中国封建社会的法律形式”，载《中国法学》1991 年第 2 期。

64. 马小红：“中国封建社会两类法律形式的消长及影响”，载《法学研究》1993 年第 5 期。

65. 任强：“中国古典文本中的法律形式”，载《北京大学学报（哲学社会科学版）》2005 年第 4 期。

66. 徐进、易见：“秦代的‘比’与‘廷行事’”，载《山东法学》1987 年第 2 期。

67. 张伯元：“秦汉律令中的‘廷行事’”，载张伯元：《出土法律文献研究》，商务印书馆 2005 年版。

68. 刘笃才、杨一凡：“秦简廷行事考辨”，载《法学研究》2007 年第 3 期。

69. 李力：“发现最初的混合法：从睡虎地秦简到张家山汉简”，载《河北法学》2010 年第 2 期。

70. 程政举：“新资料和先秦及秦汉判例制度考论”，载《华东政法大学学报》2009 年第 6 期。

71. 何勤华：“秦汉时期的判例法研究及其特点”，载《法商研究》1998 年第 5 期。

72. 吴秋红：“秦汉时期判例适用的方法及其得失”，载《海南师范学院学报（社会科学版）》2003 年第 4 期。

73. 吴秋红：“论汉代‘比’广泛适用的原因及影响”，载《海南师范学院学报（社会科学版）》2004 年第 4 期。

74. 陈顾远：“汉之决事比及其源流”，载《复旦学报》1947 年第 3 期。

75. 吕丽、王侃：“汉魏晋‘比’辨析”，载《法学研究》2000 年第 4 期。

76. ［日］冈野诚："《唐律疏议》中'例'字之用法（上）"，李力译，载韩延龙主编：《法律史论集》（第3卷），法律出版社2001年版。

77. ［日］冈野诚："《唐律疏议》中'例'字之用法（下）"，李力译，载韩延龙主编：《法律史论集》（第4卷），法律出版社2002年版。

78. 戴建国："唐宋时期法律形式的传承与演变"，载中国法制史学会、中央研究院历史语言研究所主编：《法制史研究》（第七期），中国法制史学会2005年出版。

79. 戴建国："唐宋时期判例的适用及其历史意义"，载《江西社会科学》2009年第2期。

80. 郭东旭："论宋代法律中'例'的发展"，载《史学月刊》1991年第3期。

81. 赵旭："论北宋法律制度中'例'的发展"，载《北方论丛》2004年第1期。

82. 吴秋红："论宋以例破法原因"，载《黄冈师范学院学报》2004年第5期。

83. 张彦霞、赵兴明："论宋代例在司法审判中盛行的原因"，载《河西学院学报》2008年第1期。

84. 王侃："宋例辨析"，载《法学研究》1996年第2期。

85. 王侃："宋例辨析续"，载《法学研究》1996年第6期。

86. 何勤华："宋代的判例法研究及其法学价值"，载《华东政法学院学报》2000年第1期。

87. 黄时鉴："《大元通制》考辨"，载《中国社会科学》1987年第2期。

88. 殷啸虎："论《大元通制》'断例'的性质及其影响——兼与黄时鉴先生商榷"，载《华东政法学院学报》1999年第1期。

89. 胡兴东："元代司法中判例适用问题研究"，载《司法》2009年第4辑。

90. 胡兴东："元朝判例法创制程序问题研究"，载《内蒙古师范大学学报（哲学社会科学版）》2010年第1期。

91. 胡兴东："元代'例'考——以《元典章》为中心"，载《内蒙古师范大学学报（哲学社会科学版）》2010年第5期。

92. 胡兴东："中国古代判例法模式研究——以元清两朝为中心"，载《北方法学》2010年第1期。

93. 胡兴东："比、类和比类——中国古代司法思维形式研究"，载《北方法学》2011年第6期。

94. 胡兴东："中国古代'判例法'及相关概念考论"，载《曲靖师范学院学报》2012年第1期。

95. 吴晓玲："略论明代的律、令、诰、例"，载《南昌大学学报（人文社会科学版）》2003年第6期。

96. 曲英杰、杨一凡："明代《问刑条例》的修订"，载《中国法律史国际学术研讨会论文集》，陕西人民出版社1990年版。

97. 曲英杰、杨一凡："明弘治《问刑条例》考析"，载《现代法学》1989 年第 5 期。

98. 曲英杰、杨一凡："《问刑条例》与明代中后期统治集团的立法思想"，载《学习与探索》1991 年第 5 期。

99. 杨一凡："明代中后期重要条例版本略述"，载《法学研究》1994 年第 3 期。

100. 杨一凡："明代榜例考"，载《上海师范大学学报（哲学社会科学版）》2008 年第 5 期。

101. 王伟凯："明万历《问刑条例》修订考辨"，载《历史教学》2006 年第 6 期。

102. 张凡："略论明代法律形式的变革——以《大明令》为中心"，载《宁夏社会科学》2009 年第 5 期。

103. 霍存福、张靖翊、冯学伟："以《大明令》为枢纽看中国古代律令制体系"，载《法制与社会发展》2011 年第 5 期。

104. 何勤华："明清案例汇编及其时代特征"，载《上海科学研究院学术季刊》2000 年第 3 期。

105. 瞿同祖："清律的继承和变化"，载《历史研究》1980 年第 4 期。

106. 郑定、闵冬芳："论清代对明朝条例的继承与发展"，载《法学家》2000 年第 6 期。

107. 王侃、吕丽："明清例辨析"，载《法学研究》1998 年第 2 期。

108. 刘稚清："试论条例在明清法律中的角色"，中国政法大学 2004 年硕士学位论文。

109. 张朝晖："论清代律、例的关系"，山西大学 2007 年硕士学位论文。

110. 苏亦工："论清代律例的地位及其相互关系（上）"，载《中国法学》1988 年第 5 期。

111. 苏亦工："论清代律例的地位及其相互关系（下）"，载《中国法学》1988 年第 6 期。

112. 郑秦："康熙《现行则例》：从判例法到法典法的回归"，载《现代法学》1995 年第 2 期。

113. 郑秦："康熙现行则例考——律例之外的条例"，载《历史档案》2000 年第 3 期。

114. 沈厚铎："康熙十九年《刑部现行则例》的初步研究"，载韩延龙主编：《法律史论集》（第 1 卷），法律出版社 1998 年版。

115. 吴秋红："论清代判例的适用"，载《探索与争鸣》2005 年第 2 期。

116. 李留文："清代则例初探"，载《广西社会科学》2005 年第 9 期。

117. 李留文："清代则例的特点及其利用"，载《贵州社会科学》2006 年第 5 期。

118. 李永贞："刍议清代则例的性质和分类"，载《法学杂志》2010 年第 10 期。

119. 何勤华："清代法律渊源考"，载《中国社会科学》2001 年第 2 期。

120. 夏红永："清代的律、例、令初考"，载《池州师专学报》2006 年第 6 期。

121. 陈一容："清‘例’简论"，载《福建论坛（人文社会科学版）》2007 年第 7 期。

122. 赫晓惠："试析大清律中例的地位和作用"，载《新乡师范高等专科学校学报》2001 年第 5 期。

123. 吕丽："论《大清律例》'以例辅律'的体例原则"，载《吉林大学社会科学学报》1999 年第 4 期。

124. 吕丽："例以辅律 非以代律——谈《清史稿·刑法志》律例关系之说的片面性"，载《法制与社会发展》2002 年第 6 期。

125. 吕丽："中国传统法律体系的独特性探析"，载《社会科学战线》2011 年第 9 期。

126. 吕丽："例与清代的法源体系"，载《当代法学》2011 年第 6 期。

127. 谢天："论中国古代法中的例"，载《甘肃政法成人教育学院学报》2006 年第 4 期。

128. 谢天："清代条例研究"，安徽大学 2007 年硕士学位论文。

129. 姚旸："清代刑案律例发展的内因浅析"，载《历史档案》2007 年第 2 期。

130. 姚旸："清代刑案律例与地方性法规关系探析"，载《安徽史学》2009 年第 3 期。

131. 姚旸："'例'之辨——略论清代刑案律例的继承与创新"，载《故宫博物院院刊》2010 年第 1 期。

132. 胡震："清代'通行'考论"，载《比较法研究》2010 年第 5 期。

133. 高进："清代司法文书'通行'功效考——以《刑案汇览》为中心"，载《兰台世界》2011 年第 13 期。

134. 王志强："清代成案的效力和其运用中的论证方式"，载《法学研究》2003 年第 3 期。

135. 王志强："中英先例制度的历史比较"，载《法学研究》2008 年第 3 期。

136. 王志强："中国法律史叙事中的'判例'"，载《中国社会科学》2010 年第 5 期。

137. 陈灵海："横看成岭侧成峰——梁启超以来的中国传统法律样式研究"，载《华东政法大学学报》2010 年第 4 期。

138. 段秋关："何为中国传统法制中的'例'——评《历代例考》"，载《华东政法大学学报》2010 年第 5 期。

139. 尹伊君："敕、例与司法解释"，载宫本欣主编：《法学家茶座》（第七辑），山东人民出版社 2005 年版。

140. 吴秋红："中国古代判例制度的缺失与当代判例制度的确立"，载《湖北行政学院学报》2005 年第 6 期。

141. 梁洪霞："论法律询问答复的效力"，载《重庆理工大学学报（社会科学）》2010 年第 4 期。

142. 张建："以研讨会纪要形式明确法律适用值得商榷"，载《政治与法律》2007 年第 3 期。

143. 李红海："司法指示：不具备法律形式的'特别法'"，载《华东政法学院学报》2007 年第 6 期。

144. 孟庆华、王法："'座谈会纪要'是否属于刑法司法解释问题探析"，载《新疆石油教育学院学报》2010 年第 4 期。

145. 孟庆华、王法："'意见'是否属于刑法司法解释表现形式问题探析"，载《临沂师范学院学报》2010 年第 5 期。

146. 周伟："通过案例解释法律：最高人民法院案例指导制度的发展"，载《当代法学》2009 年第 2 期。

147. 叶秋华："论英国法制传统的形成与英国法体系的确立"，载南京师范大学法制现代化研究中心编：《法制现代化研究》（第六卷），南京师范大学出版社 2000 年版。

148. 曹旅宁："睡虎地秦简《法律答问》性质探测"，载《西安财经学院学报》2013 年第 1 期。

149. 尤陈俊："作为法制实施之基础的国家认证能力——来自秦汉时期的一个例证"，载《中国图书评论》2013 年第 11 期。

150. 顾凌云、金少华："廷行事的功能及其流变"，载《河北法学》2014 年第 8 期。

致 谢

如果您问我人生之路最愉悦的时刻是什么时候，我一定会不假思索地告诉您，那是当我读到一篇令人击节三叹的学术作品时。学术真是令人神往！我经常思考这样一个问题，即自己努力作一个明白人，弄懂某个问题。对于学术是否应当关照现实并对现实问题给以启发，可能不同的人有不同的回答，以目前的学识水平为参考，我在这个问题上，只能回答我希望能对社会现实有所借鉴，这可能源于过去部门法的基础对我的影响。

多年以前，当我准备以法律史专业研究生开始我的人大之行时，我对法律史专业还是心存疑惑的，虽然此前一直想专门读这个专业——因为我意识到任何一门学科研究到最后不外乎史学与哲学的问题——但是担心自己会不会是叶公好龙。当我真正地以一名法律史专业研究生身份攻读学位的时候，我才发现法律史专业所需要的思维与研究方法与过去我所运用的部门法思维与研究方法还是存在很大的不同。而转换思维与研究方法的过程是一个艰难的过程，无异于一场器官移植手术后的"排异"过程，这种痛苦只有事件亲历者才能深深体会。多年以后的今天，当我重新审视这段"排异"经历时，虽然已经觉得没有必要对此大惊小怪，但是对于当年的我而言，确实有如再造。

2009年春，我已经学习法律史专业一年有余，深深感到古人政法实践的智慧，同时感到法律史专业所研究的是自古至今历史长河里大浪淘沙所沉淀下来的经典问题。此前2007年秋我第一次拜访导师马小红教授时，她开门见山鼓励我从历史入手，而且从古代史入手，看懂历史上的法律问题也就看懂当今存在的法律问题。当时的我能理解老师的意思，但是还多多少少对这个比较陌生的领域心存疑惑。2009年春，我终于感觉自己开始入门，有所开悟。2011年春，我发现自己对法律史专业的认同已经日益加深。我感觉自己已经成为一名法史人，我就是法律史专业研习人员的一分子。我预感到将会以法律史或者法史学作为我的事业。

　　法律史既是法学的一个分支学科，也是史学的一个分支学科。读史真的使人明智，进而视野开阔。不仅如此，攻读法律史专业学位之后，我发现自己越来越是一个悲观的人。正如当年明月《明朝那些事儿》"后记"所云："因为看的历史比较多，所以我这个人比较有历史感，当然，这是文明的说法，粗点儿讲，就是悲观。"不过，我读的书确实不算多，但也有此类感受。过去，在我没有接触法律史专业这一领域的时候，我总以为今人会比古人进步发达。但实际上，事实远非如此，今人所面临的诸多法制问题，古人几乎都曾面对过，而且也曾给出过他们的智慧方案，这些方案甚至可能比今人的举措更为合理。而今人所谓的创新，可能更多的是一个口号，没有多少实质创举。基于这种悲观的情怀，我对于创新这个问题，是不怎么感兴趣的。创新不是不重要，而是在创新之前，人们更应当将既有的与现有的内容弄清楚，今人真的应当谦虚地面对先人留下的各项遗产。本书是在本人博士学位论文基础上稍加修改而成。按照多年以前刚毕业的心气儿，是希望能将论文大刀阔斧修改得像模像样才付梓。然而，生活的琐碎使得我距离这一愿望越来越远。那段时间，我真心希望岁月静好，特别期待诗与远方。当然，论文迟迟未能交付出版，在很大程度上是我的慵懒和怠惰所致，怪不得别人。所以，本书书稿最后基本保持论文原貌，仅仅稍加改动，即将一些常识性数据和学界研究的个别新进展内容纳入，而未继续就相关问题深入展开。

　　展望未来，我将继续关注中国法律史上与"例"有关的各种问题，继续研究中国古代不同时期的法律形式。同时，我还想开辟一个新的研究领域。2008年春，我通读一遍《大清律例》，2009年夏，我通读一遍《大明律》，2011年夏，我通读一遍《唐律疏议》。至此，唯有《宋刑统》我尚未从头至尾研读一遍。《宋刑统》之于《唐律疏议》，《唐律疏议》重要，《大明律》之于《大清律例》，《大清律例》重要。而《大清律例》之于《唐律疏议》，人们往往认为仍然是《唐律疏议》重要。在中国古代社会的这几部最重要的律典中，《唐律疏议》是中华法系的杰出代表。在研读《唐律疏议》时，我深深地为古人的智慧所折服。例如，唐人对于盗窃犯罪与故意毁坏财物犯罪的处罚规定远比今人更为缜密。又如，唐人对于自首的态度一方面比今人更为"宽宏大量"，一方面列举自首无效的事项以杜绝犯罪人的侥幸心理。我愿意从《唐律疏议》着手，结合部门法的知识，用当代的法学理论，对以唐代为代表的古代立法进行解读，继续领略古人的法制成就。如果说找一个比较小的切入口，我希望从"六杀"问题入手。杀人犯罪是最古老的犯罪之一，也是最严重的犯罪之一，而"杀人者死"的观念是我们对于犯罪的朴素观念。古人根据"情境"，将杀人犯罪分为不同类别，今人根据"罪过"，将杀人犯罪分为故意杀人罪与过失致人死亡罪等两种基本类别（如果考虑结果加重犯与转化犯等情形将更为复杂）。明清时期"威逼人致死"是一种杀人犯罪，当今法律虽然没有"威逼"人致死的规定，但有"蒙骗"人致死的立法（《刑法》第 300 条第 2 款）。"威逼"的位阶高于"蒙骗"，"威逼"人致死原则上尚且不构成犯罪（需要考虑因果关系），那么"蒙骗"人致死何以成立犯罪？由此问题进而产生另外一个问题，即致人自杀究竟具有什么样的刑法意义？这些问题有可能成为我继续学术之路的另外一个出发点。

一个认真研习法律史的人，或许能够透过历史看透古今，充满人生智慧。而一个不懂历史的人，往往注定浅薄。我承认自己的这份浅薄。但是，我愿意在法律史专业这片领域继续深耕。有没有比史学与哲学更为伟大的学科？也许有，可能是文学，也可能是某种比文学更为高深的学问。学术本身就是一种艺术，我不希望自己始终处于浅尝辄止状态。

特别感谢我的导师马小红教授。马老师学高为师，身正为范，深受众弟子爱戴。在我攻读博士学位期间，马老师多次对我进行启发、点拨，校正我前进的航向，使我能够找到治学的切入点，不断领略法律史的魅力。十多年来，马老师不但对我的学业始终悉心指导，而且对我的工作和生活也十分关心，多次帮助我解决后顾之忧，令我倍感温暖。作为学生，唯有对专业研习加心用意，才能回报老师的关爱与殷殷期待。

感谢中国人民大学法学院法制史教研室曾宪义教授、叶秋华教授、赵晓耕教授、王云霞教授、丁相顺副教授、姜栋副教授和高仰光副教授。各位老师既给我们授课，也给我们的论文以宝贵的建议，令人深受启发。同时，也正是各位老师谆谆教诲，循循善诱，让我对法律史专业产生兴趣并热爱法律史专业。

感谢山东政法学院孙培福教授。孙教授以其令人醍醐灌顶的人生阅历时时鞭策和激励着我。而每次与孙教授探讨学术之后，我总是收获甚丰，信心百倍。

感谢中国人民大学法学院史彤彪教授。史老师平易近人，令人感佩。我希望自己今后能够尝试对东西方法律文化的对比，深化对人类法制文明的领悟。

感谢出席博士学位论文答辩会的王云霞教授、苏亦工教授、李力教授、王立教授和曹磊副教授。感谢各位老师针对论文极为耐心地指导并提出修改建议与意见。这些宝贵的建议与意见，将是我继续前行的动力。

感谢中国政法大学出版社张琛军老师和牛洁颖老师为本书的出版所付出的心血。

马凤春

二〇一九年八月三十一日